JN433553

문학의 깊이와 철학

- 문학과 철학의 해석학적 만남

문학의 깊이와 철학

문학과 철학의 해석학적 만남

박 유 정 지음

인간사랑

CONTENTS

머리말

20대 후반 보수적인 국립대의 철학과에서 시간 강의를 처음 시작했을 때 맡았던 과목이 "문학 속의 철학"이었다. 서른이 안 된 여성 철학도에게 시간 강의를 주지 않는 것이 당연시되던 당시의 분위기에서 그것은 어떤 의미에서 파격이었던 것으로 기억한다. 그리고 그때 어렵사리 썼던 강의 노트가 지금 이 글의 바탕이 되었다. 물론 초안은 돌아가신 은사님의 지도로 작성되었는데, 이 빛바랜 강의 노트 속에 담긴 뛰어난 혜안을 살려내기엔 아직도 역부족인 나의 모습을 고백하지 않을 수 없다. 소년이로학난성(少年易老學難成)이란 말을 절감하게 되고, 바라건대 괴테가 『파우스트』를 여든이 넘어서야 완성하는 그런 긴 호흡을 배우고 싶다.

이 글은 크게 두 부분으로 나뉜다. 하나는 문학과 철학의 관계에 대한 부분이고, 다른 하나는 그 입장을 바탕으로 구체적인 문학작품을 다루는 부분이다. 전자는 문학과 철학에 대한 이 글의 입장 자체와 진배없는데, 그 핵심은 "문학의 깊이"에 있다. 즉 문학이 깊어져서 단순한 이야기를 넘어설 때 그것은 이미 철학이고 종교가 되는데, 그

때 문학은 예술적 깊이를 갖는다고 말한다. 그리고 문학이 갖는 이러한 예술적 깊이는 곧 인간 정신의 깊이, 즉 영혼의 깊이를 드러내는데, 여기서 문학과 철학이 만난다고 본다. 이렇게 문학과 철학이 만나는 깊이의 차원, 즉 문학의 깊이는 곧 문학이 철학과 관계하는 해석학적인 지점이라고 생각된다. 따라서 깊이의 문제라는 신비평의 개념을 가지고 문학과 철학의 관계성을 정의하고, 이를 통해 양자가 만나는 해석학적 문제를 논의하는 것이 이 글의 주요한 입장이다.

문학과 철학은 일반적으로 전혀 다른 학문성을 갖지만, 문학이 단순한 이야기를 넘어 보편적인 인간의 문제를 제시할 때 그것은 이미 철학적이고 종교적인 지평을 드러낸다. 이때 문학이 드러내는 철학적이고 종교적인 지평은, 곧 인간 정신의 깊이가 노정하는 보편적 지평이고, 이를 신비평은 '영혼의 깊이'라는 말로, 해석학은 '실존'이라는 말로 개념화한다. 즉 문학과 철학이 만나는 깊이는 물리적 깊이(Depth)가 아니라 영혼의 깊이(Profound)에서 성립하는 실존의 보편적 지평을 가리키고 있다. 이에 따라 이러한 문학의 깊이는 모든 인간이 그 앞에 서는 실존적 투쟁을 담아낼 때 피어나는 영혼의 깊이를 가리키는 것이고, 이때 문학은 이미 문학이 아니라 철학이고 종교가 되며, 여기서 문학과 철학이 만난다고 해석학적으로 규정할 수 있다고 생각된다.

이렇게 문학과 철학이 만나는 해석학적 지점으로서의 깊이가, 구체적인 문학 작품들, 예컨대 시, 소설, 수필, 희곡, 비평 등에서 어떻게 드러나는지 살펴보는 것이 이 글의 두 번째 부분이다. 그리고 문학과 철학의 관계에 대해 선구적으로 논한 박이문 교수와 조동일 교수의 글을 강독하면서 우리의 입장에 대해 성찰하는 것이 그밖의 내용이다. 또한 카프카 론이나 문학 속의 삼각관계, 문학 속의 광기, 문학 속의 음악과 같이 문학과 철학 양자에 걸쳐 다루어질 수 있는 주제들을 부분적으로 살펴보았다. 이러한 부분들은 우리의 입장이 더욱 견고해짐에 따라 긴 호흡을 갖고 고찰해보려고 한다.

끝으로 이 글은 대구 가톨릭대의 교양과목 교재로 집필되었지만 지난 4월에 돌아가신 아버지 영전에 그리고 허탈한 평화를 맞은 어머니께 바치고 싶다. 그리고 이 세상에 존재하는 마음이 가난한 사람들에게, 마음의 가난 때문에 슬픈 사람들에게 바치고 싶다. 감히 그래도 된다면.

2021년 2월

박유정

1장

문학과 철학의 관계

문학과 철학이라는 말

우선 문학과 철학의 관계, 즉 문학과 철학의 관계성을 바라보는 우리의 기본적인 입장을 제시하기 전에 문학이라는 말과 철학이라는 말이 갖는 의미, 즉 그 어원을 분석해 보려 한다. 어원은 언어가 갖는 역사적으로 깊은 의미를 보여주기 때문에 이를 통해 우리의 기본적인 입장이 어디에 있는지 드러나게 될 것이다. 한마디로 이것은 문학과 철학의 관계로 나아가는 예비적 고찰이다.

문학이라는 말은 서구에서는 라틴어 litteratura에서 기원하여 die Literatur(독일어), la littérature(프랑스어), literature(영어)로 표현되고, 어원상 letter와 연결되어 있다. letter는 '문자' 혹은 '편지'라는 이중적인 의미를 갖는데, 이에 대해서는 현대 정신분석학의 대가 라캉이 에드거 앨런 포의 『도둑맞은 편지』를 대상으로 펼치는 어원 분석이 유명하다. 그리고 철학을 뜻하는 philosophy(영어), die Philosophie(독일어), la philosophie(프랑스어)라는 말은 그 어원이 그리스어 φιλόσοφια에 있다. φιλόσοφια는 φίλος와 σοφία의 결합으로, φίλος는 인간적 사랑인 에로스(ερός)나 신적 사랑인 아가페(ἀγάπη)와 다르게 형제간의 우애와 같은 '친애'를 뜻하고, σοφία는 '지혜'를 뜻한다. 따라서 φιλόσοφια, 즉 철학은 "지혜에 대한 사랑"이다.

고대 그리스인들이 필로소피아를 하기 시작하면서 서구에서 본격적인 의미의 철학이 탄생했다고 할 수 있다. 그리스인들이 철학을 지혜에 대한 사랑이라고 한 것은 그만큼 그들이 지혜를 사랑하고 갈구했고, 지혜로운 현자를 존경하며, 그런 현자가 되는 것을 인생의 최고의 목표로 생각했기 때문이다. 마치 르네상스 이탈리아인들이 예술적 천재를, 인도가 거룩함을 사랑하고 존경한 것처럼 그리스인들은 지혜를 사랑했고, 그들만큼 지혜를 존경한 민족도 없으며, 그리스의 진정한 영웅은 예술가나 성자가 아니라 현자였다고 한다.[1] 따라서 철학은 지혜로운 자가 되고자 하는 지적인 노력이라고 할 수 있다.

그렇다면 지혜란 무엇인가? 지혜가 무엇이기에 그리스인들은 지혜를 그토록 존경했을까? 아리스토텔레스는 인간의 덕(άρετή: arete, 탁월성)을 크게 지적인 덕과 성격적인 덕으로 나누었는데, 이는 영혼이 그 자체 안에 이성을 가진 부분과 이성을 듣고 따르는 부분으로 나뉘는 데 기인한다. 즉 지적인 덕은 지혜나 이해력과 같이 그 자체 이성이 칭찬받을 만하게 된 영혼의 상태를 말하고, 성격적인 덕은 절제와 같은 품성이 이성에 설복하거나 저항하여 칭찬받을 만하게

---

1 W. 듀란트, 『문명 이야기. 그리스 문명2-1』, 김운한·권영교 역, 민음사, 2011.

된 영혼의 상태를 말한다.[2] 여기서 지혜는 이해력이나 실천적 지혜(φρόνησις)와 함께 성격적인 덕이 아니라 지적인 덕에 속하는데, 지적인 덕으로서의 지혜는 학적 인식인 '에피스테메'(ἐπιστημη)와 직관지인 '누스'(νοῦς)의 결합이다.[3] 즉, 지혜란 단순히 박학하다는 것뿐만 아니라 사물과 사태에 대한 통찰력이 있는 상태라 할 수 있다. 따라서 그리스인들은 지식과 인식이 겸비되어야만 비로소 지혜롭다고 보았음을 알 수 있다.

지혜가 박학과 통찰력, 즉 지식과 인식이 겸비된 것을 뜻한다는 이야기는 동양적 학문 세계에도 적용가능할 것 같다. 가령 성리학자 주자(朱子)의 공부 방법인 '격물치지'(格物致知)가 에피스테메에서 누스에 이르는 지혜의 길에 대한 모색이라면, 심학의 왕양명(王陽明)의 '치지격물'(致知格物)은 누스에서 에피스테메로 내려오는 지혜의 길이라 할 수 있다. 이렇게 동서고금으로 지혜에 도달하는 것을 철학의 목표로 삼았다. 참고로 누스(νοῦς)가 직관적 이성인 데 반해 계산적 이성, 즉 오성은 디아노이아(διανοία)로 불렸다. 어쨌든 철학은 지혜에 대한 사랑이고, 지혜로운 현자가 되는 것이 그리스인들의 최고의 소망이었으며, 철학은 우리가 그런 인간이 될 수 있도록 이끌어준다고 믿었던 것이다.

다른 한편 우리말에서 문학이라는 말은 文學으로 쓰고, 여기서

---

2 아리스토텔레스, 『니코마코스 윤리학』, 강상진·김재홍·이창우 역, 도서출판 길, 2012, 1103a 참조.

3 아리스토텔레스, 『니코마코스 윤리학』, 강상진·김재홍·이창우 역, 1103a 참조.

文은 '글(월)'을 뜻한다. 文에 있는 乂(어질 예)는 두 번 겹쳐 쓰면 爻(괘효)가 되고, 초월적 세계를 나타내는 말에 등장한다. 예컨대 宗敎나 學校에도 乂이 보이는데, 이러한 乂의 용례를 통해 종교뿐만 아니라 가르치는 것이나 학교도 단순한 기능이 아니라 그 이상의 깊은 인간적 세계와 관계가 있음을 알 수 있고, 이러한 것을 '초월'이라고 부른다. 초월은 귀신 잡고 장풍 쓰는 것이 아니라, 단순한 기예를 넘어선 인간적 깊이의 세계를 일컫는 철학 용어이다. 또한 乂는 기교의 세계에 대립하는 영감의 세계를 나타내는데, 이는 poésie, 다시 말해 詩를 말한다. 여기서 시란 단순한 문학 장르가 아니라 깊이를 나타내는 정신의 측면을 말한다. 라틴어에서 시라는 말인 Versus 또한 VS, 즉 대결과 대립을 함축하는데, 이는 시적 세계가 기교에 대립하고 기교를 넘어선 인식의 세계임을 보여준다. 따라서 文學, 즉 文은 단순한 글을 넘어서 인간 정신의 깊이를 나타내는 시적 세계를 말한다.

'글'이라는 뜻을 나타내는 글자로는 文도 있지만 고어에는 契도 있다. 요즈음은 契를 '맺을 계, 계약 계'의 뜻으로 사용하지만, 원래 契의 의미는 '글자 글'이었다. 契를 부분적으로 파자하면 아래와 같다.

≢	+	刀
눈금, 계산, 표시, 수		칼

⇒ 눈금을 칼로 새기다 → 긁다, 그리다 → 글, 그림

여기서 글과 그림이 어원이 같음을 알 수 있다.[4] 이렇게 문학을 뜻하는 Literature나 文學 모두 어원적으로 글자라는 의미를 내포하고 있으며, 그것이 단순히 문자라는 의미가 아니라 초월적인 시적 세계를 의미한다는 것을 살펴보았다. 그리고 이러한 세계에서 인간 정신의 깊이가 드러나고, 이 깊이의 세계에서 문학과 철학이 만난다는 것이 필자의 입장이다.

문학과 철학의 관계

문학과 철학 그리고 깊이

그렇다면 문학과 철학은 어떤 관계에 있을까? 간혹 문학을 하는 사람들 중에는 문학을 하다가 철학적 차원에 부딪히는 경우가 있다. 가령 도스토옙스키나 멜빌 등 소위 위대한 작가들의 작품은 단순히 문학적인 기교와 흥미를 넘어선 깊은 반성의 차원을 열어주는데, 이러한 차원이 철학적 지평이다. 문학 연구자들은 이러한 철학적 지평

---

4 契를 '글자 글'로 읽는 민족은 한자를 사용하는 60개 민족(중국변방 소수민족 포함) 중에서 우리 민족밖에 없다고 한다. 그러니 한자는 결국 우리글이 아닐까 하고 추정하기도 하는데, 어쨌든 한자를 알아야 독서 속도가 빨라질 뿐만 아니라 말의 심층적 어감을 깨닫게 된다는 것은 분명하다. 그래야 글자가 보이고 외국어도 정말 잘할 수 있다. 현대 모더니즘 소설의 정점으로 누보-로망의 길을 연 미국의 대표적 작가 윌리엄 포크너(William Faulkner)의 『음향과 분노』(The Sound and the Fury)를 번역한 정인섭 교수는, 당신이 영국 고등학생보다 영어를 못한다고 하시면서 아프니 '아야' 소리가 먼저 나오더라는 농담을 하신 적이 있다. 영어의 절대 어휘 수가 모국어의 절대 어휘 수를 결코 넘을 수 없으니, 한자를 비롯한 우리말을 제대로 아는 것이 외국어 교육의 첩경임을 다시 한번 느끼게 된다.

에 관심을 갖기도 한다. 또한 철학을 하는 사람들 중에는 서술방식에 문학적 차원을 원용하기도 한다. 예컨대 사르트르, 베르그송, 바슐라르 등은 유명한 철학자들이지만 그들의 글쓰기를 보면 문학을 방불케 할 정도로 아름다운 문체를 갖고 있어서 노벨 문학상을 받거나 거기에 거론되기도 하였다.

문학과 철학은 모두 인문학에 속하지만 서로 다른 범주, 즉 서로 다른 학문성을 갖고, 따라서 서로 다른 형태의 글쓰기 방식을 갖고 있다. 즉 문학은 상상력을 통해서 구체적인 이야기를 전개하고, 철학은 논리와 이성을 통해 추상적인 논의를 전개한다. 그런데 이 문학과 철학이 관계가 있다는 것은 무슨 뜻인가, 도대체 그것이 어떻게 가능한가? 이 관계는 한마디로 말하기 어렵지만 모든 위대한 문학작품, 즉 고전 명작은 종교적이고 철학적이라는 사실을 우리는 일상적으로 발견할 수 있다. 다시 말해서 그 작품이 위대하면 위대할수록, 명작이면 명작일수록, 고전이면 고전일수록 철학적이라는 것이다. 우리는 이것을 어떤 문학작품이 "예술적 깊이"를 갖는다고 말한다.

물론 문학과 철학의 관계성은 한마디로 말하기 어렵다. 그러나 현상적으로 볼 때 어떤 문학작품이 좋은 작품이면 좋은 작품일수록 종교적이고 철학적이라는 점을 발견할 수 있다. 즉 실제로 우리가 어떤 작품을 접했을 때 그 작품이 위대하면 위대할수록, 사람들이 고전이라고 하면 할수록 그것이 종교적이고 철학적인 지평을 드러낸다는 것이다. 예컨대 명작이라고 추천하지만 읽기 쉽지 않은 작품들은 굉장히 깊은 문제를 제시하곤 하는데, 이는 위대한 작품일수록 정신적 깊이의 철학적 차원을 드러내기 때문이다. 즉 그 작품이 명작일수록 철학적이고 종교적인 정신적 깊이를 드러내는데, 우리는 이를 작품이 예술적 깊이를 갖는다고 말한다. 다시 말해서 작품이 예술적 깊이를 갖기 때문에 철학적이고 종교적인 모습을 드러내는 것이다. 그래서 "명작은 철학적이다"라는 말을 다른 말로 하면 "명작은 예술적 깊이를 갖는다"라고 할 수 있다.

명작은 철학적이다 = 명작은 예술적 깊이를 갖는다

명작이 철학적이라는 말의 의미가 곧 예술적 깊이를 갖는 것이라고 한다면, "예술적 깊이"라는 말로 문학과 철학의 관계를 개념화할 수 있다. 즉 모든 위대한 작품은 예술적 깊이를 갖기 때문에 철학적이고 종교적으로 느껴지는데, 이를 문학과 철학이 예술적 깊이에서 관계 맺는다고 말할 수 있다. 그런데 문학과 철학이 예술적 깊이에서 관계를 맺는다고 할 때 이 깊이란 무엇인가?

문학과 철학의 접점, 문학과 철학이 만나는 예술적 깊이, 이 깊이란 무엇일까? 우선 깊이라고 하면 Depth라는 말이 떠오른다. Depth는 '물리적 깊이'를 말하는데, 문학과 철학이 만나는 예술적 깊이는 이런 물리적 깊이가 아니다. 물리적 깊이라면 세계에서 가장 깊은 바다, 마리아나 해구(Mariana Trench)에 있는 비티아즈 해연이 11034m니까 물리적 깊이로는 이곳이 가장 깊다. 높이가 8848m인 에베레스트산을 잘라 마리아나 해구에 넣으면 잠기고도 조금 남는,

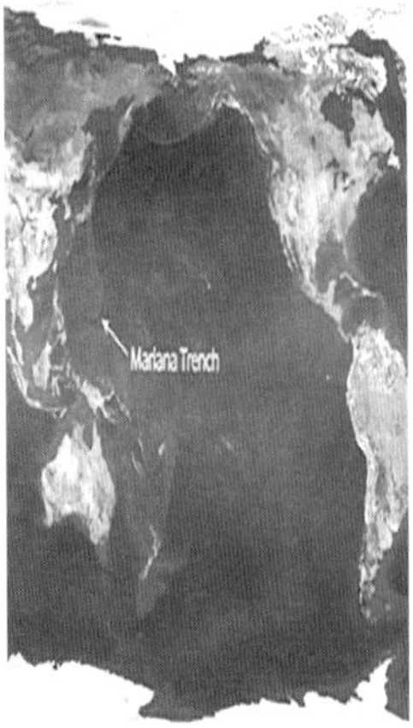

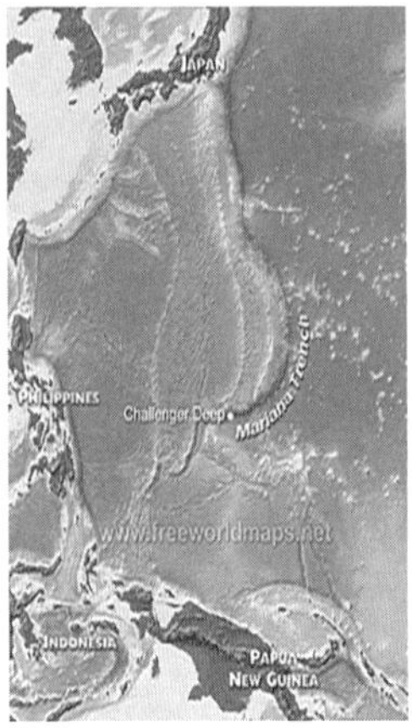

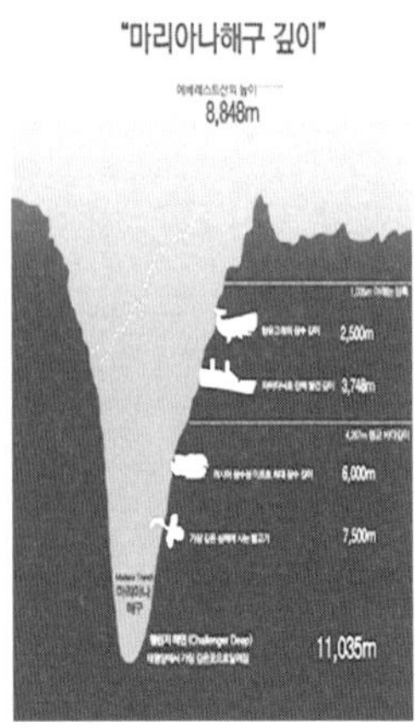

이것이 세계에서 가장 깊은 바다이다. 지도를 보면 태평양 연안에 있는 마리아나 해구는 필리핀, 일본, 파푸아뉴기니 지역에 의해 만들어지는 위치에 있는데, 확실히 코발트색으로 가장 깊은 색을 띠는 가장 깊은 곳이 비티아즈 해연이다.

문학과 철학이 만나는 깊이, 즉 예술적 깊이는 이러한 물리적 깊이가 아니라는 것은 분명하다. 그것은 물리적, 수학적으로 계산해서 객관화시킬 수 있는, 과학적으로 계량화할 수 있는 깊이가 아니다. 왜냐하면 문학이 철학적인 향기를 내는 이 깊이의 문제는 양적인 문제가 아니라 질적인 문제이기 때문이다. 이 깊이는 질적인 문제이고 내적인 문제이며 보이지 않는 것이며 가시화될 수 없다. 그런 까닭에 우리의 일상적 삶 속에서 망각하고 살기 쉬운 그런 문제이다. 그러나 양으로 환원할 수 없는 이러한 질적이고 비가시적인 부분들이 인간의 삶에서 오히려 더 중요한지도 모른다. 과학이 과감하게 존재세계를 객관화시키더라도 양적인 부분에 한정될 뿐 그것이 접근하지 못하는 것이 이러한 질적인 부분이다.[5] 문학이 곧 철학이 되는, 문학과 철학이 만나는 깊이의 문제는 이런 질적인 문제이다.

이렇게 양적으로 환원되지 않고 질적인 차원에서 성립하는 깊이를 영어로 표현하면 Depth가 아니라 Profound, Profundity이다. 즉 "영혼의 깊이"(Profound)이다. 영혼의 깊이는 문학이 깊어져서 실존세계의 인간적 깊이를 드러낼 때 발견되는데,[6] 프루스트(M. Proust)는 이를 우리 마음속의 가장 깊은 거기에 있는 것, "깊은 나"(Moi au fond)라고 했다. 이것은 생트-뵈브(Sainte-Beuve)의 구비평에서 주장하는 것처럼 작가와 작품의 역사적 삶을 실증적으로 모두 조사하더라도 발견되지 않는 가장 내적인 삶, 즉 "참된 삶"(La vrai vie)이라고 프루스트는 말한다.[7] 즉 구비평은 과학처럼 작가의 인생을 탐구하고, 작가가 그 작품을 만들 때 살았던 시대적 배경을 조사하며, 우리가 객관화시킬 수 있는 모든 자료를 통해서 그 작품에서 드러내고자 하는 본질적인 의미, 즉 깊이를 비평할 수 있다고 믿었지만 프루

---

5 H. 베르그송, 『의식에 직접 주어진 것들에 관한 시론』, 최화 역, 아카넷, 2003, 27쪽 참조; 김형효, 『베르그송의 철학』, 민음사, 1995, 91-97쪽 참조.

6 Profound는 하이데거적인 의미에서의 존재를 인식하는 데서 생겨나는 깊이라고 해석될 수 있다. 즉 측량할 수 없는 존재의 깊이에 대한 인간의 이해를 Profound로서 "인간적 깊이"라고 명명할 수 있다. 이러한 인간적 깊이 속에서야 비로소 인간의 본질이 소외되지 않고 확보되고, 이 깊이는 존재를 인식하는 체험의 정도에 따라 정해지며, 거기서 인간의 본질도 자신의 이정표를 찾게 되는 것이다(박유정, 「존재의 인식과 깊이」, 『목요철학』10호, 계명대학교 목요철학원, 2012, 218-219쪽 참조).

7 바슐라르와 더불어 프랑스 테마비평의 대가로 알려진 M. 프루스트는, 생트-뵈브의 구비평을 비판하면서 현대 신비평의 신호탄을 쏘아 올렸다고 할 수 있다. 그에 따르면 작품이 갖는 실증적인 맥락보다 작품 속에 개시되는 더 깊은 "참된 삶" 혹은 "깊은 나"를 발견하는 것이 비평의 목적이라고 한다(M. Proust, "Contre Sainte-Beuve" 참조; M. Proust, "Le Temps Retrové", in *Á la Recherche du Temps perdu* Éditions Gallimard, 1954 참조).

스트는 구비평의 대가인 생트-뵈브를 비판하면서 그걸로도 포착되지 않는 것이 있고, 그런 식으로는 깊이를 비평할 수 없다고 말한다. 이것이 20세기 비평을 지배한 신비평의 핵심 아이디어이다. 즉 실증적으로 물리적으로 양적으로 모든 자료에 입각하더라도 작품 자체의 의도를 알 수 없고, 그런 개념이나 경험이나 상식을 통해 포착되지 않는 작품 자체의 어떤 내밀한 깊이의 세계를 파악하고 비평해야 한다는 것이다. 따라서 신비평은 클로즈-리딩(Close-reading)을 통해서 발견할 수 있는 작품 자체의 의도가 있다고 보고, 비평의 목적은 이러한 작품의 내적인 의도를 발견하는 데 있다고 말한다.[8]

예술적 깊이 = 영혼의 깊이

영혼의 깊이로서의 이러한 내적인 삶, 작품이 말하고자 하는 진정한 의도는 개념이나 경험 그리고 상식을 통해 포착되는 일상적인 것이 아니다. 즉 교육을 통해 얻은 개념의 양과 체계, 시간과 경륜을 통해 얻어지는 경험의 양과 질, 그리고 교육과 경험 이전에 존재하는 일상적 삶의 상식은 우리에게 문화를 파악할 수 있는 힘을 제공하지만 이러한 일차원적인 지평으로는 영혼의 깊이를 포착할 수 없는 것이다. 왜냐하면 그것은 일차원적인 일상성을 넘어서 그것을 초월한

---

8 김치수, 이동렬, 이형식, 안느 끌랑시에, 『현대문학비평의 방법론』, 서울대학교 출판부, 1990, 3-54쪽 참조; 데이빗 호이, 『해석학과 문학비평』, 이경순 역, 문학과 지성사, 1994, 16쪽, 24쪽, 58-59쪽, 117쪽 참조.

세계이기 때문이다. 그리고 영혼의 깊이가 드러내는 초월적 지평은 시적 세계를 열어준다.[9] 왜냐하면 시는 영혼의 깊이를 가장 잘 드러내는 장르이고, 영혼의 깊이는 곧 시적 세계라고 할 수 있기 때문이다.[10] 이는 하이데거가 '시작'(詩作: Dichtung)을 존재의 언어적 건설이라고 한 해석학적인 의미를 노정하고, 헤겔을 위시한 독일 낭만주의에서 시를 시문학이 아니라 민족정신을 개시하는 초월적 지평이라고 한 것과도 맥이 닿는다.

요컨대 일상적인 우리의 독서 경험을 현상학적으로 기술해 보면 예술적 깊이를 발견하게 된다. 즉 우리가 소위 위대하다고 평가하는 작품들, 예컨대 고전 명작을 읽을 때 그것이 이해되지 않아서 어려움을 느끼곤 하는데, 이때 우리는 종종 그 작품이 종교적이고 철학적이라고 말한다. 그리고 이렇게 종교적이고 철학적인 작품이 예술적 깊이가 있다고 말하곤 한다. 이러한 일상적인 용례에서 우리가 어떤 문학작품을 종교적이고 철학적이라고 느낄 때 우리는 그것을 예술적 깊이가 있다고 말하는 경향이 있다고 현상학적으로 기술할 수 있다. 즉 문학이 철학적이라는 것은 곧 문학이 예술적 깊이를 갖는다고 바꿔 말할 수 있고, 따라서 문학과 철학은 예술적 깊이에서 만난다고 규정될 수 있다.

---

9 J. P. 리샤르, 『시와 깊이』, 윤영애 역, 민음사, 1991, 3-6쪽 참조.

10 존 홀 휠록, 『시란 무엇인가』, 박병희 역, 울산대학교 출판부, 1996, 22쪽, 24-25쪽, 40쪽 참조 ; 쟈끄 마리땡, 『시와 미와 창조적 직관』, 김태관 역, 성바오로 출판사, 1985, 267쪽 참조; 데이빗 호이, 『해석학과 문학비평』, 100쪽 참조.

그런데 이러한 예술적 깊이는 물리적인 깊이(Depth)가 아니라 인간 정신의 깊이, 즉 영혼의 깊이(Profound)이다. 그것은 양적으로 환원할 수 없는 질적인 것이다. 이에 따라 영혼의 깊이는 신비평에서 찾고자 하는 작품 속의 가장 깊은 나, 작품의 내적 삶이자 그 자체의 본질적 의도라고 해석학적으로 이해될 수 있다. 왜냐하면 그것은 작품이 갖는 사실적인 맥락을 다 찾아내도 포착되지 않는, 그러한 실증적 차원을 초월한 질적인 세계이기 때문이다. 즉 그것은 구비평의 실증주의적 노력을 비판하면서 신비평이 제시했던 작품 자체의 내적 깊이라는, 일상성을 초월한 질적 개념으로 해석될 수 있는 것이다. 그리고 영혼의 깊이는 시적 세계에 다름 아닌데, 이것은 하이데거가 생각하는 시의 의미, 즉 시가 존재자의 가능 근거가 되는 존재를 비로소 언어적으로 건설하는 시작(時作)이라는 의미로 이해될 수 있다. 즉 영혼의 깊이는 일상성을 초월한 질적 세계이고, 그로써 일상적 존재자의 가능 근거인 존재를 시작(詩作)하는 사유의 세계이기 때문에 시적 세계라고 해석학적으로 이해될 수 있는 것이다.

작품을 통한 깊이에 대한 고찰

이제 보다 구체적으로 문학 작품들을 통해서 이 깊이가 어떻게 형상화되는지 이야기해 보자.

우선 이러한 깊이를 가졌다는 명작 앞에서 우리는 어떠한가? 유명한 고전일수록 까만 것은 글자고 흰 것은 종이이며, 책을 읽는 것은 눈 운동만 하는 고역이 아니던가? 실제로 앞을 못 보는 맹인은 아니지만 작품 앞에서 보아도 보질 못하니 달리 맹인이 아니고 무엇이겠는가! 앙드레 지드의 『전원 교향악』에 나오는 눈먼 소녀처럼 말이다. 이런 일화가 있다. 어떤 사람이 미팅을 나갔다가 상대에게 고전 이야기를 했다가 퇴짜를 맞았다고 한다. 그 이유를 들어 보면, 상대가 "말 타고 다니던 시대의 이야기를 왜 읽어요!"라고 했기 때문에 만남이 어그러졌다는 것이다. 이는 깊이를 가진 명작은 누구나 다 아는 책이지만 아무도 읽지 않는 책이고, 심지어 그런 걸 왜 읽어야 하는지 모르는 유령의 책이 되고 있다는 사실을 보여준다.

가령 명작이라고 일컫는 사르트르(J. P. Sartre)의 『구토』(la Nausée)가 읽기 쉽던가? 명작이라고 해서 읽기 시작했다가 20쪽쯤 읽으면 '이게 뭔가?'라고 자문하게 된다. '처음엔 다 그렇겠지', '서론은 원래 이런 거야' 하며 자위해 보지만, 그렇게 40쪽쯤 가면 '이것도 소설이가?' 싫어지다가 50쪽쯤 가면 구토를 한다. 그래서 어떤 분야에 석학이라 불리는 사람이라도 아직 『구토』를 끝까지 읽지 못했다는 경우가 있다. 그야말로 구토가 나서 말이다.[11] 이렇게 구토가 날 정도로 고전 명작은 우리에게 책 읽기의 괴로움을 주기도 한다. 전통이 그것을 명작이라고 가치평가 하지만 사실 명작은 책 읽기의 즐거움

11 사르트르의 작품 『구토』에서 말하는 구토는 실제 물리적인 구토가 아니라 실존적 의미에서의 구토이다. 즉 성실한 인간이 허무나 부조리를 직시하는 데서 일어나는 구토이다. 다시 말해서 작품의 주인공 로캉땡은 우리가 성실하다면 세계 속에서 부조리 혹은 우리가 남아 돌아가는 존재라는 것을 인식하지 않을 수 없고, 이에 뒤따르는 구토를 느끼지 않을 수 없다고 말한다(Arnold P. Hinchliffe, 『부조리 문학』, 황동규 역, 서울대학교 출판부, 1986, 31쪽, 35쪽, 36-37쪽 참조).

보다는 책 읽기의 괴로움을 주곤 한다.[12] 왜냐하면 그것은 일상성을 넘어선 깊이를 내장하고 있기 때문이다.

그럼에도 불구하고 이 위대한 전통에 참여하기 위해서 청춘에 읽히지 않는 고전을 억지로 읽곤 한다. 깊이를 파악할 수 있는 정신의 힘이 없기 때문에 단순히 교육을 많이 받고 경험의 폭이 넓어져도 이 실체 자체가 파악되지 않기 일쑤다. 그러니 작품에 몰입이 안 되고, 작품이 탄생하게 된 배경을 문예사적으로 다 알아도 파악이 안 되는 작품이 많다. 그래서 구토가 나게 된다. 그러나 어떤 의미에서 안 읽어지는 게 당연하다. 이 세계는 좁은 문, 성경에서 말하는 좁은 문이기 때문이다. 이런 것들이 잘 읽히는 것도 문제인데, 이것이 친숙하게 느껴지는 것도 상식적인 삶을 잘 살아가지 못하게 하는 원인이 되곤 하기 때문이다. 천재들이 정신병을 앓고 병리적인 불안감에 시달리는 것도 많은 경우에 천재들이 이런 세계가 잘 이해되는 데 기인하는 면이 있다.[13]

20세기 대표적인 러시아의 소설가 도스토옙스키(Фёдор Михайлович Достоевский, 1821-1881)는 그의 작품을 통해 러시아 작가를 넘어서 프로이트가 정신분석학에서 발견한 무의식의 세계를 30년

12 젊어 요절한 불문학 비평가 김현 교수는 『행복한 책읽기』와 『책읽기의 괴로움』이라는 책을 썼다. 그가 말하는 책 읽기의 괴로움은 책에서 이야기하는 대로 살 수 없고 그랬다가는 우스꽝스러워질 수 있다는 이야기인데, 이와는 다르게 책 읽기 자체가 괴로움 내지 고통이 되는 것이 고전 명작에서는 아주 자연스러운 일처럼 빚어지는 현상임을 우리는 다루고자 한다(김현, 『책읽기의 괴로움』, 문학과지성사, 1992, 222-233쪽 참조).

13 이다 신·나카이 히사오, 『천재의 정신병리』, 이현수 역, 전파과학사,1993, 215-234쪽 참조.

일찍 발견해서 작품화한 작가라고 평가된다. 그는 이전까지 인류문화가 알지 못했던 인간의 깊은 심층 심리를 소설화하여 우리에게 보여주는 20세기 문제작가이다. 그의 대표작인 『카라마조프가의 형제들』은 그야말로 문학이 바로 철학이고 종교임을 확실하게 보여준다. 이 작품의 구체적인 이야기들 속에서 우리가 바로 하느님을 왜 믿어야 하는가의 문제에 대한 인간의 부르짖음을 들을 수 있다. 즉 이는 단순한 이야기가 아니라 모든 인간이 신 앞에서 물을 수 있는 질문을 볼 수 있는, 그런 보편적인 지평이 구체적인 작품과 작품 내의 등장인물 속에서 오버랩 된다. 이 작품은 이러한 깊이의 문제에서 문학과 철학의 만남을 보여주는 좋은 예이다.

도스토옙스키는 그의 인생 자체가 굉장히 드라마틱하다. 현대 심리소설의 대가인 슈테판 츠바이크(Stefan Zweig)가 『도스토옙스키 평전』(Drei Meister)을 썼는데, 거기서 도스토옙스키의 인생을 평하기를 한마디로 그는 인생의 단 한 순간도 편하게 살아보지 못한 사람이라고 하였다.[14]

> 그의 운명은 단순히 의미 없는 시련이라고 생각할 수밖에 없다. … 가난이라는 줄은 그의 인생을 통틀어 달콤함을 끊어 버렸으며, 육체적 고통이라는 대패는 그의 온몸을 싹싹 파먹어 들어갔고, 결핍이라는 나사는 그의 육

14 모르모토 데츠로, 『살아가는 방법 연구』, 허영은 역, 현암사, 1994, 170-71쪽 참조; 슈테판 츠바이크, 『도스토옙스키를 쓰다』, 원당희 역, 세창미디어, 2016, 21-22쪽 참조.

체를 파고들어 생명의 중추인 자율 신경까지 쳐들어갔다. … 그는 온갖 고뇌를 맛보았으며, 온갖 질책을 남김없이 받은 것이다.[15]

대지주의 아들로 유복하게 자랐지만 도스토옙스키는 간질병 환자였고, 아버지는 굉장히 인색하고 잔인한 성격파탄자였다. 누나도 아버지를 닮아 그런 성품을 갖고 있었고, 그는 끊임없이 아버지를 죽이고 싶을 정도로 아버지에 대한 미움에 시달리는 내적 의식을 갖고 있었다. 그러던 어느 날 그 잔인하고 인색한 아버지가 자신이 부리던 농노들한테 살해당해서 죽는데, 아버지가 살해당하던 날 그는 처음으로 간질병 발작을 한다. 아버지를 정말 죽이고 싶을 정도로 미워했기 때문에 그를 자신이 죽인 것 같은 느낌에 시달렸기 때문이다. 아버지가 살해된 날 그의 누나는 아버지의 죽음에 대해 "개가 개 죽음을 당하는 것은 당연하다"라고 말했다고 하는데, 그만큼 그녀의 성격도 받아들이기 어려운 성격이었고, 그는 자신이 아버지를 죽인 것 같은 죄의식에 사로잡혀서 간질병 발작을 했던 것이다.

다른 한편 도스토옙스키는 그의 처녀작이 인정을 받고 당시 러시아의 가장 유명한 비평가 벨린스키의 극찬을 받으면서 신예 작가로 등장하였다. 당시 러시아는 서구와는 다르게 근대화가 지지부진하여 중세적 봉건제도가 19세기까지 남아 있었다. 이에 러시아 지식인들은 봉건적 틀을 깨고 러시아를 자본주의적 근대화로 이끌려고

---

15 모르모토 데츠로, 『살아가는 방법 연구』, 허영은 역, 170-171쪽 참조.

노력을 하였고, 그 가운데는 사회주의자들도 많았다. 이들은 프랑스에서 시작해 러시아에 퍼져나간 사회주의 사상에 영향을 받았고, 바로 러시아 볼셰비키 혁명도 이러한 분위기에서 이루어졌다. 그때 도스토옙스키는 공산주의 및 사회주의 모임에 가담하게 되고, 그것이 빌미가 되어 사형 선고를 받는다. 그런데 특이하게 사형 집행 직전에 특사를 받게 되고,[16] 그는 4년간 시베리아 유형을 가는 굉장히 극적인 인생을 살게 된다. 마침내 그는 시베리아 유형에서 돌아오면서 걸작을 쓰기 시작한다. 이런 가혹한 운명이 오히려 그를 위대한 작가로 만들었다고 스테판 츠바이크는 지적한다.

> 인간이 광산의 가장 어두운 땅 밑에서 가장 값비싼 금속을 캐내어 오는 것처럼 예술가도 그 자신의 가장 위험한 심연에서 가장 중요한 진실을, 그 사람이 가진 궁극의 인식을 꺼내어 오는 것이다.[17]

『카라마조프 가(家)의 형제들』(Братья Карамазовы)을 비롯해서『지하 생활자의 수기』,『죄와 벌』,『백치』,『도박사』등이 사형과 시베리아 유형을 거치면서 나온 작품들이다. 앙드레 지드의 말처럼『지하 생활자의 수기』는 도스토옙스키의 자전적인 작품으로서 그의

16 바로 앞사람이 사형되고 기도할 시간이 있었는데 그때 특사를 받았다고 한다.

17 모르모토 데츠로,『살아가는 방법 연구』, 허영은 역, 173쪽 참조; 슈테판 츠바이크,『도스토옙스키를 쓰다』, 원당희 역, 59쪽 참조.

전 작품을 이해할 수 있는 열쇠이며,[18] 도박에 빠져 빚을 갚기 위해 단 27일 만에 써낸 작품이 그 유명한 『도박사』이다. 이러한 그의 전 작품을 타이핑 한 사람이 25살 어린 그의 부인이라는 이야기도 전해지고 있다.

『카라마조프 가(家)의 형제들』은 이렇게 도스토옙스키 자신의 아버지와의 관계가 투영된 작품이라고 할 수 있다. 즉 아버지의 보편화가 하느님, 최고의 보편자인 신이라 할 때 이 작품은 아버지를 통해서 신의 개념을 대리하면서 부친살해의 테마를 계승한다. 전 세계에 있는 여러 신화들을 살펴보면 공통적으로 부친살해의 신화를 발견할 수 있는데, 예컨대 그리스 신화에서도 크로노스가 우라노스를 죽이고 티탄 족의 왕위에 올랐고, 그 크로노스를 죽이고 제우스가 올림포스의 왕이 된다. 이러한 부친살해의 신화는 프로이트의 말처럼 아버지를 죽이고 어머니와의 관계로 돌아가고 싶어 하는 인간의 무의식적인 기제를 드러내는 것일 수도 있지만, 이 작품은 그러한 부친살해의 신화적 테마를 통해서 신에게 질문을 던진다. 특히 알베르 카뮈(A. Camus, 1913-1960)는 이 작품이 부친살해를 매개로 신에게 인간 실존의 부조리성을 공박하고 있다고 해석한다. 이러한 카뮈의

---

18 『지하생활자의 수기』는 열쇠 구멍을 통해 세상을 내다보는 불안신경증을 앓는 듯한 주인공의 모노드라마처럼 전개되는데, 그 첫머리는 "나는 병적인 인간이다. 나는 심술궂은 인간이다. 남의 호감을 사지 못한다"(5쪽)로 시작하여, "도대체 자의식이 발달한 인간이 어찌 자기를 존경할 수가 있겠는가?"(24쪽), "고통, 이것이야말로 자의식의 유일한 원인인 것이다. 자의식은 인간에게 가장 큰 불행이지만, 그러나 인간은 그 불행을 사랑하여 어떤 만족과도 바꾸지 않는다는 것을 나는 잘 알고 있다"(52쪽)라는 식으로 서술되어 있다(도스토옙스키, 『지하생활자의 수기』, 이동현 역, 문예출판사, 1997).

해석을 통해 문학이 더 이상 문학이 아니라 인간이 물을 수 있는 보편적 질문과 그 깊이의 세계를 드러내 준다는 것을 알 수 있다. 이제 카뮈의 해석을 통해서 문학이 어떻게 실존적 깊이의 세계를 드러내는지 살펴보자.

이 작품은 겉으로는 아버지와 세 아들, 즉 술과 오입 및 노름으로 일관하는 장남 드미트리, 지성을 겸비한 무신론자 대학생 차남 이반, 수도사로서 너무나 착한 막내 알료샤가 등장하고, 그들이 아버지 표도르의 살해를 둘러싼 심리적 갈등 위에 추리소설을 연상시키는 줄거리로 전개된다. 그러나 작품 내적으로는 알료사와 이반의 목소리가 작품을 대변하고 있는데, 특히 신이 창조한 생의 모순 앞에 절규하는 이반의 반항이 생생하게 그려지고 있다. 과연 선한 신이 악한 세계를 창조한 이유는 무엇인가? 우리는 그 모순 앞에 그대로 머물러야 하는가? 대답 없는 신의 침묵 앞에 우리는 어떻게 대답해야 하는가? 이렇게 작품은 더럽혀지지 않은 영혼의 소유자 알료사를 통해 미래의 방향을 설정해 놓고 있지만, 실은 모순을 창조한 신을 인정할 수 없다는 이반의 반론이 더욱 박력 있게 그려져 있다. 이것이 도스토옙스키의 진짜 목소리, 그가 진짜 하고 싶었던 말이 아닌가 생각된다.

또한 단순히 부친살해의 이야기로 끝나지 않고 도대체 왜 인간에게 고통이 존재하는가 하는, 인간이라면 누구나 직면하는 실존적 질문이 작품 속에서, 특히 이반의 목소리를 통해서 울려 퍼진다. 반면 알료사는 그런 우주적인 진리에 대해서 우리가 절대복종해야 한다는 인간성을 보여준다. 도대체 어느 것이 맞는가 질문하게 된다고 카뮈는 말한다. 인간이 살고 있는 세상은 부조리, 즉 모순으로 가득 차 있고, 그것은 제거될 수 없다. 왜냐하면 부조리는 인간의 존재 조건이기 때문이다. 그렇다면 이 제거될 수 없는 부조리를 어떻게 해야 하나? 끊임없이 고통을 당해야 하나? 이 고통을 극복하기 위해서 어떻게 해야 하는지에 대해 질문을 하는 『카라마조프 가(家)의 형제들』은 그런 문제를 다루는 부조리 문학이라고 카뮈는 말한다.

카뮈는 부조리(l'Absurde)를 이렇게 정의한다. 즉 "그것이 부조리하다"라는 것은 "그것은 있을 수 없는 일이다" 혹은 "그것은 모순이다"라는 의미이다.[19] 즉 부조리는 모순이라는 의미이다. 더 자세히 말하면 인간의 정신은 끊임없이 합리성을 요구하는데, 인간 정신이 맞닥뜨려 있는 세계는 그 합리성에서 벗어난다. 거기에 항상 틈이 벌어지고, 그 틈에서 부조리가 생겨난다. 즉 부조리는 통합을 바라는 정신과 정신이 경험하는 세계의 혼란 사이의 의사소통의 결여이다.[20]

> 그러므로 이해를 돕는다는 측면에서, 부조리는 인간 안에 있는 것도 아니고, 세계 안에 있는 것도 아니고 오직 양자가 함께 있는 가운데 있을 뿐이라고 나는 말할 수 있다. 지금으로서는 부조리야말로 양자를 묶어 주는 유일

---

19 A. 카뮈, 『시지프 신화』, 김화영 역, 책세상, 1997, 42쪽 참조.

20 Arnold P. Hincliffe, 『부조리문학』, 황동규 역, 44쪽 참조; A. 카뮈, 『시지프 신화』, 김화영 역, 33쪽, 40쪽 참조.

한 유대이다.[21]

부조리는 인간 정신과 세계 사이에서 필연적으로 야기되는 인간 존재의 조건이라고 카뮈는 말하고 있다. 그런데 여기서 인간은 자신의 정신으로는 해결이 안 되는 정신과 세계의 틈으로서의 부조리를 어떻게 해결해야 할지 묻게 된다. 그러나 서양의 유구한 기독교적 전통은 이에 대해서 별로 말해주는 게 없다. 즉 신은 침묵한다. "신의 영원한 침묵"이라는 이 말은 이미 실존주의를 시로 노래한 시인인 비니(Alfred de Vigny)의 시에 등장한다. 구원을 이야기하지만 딱 떨어지는 답이 없는 것이다. 그렇다면 신은 왜 침묵하는가? 이러한 신의 침묵 속에서 인간은 부조리를 안고 어떻게 살아야 하는가의 문제를 이 작품에서는 이반의 목소리를 통해 던지고 있다는 것이 카뮈의 해석이다.

인간의 존재라는 것이 부조리하다. 왜냐하면 인간 정신은 합리성을 추구하게 되는데, 인간이 만나는 세계는 그렇게 합리적으로만 이해될 수 없기 때문이다. 왜 인간을 그렇게 만들었나? 하느님이 선하신 분인데 왜 인간을 이렇게 부족하게 만드셨나? 창조주 하느님이 있다면 세계의 부조리를 다 이해할 수 있도록 만들지 않고, 부조리가 없도록 만들 수도 있었을 텐데, 즉 이 세계에 부조리가 있으면 인간이 그것을 다 이해하도록 만들거나 혹은 세계에 아예 부조리가 없

---

21 A. 카뮈, 『시지프 신화』, 김화영 역, 43쪽 참조.

도록 만들 수 있었을 텐데 하는 모순이 존재한다. 왜 이런가? 이것을 붙들고 인간이 어떻게 살아야 하나? 끊임없이 울고 끊임없이 고통을 당하며 살아야 하는지 묻는 것이다. 바로『카라마조프 가(家)의 형제들』은 이러한 질문을 던지고 있다. 다시 말해『카라마조프 가(家)의 형제들』은 추리소설을 방불케 하는 구체적인 이야기 속에서 인간의 존재 조건을, 그 실존의 조건을 드러내고 있다. 이것은 누구나 가지고 있는 것이지만 이것을 어떻게 해야 하는가에 대해서 특히 이반이 질문하고 있다는 것이다.

카뮈의『반항인』(L'Homme révolté)에서 "구원의 거부"라는 부분을 보면『카라마조프 가(家)의 형제들』을 다음과 같이 해석하고 있다.

> 이반 카라마조프는 인간들의 편을 들고 인간들의 무죄를 강조한다. 그는 인간들을 짓누르는 죽음의 형벌은 부당한 것이라고 단언한다. 그는 악을 변호하기는커녕 스스로 신보다 상위에 있다는 정의를 변호한다. 그러므로 그는 신의 존재를 절대적으로 부정하는 것이 아니다. 그는 도덕적 가치의 이름으로 신을 공박한다. 낭만주의적 반항자의 야망은 동등한 자격으로 신과 대화하는 것이다.[22]

이반의 질문은 악을 변호하는 것이 아니다. 그는 인간의 편을 든다. 인간이 아무 죄가 없다는 것이다. 인간의 편에서 보면 신이 있는데

---

22 A. 카뮈,『반항인』, 유기환 역, 청하, 1992, 93쪽 참조.

도 인간에게 끊임없이 악이 자행되고 인간에게 고통이 있는 이 현실이 도덕적으로도 이해가 안 된다는 것이다. 신이 선하고 도덕적이고 정의로운 그런 분이라면 대화를 한번 하고 싶고, 이야기를 해달라는 것이다. 왜 인간에게 이런 부조리가 존재하는지에 대해서. 따라서 이반이 가장 하고 싶은 말은 다음과 같다.

> ... 이반의 가장 속 깊은 절규, 즉 반항의 발아래 가장 충격적인 심연을 열어 놓는 절규는 "설령 그렇다 할지라도(même si)"이다. "설령 내가 틀렸다 할지라도 내 분노는 계속되리라." 이 말은 설령 신이 존재한다 할지라도, 설령 신비가 진리를 감싸고 있다 할지라도, 설령 조시마 노수사가 옳다 할지라도, 이반은 죄 없는 이들에게 가해지는 악과 고통과 죽음이 그 진리의 대가로 치러지는 상황을 받아들일 수 없으리라는 것을 의미한다.[23]

이반에 따르면 설령 절대인 진리가 존재하고 내가 틀렸다 할지라도 왜 죄 없는 인간에게 이런 고통이 끊임없이 저질러지는지, 그리고 그것이 진리의 대가로 도대체 정당한지에 대해 받아들일 수가 없다는 것이다. 설령 내가 틀렸다 해도, 설령 신이 존재한다 해도, 설령 절대적인 진리와 구원이 있다 해도 왜 고통이 있냐는 것이다. 왜 죄 없는 사람이 악에 시달려야 하는지 그 사실을 결코 받아들일 수 없다는 것이다. 이에 따라 이반은 다음과 같이 결론 내린다.

---

23 A. 카뮈, 『반항인』, 유기환 역, 94-95쪽 참조.

… 이와 같은 조건 속에서는 설령 영생이란 것이 존재한다 할지라도 이반은 그것을 거부하리라. 그는 이러한 거래를 거절한다. … 반항은 전체를 원하든지 아니면 무(無)를 원한다. … 참된 연민으로 괴로워하는 자에게 가능한 구원이란 없다.[24]

인간의 편에 서서 볼 때 부조리라는 인간의 존재 조건이 부당하고, 거기서 고통받는 인간이 너무 불쌍하다는 것이다. 인간이 어쩔 수 없이 필연적으로 고통을 당하게 되는 상황이 왜 있느냐는 것이다. 누구도 이로부터 인간을 구원하지 못한다. 신조차도 구원하지 못하는 것이다. 신은 신이라는 이름으로 존재할 뿐 침묵하고 있다. 그것에 대해서 대답을 해달라는 것이 이반의 목소리이다.

요컨대 카뮈는 『반항인』에서 도스도엡스키의 이반을 "형이상학적 반항자"로서 규정하고, 그가 아무 죄 없는 인간에게 악을 창조한 신의 부조리를 공박한다고 본다. 신이 정의롭다면 이야기해 달라는 말이다. 즉 이반의 무신론은 인간에게 악을 준 선한 신의 부조리를 거부하는 것이 아니라 낭만주의적 반항자의 목소리로서 여기에 대해 침묵하는 신과의 대화, 즉 신과 동등한 자격으로 대화하고 싶다는 것이다. 따라서 이반은 이런 조건 하에서 주어지는 신을 거절한다. 즉 인간에 대한 참된 연민으로 괴로워하는 자나 능욕당한 양심에게 가능한 구원이란 없는 것이다.

---

24 A. 카뮈, 『반항인』, 유기환 역, 95쪽 참조.

문학과 철학의 관계 설정을 가능하게 하는 예술적 깊이로서의 영혼의 깊이는 바로 이러한 정도의 실존적 투쟁의 치열성을 함축하는 물음에서 성립한다.

카뮈는 『시지프스 신화』(Le Mythe de Sisyphe)에서 부조리에 대한 해답을 제시한다. 그에 따르면 부조리에 대한 해답은 '반항'(le Révolte)이다. 이때 반항은 되지도 않게 행패 부리는 것이 아니라 정신적 저항을 말한다. 즉 부조리와 정신적으로 싸운다는 의미이다. 이것이 부조리를 이기는 길이라고 카뮈는 말한다. 인간의 의식은 보통은 습관에 젖어 아침에 일어나서 밥 먹고 공부하고 자는 등, '습관'에 의해서 살아가기 때문에 자신의 실존을 바라보지 못한다. 그런데 어느 날 갑자기 자신의 실존을 바라보게 되고 그러면 부조리를 발견하게 된다.[25] 그렇게 부조리는 어느 거리, 어느 모퉁이에서라도 불시의 습격을 가할 수 있다.[26] 그러나 부조리를 자각한 실존적 의식, 즉 '부조리 의식'은 부조리를 받아들일 수 없기 때문에 '자살'을 선택하거나 혹은 '희망'(신앙의 비약)으로 귀의한다. 즉 이 부조리로 가득 찬 세상을 떠안고 살아가거나 고뇌하다가 생의 부조리를 논리적으로 감당하지 못해서 자살을 선택한다. 이는 자신의 존재를 포기하는 것이고, 부조리를 발견한 부조리 의식을 죽이는 일이다. 혹은 부조리한 세상을 떠나 절대적 진리인 희망, 즉 종교로 귀의할 수 있으며, 이것

---

25 A. 카뮈, 『시지프 신화』, 김화영 역, 23-25쪽 참조.

26 A. 카뮈, 『시지프 신화』, 김화영 역, 20쪽 참조.

또한 부조리를 피하는 것이다. 즉 종교도 부조리를 이기는 것이 아니라 부조리를 발견한 의식을 마비시켜서 부조리로부터 도망가는 것이다. 이에 카뮈는 인간의 존재 자체가 부조리하고 그것이 진리이기 때문에 종교로 도피해서도 안 되고, 자살처럼 그것을 발견한 의식을 죽여서도 안 된다고 말한다. 따라서 부조리로부터 도망가지도 않고 부조리를 발견한 의식을 죽이지도 않고, 부조리를 이기는 길이 반항이다.

'자살', '희망', '반항'. '자살'과 '희망'은 부조리의 버팀목인 '의식'(la conscience)을 말살시키거나 마비시키므로 올바른 대책이 아니다. 부조리를 발견한 의식을 간단(間斷) 없이 유지하는 것, 그러한 의식의 간단없는 유지를 통해 부조리를 응시하는 것이 바로 반항이라고 카뮈는 말한다. 이로써 부조리를 받아들이고 그것을 응시하는 것, 끊임없이 의식을 놓지 않고 응시하는 것이 반항이다. 이러한 수용과 응시는 타협이 아니라 대결이고 도전이며, 그것은 인간에게 자유의 감각과 정열을 주어 행동의 도약대가 된다. 즉 이러한 부정을 지난 긍정, 부조리를 의식하는 반항은 새로운 인식의 도약대가 된다. 따라서 카뮈는 "산다는 것, 그것은 바로 부조리를 살리는 길이다. 부조리를 살린다 함은 무엇보다도 먼저 부조리를 응시하는 일이다"[27]라고 말한다.

반항은 마치 도로(徒勞)일 줄 알면서도 돌을 굴리는 영원히 헛

27 A. 카뮈, 『시지프 신화』, 김화영 역, 70-71쪽 참조.

된 노력을 하는 시지프스(Sisyphus)처럼 인간 또한 부조리와 영원히 투쟁하지 않을 수 없는 운명임을 의미한다. 이로써 "나는 생각한다, 고로 존재한다"(Cogito ergo sum)라는 데카르트의 명제는 카뮈에서 "나는 반항한다. 그러므로 우리는 존재한다"(Je me révolte, donc nous sommes)라는 명제로 변형된다. 이는 나인 바인 코기토가 아니라 모든 인간이 부조리성 가운데에서 거기에 반항하고 투쟁해야 한다는 의미이다. 즉 비록 괴롭지만 실존의 진리인 부조리를 붙잡고 끝까지 살아가는 것이 곧 반항이고, 거기서 인간 개인이 아니라 그 전체 존재가 확립된다는 것이다. 이것이 철학의 문제는 '해결'(solution)이 아니라 '해소'(vanishing)에 있다고 했던 비트겐슈타인(L. Wittgenstein)의 말의 의미가 아닐까?[28] 왜냐하면 부조리를 응시하는 것으로서의 반항은 해결이 아니라 해소에 해당되기 때문이다.

철학적 문제들, 즉 인간의 존재 조건과 관계된 보편적 문제들은 답이 있는 게 아니므로 해결될 수 없고, 그 때문에 그 차원이 내게서 문제가 아닌 것으로 해소됐을 때 해결이 되는 것이다. 이에 따라 철학적 문제들 혹은 인문학적 문제들은 객관적인 답이나 주관적인 답이 있는 것이 아니라 그 대답은 해소의 차원으로, 즉 "차원을 달리해서" 혹은 "지평의 수준에서" 제시되는 것이다. 여기서 차원 혹은 지평의 수준에서 해소된다는 말은 키에르케고르의 3단계설처럼, 인간이

---

28 L. Wittgenstein, Tractatus *Logico-Philosophicus*, Routledge & Kegan Paul LTD, London, 1981, p. 187 참조; L. 비트겐슈타인, 『논리철학 논고』, 이영철 역, 천지, 1998, 143쪽 참조.

감각적인 미학적 단계에서 윤리적 단계로 그리고 종교적 단계로 자신의 실존을 선택해 나가듯이 미학적 차원의 인간에게는 어떤 것이 문제가 되지만 윤리적 단계로 격상되었을 때는 그것이 해소되어 전혀 문제가 안 되는 것처럼 진행되는 것이다. 이렇게 깊이의 문제는 해소의 차원을 통해 정신적 차원이나 지평을 획득하는 과정이라고 할 수 있다.

이와 유사한 작품으로 꼽을 수 있는 것이 호손의 『주홍글씨』(The Scarlet Letter)이다. 이 작품도 그런 깊이의 차원, 인간의 존재 조건의 문제, 인간이라면 누구나 직면하는 보편적 지평을 제시하는 작품이다. 이 작품은 오늘날 미국을 있게 한 두 정신적 토대인 개척정신과 청교도 정신 가운데 후자의 정신적 배경을 탁월하게 그려낸 작품으로 평가된다.[29]

호손(N. Hawthorne, 1804-1864)은 에머슨(R. W. Emerson)과 함께 미국의 대표적 작가였고, 「인생찬가」를 쓴 미국의 유명한 시인 롱펠로(H. W. Longfellow)의 친구였다. 사실 호손은 쥐스킨트의 『좀머씨 이야기』에 나오는 좀머씨처럼 매우 비사교적이라 별 볼 일 없는 인사였다. 자신의 고향마을 세일렘을 거의 떠나지 않았으며, 그 마을에서 그를 아는 사람은 20명을 넘지 않았을 정도여서 당시 최고 유명 인사였던 롱펠로의 서문에도 불구하고 그의 처녀작 『오래 전부터 해 온 이야기』(Twice-Told Tales)는 빛을 보지 못했다. 내성적인

---

29 N. 호손, 『주홍글씨』, 양병 역, 동화출판공사, 1977, 436쪽 참조.

사람이 으레 그렇듯이 공부도 잘하지 못했다고 한다. 그러나 『주홍글씨』를 탈고하던 날 밤 그의 마음은 폭풍처럼, 터너 그림의 파도처럼 흥분되었고, 원고 교정 차 그것을 읽던 아내는 두통을 일으켜 침대에 누웠다고 한다. 우리 눈에는 재미없기만 한 이 책의 정신적 의미에 충격을 받았던 것이다.[30]

미국이라는 나라는 서부 개척정신에서 태어난 실용주의를 철학적 기조로 가지고 있지만 원래 퓨리턴들에 의해 세워진, 근본적으로는 청교도 정신의 나라이다. 즉 미국은 청교도 정신에 의해 그들의 도덕과 문화가 구축된 나라라고 할 수 있다. 이렇게 미국적 정신이라고 할 수 있는 청교도 정신은 매우 율법적이고 신약의 바리새인들처럼 아주 엄격한 율법주의에 기반하고 있다. 따라서 호손의 『주홍글씨』는 미국의 정신적 배경이 되는 청교도 정신에 대해 질문을 제기하고 여성의 감정과 사랑을 납득이 가도록 표현했으며, 19세기에 보급된 신념에 대해 가장 힘 있게 비평적 질문을 제기한 작품이라고 평가된다. 무엇보다도 이 작품의 핵심은 딤즈데일 목사, 해스터 프린, 로저 칠링워드 중 "누가 죄인이냐?", "죄란 무엇인가"라는 힘 있는 질문에 있다.

줄거리를 살펴보면, 딤즈데일 목사와 헤스터 프린이라는 아름답고 육감적인 여인이 등장한다. 그리고 로저 칠링워드라는 헤스터 프린의 남편이 있는데, 이들은 미국으로 이주를 하려 했고, 프린이 먼

---

30 N. 호손, 『주홍글씨』, 양병 역, 432-434쪽 참조.

저 이주해 온다. 미국에서 지내는 동안 그녀는 딤즈데일 목사와 사랑을 하게 되는데, 두 사람이 사랑을 나누는 장면은 숲속에서 물이 흐르는 개울, 어두운 숲속에서 두 사람의 사랑이 이루어지는 것으로 표현된다. 나중에 헤스터는 아이를 갖게 되고, 그로 인해 간음을 했다는 비난의 징표로 모든 사람이 볼 수 있게 그녀의 가슴에 주홍글씨가 새겨진다.

첫 장면에서 햇볕이 쨍쨍 내리쬐는 공개된 재판정에서 프린이 가슴에 간음을 했다는 의미의 A라는 주홍글씨를 달고 공개적으로 사람들에게 비난을 받으며 재판을 받는다. 이는 쨍쨍 내리쬐는 햇빛 속에 어두운 죄인 하나가 몸을 드러내는 흑백이 대조되는 장면인데, 이런 흑백이 대조되는 장면이 이 작품에서 반복된다. 그 앞에 배심원으로서 딤즈데일 목사가 있다. 이러한 장면 자체는 "누가 죄인인가?"라고 묻는 듯하다. 그러다가 남편이 미국에 온다. 그가 이러한 상황을 보니 부인의 간음에 대한 물증은 없지만 뭔가 저 목사와 놀아난 것 같다는 심증을 가졌던 것 같다. 그래서 칠링워드는 우회적인 방식으로 끊임없이 목사를 괴롭힌다. 결국 목사는 양심의 가책을 이기지 못해 마지막 장면에서 자신의 죄를 고백하는 설교를 한다. 그 날은 너무 청명하였고, 목사는 단상에서 설교했는데, 아무도 모르지만 남몰래 죄를 지은 이 죄인이 죄의식에 시달려서 하느님의 은혜를 설교하다가 절명한다. 이 장면 또한 청명한 날에 죄인이 설교한다는 흑백의 대조를 드러낸다.

헤스터의 가슴에 달린 A(adultary)라는 주홍글씨는 그녀의 죄(간통죄)이면서 동시에 알파벳 첫 글자로 모든 사람이 가진 아담의 원죄를 상징한다. 그녀는 두 남자보다 사회로부터 고립되어 있지만 다른 한편 감정적으로 솔직하게 인간성을 드러내고 있어서 그만큼 피해가 적은 이미 "참회한 죄인"이다. 또 그녀는 자신의 죄를 공개함으로써 인간의 허식적 법과 도덕에 반항하고, 그 고뇌 때문에 죄를 초월하여 정화됨으로써 비극적 숭고성에 도달했다고 할 수 있다. 이에 반해 비밀의 죄인인 딤즈데일 목사는 "남몰래 죄를 범한 죄인"으로 남모르는 낙인을 가슴에 깊이 찍은 채 참회와 자학 속에 몸부림치다가 세인 앞에 고백, 참회하고 쓰러진다. 그로써 무거운 가책의 짐을 벗고 참회 속에 말라 죽는 딤즈데일을 우리는 추호도 미워할 수 없다. 그러나 딤즈데일의 양심을 건드리며 그를 죽음에까지 몰고 가도록 심리전을 펼치는 로저 칠링워드는, 아무 죄를 짓지 않은 것 같지만 사실 "용서받을 수 없는 죄인"이다.[31] 따라서 이 작품은 다음과 같이 말하고 있다.

헤스터 프린은 참회한 죄인이다.
딤즈데일 목사도 남몰래 죄를 범한 죄인이다.
로오저 칠링워드는 용서받을 수 없는 죄인이다.

이 작품은 인간의 죄의 문제와 청교도 사회의 냉혹한 사회적 제

---

31 N. 호손, 『주홍글씨』, 양병 역, 456-439쪽 참조.

재 사이에서 벌어지는 절망의 비극을 통해 기독교의 사랑과 인류애를 다시 생각해 보게 한다. 또한 작품 전체에서 펼쳐지는 밝은 대낮과 캄캄한 밤, 번잡한 거리와 으슥한 숲속 장면 등의 명암 교차는, 정신세계의 선과 악의 갈등 및 교합을 화면으로 드러내는 효과를 거두고 있다. 대낮의 형대 위에 서서 자기의 죄를 고백하는 목사의 모습에도 명암이 뒤얽혀 있어, 전편을 통해 선과 악, 명과 암의 이중주가 흐르고 있다고 하겠다.[32]

마지막으로 톨스토이의 『부활』이다. 톨스토이(Л.Толстой, 1828-1910)도 도스토옙스키와 더불어 20세기 러시아의 대표 작가이다. 그는 이른바 '톨스토이주의'로도 유명한데, 이는 신약의 예수님의 산상설교와 비폭력 무저항정신에 입각한 일종의 기독교적 휴머니즘이다. 그리고 그는 실제로 이러한 톨스토이주의에 입각한 종교 공동체를 만들어서 초기 기독교 공동체에서 실천했던 사랑을 실현하고자 했다. 그래서 많은 사람들이 이러한 톨스토이주의에 찬동하여 이 공동체에 가담하기도 했고, 20세기 초의 많은 지성인들은 러시아를 찾으면 성자 톨스토이를 방문했다고 한다. 그러나 정작 톨스토이 자신은 그의 사유재산을 모두 이 공동체에 희사함으로써 부인을 비롯한 가족과 갈등을 빚었는데, 이러한 그의 드라마틱한 인생이 영화화되기도 하였다. 이러한 톨스토이주의 혹은 기독교적 휴머니즘이 잘 구현된, 즉 인간의 편에서 도대체 무엇이 구원인가 하는 질문을 하는

32 N. 호손, 『주홍글씨』, 양병 역, 439-440쪽 참조.

그의 대표작이 바로 『부활』(Воскресение)이다.

톨스토이는 대지주의 아들이었기 때문에 유복하게 자랐지만 부모님이 일찍 돌아가셔서 숙부의 손에 자랐다. 그 스스로는 상상력이 풍부하고 욕망이 자유롭게 전개되는 사람이었지만 청교도적인 엄격한 교육을 받았기 때문에 마음속에서 이 두 가지가 갈등을 일으키는 내적 의식을 가지고 있었다고 한다. 그는 대학을 중퇴하고 농지 경영에 몰두했지만 실패하고, 그의 처녀작이 인정을 받으면서 작가로서 발돋움한다. 그러다 두 번의 유럽 여행에서 루소를 발견하고 문명의 악을 실감하여 루소의 교육론에 따라 농민교육에 힘썼다. 그때 『안나 카레니나』라든지 『전쟁과 평화』와 같은 위대한 작품을 썼는데, 작품의 완성 이후에 정신적 위기가 오면서 예술에서 종교로 회심하게 된다. 왜냐하면 인간의 구원은 인간의 사랑이나 혹은 그 어떤 인간적 방법으로도 가능하지 않다는 자각에 이르렀기 때문이다.

그 이후 그는 깊은 침잠에 돌입하고 나서 예수님이 산상수훈에서 말씀하신 사랑을 통해서 인간이 구원될 수 있다는 믿음을 가지게 되었고, 이러한 믿음에 따라 원시 기독교 공동체를 만들게 된다. 이는 톨스토이주의로 불리며 서구 지성인들의 찬동을 끌어냈다. 이에 독일 현대 시의 거장 릴케가 루 살로메와의 교제 속에서 러시아를 여행했을 때도 그를 방문하였고, 베토벤을 모델로 한 작품 『장크리스토프』의 작가이자 프랑스의 도스토옙스키라고 불리는 로맹 롤랑(Romain Rolland)도 이혼 후 절필하여 힘들 때 그에게 정신적인 자문을 구할 정도로 그는 러시아의 성자 혹은 20세기의 지성으로 추앙

받았다. 그러나 정작 그 자신은 그러한 공동체 때문에 가족과 부인의 외면을 받고서 80세에 가출하여 기차역에서 얼어 죽은 채 발견되었다. 그야말로 그의 인생은 드라마틱했다.

『부활』은 톨스토이의 자전적인 작품이다. 톨스토이에게는 번뜩이는 욕망과 억압적인 청교도 교육이라는 양가적 경향의 성격이 있었고, 젊은 시절 그는 순결한 18세 처녀를 강간하고 만다. 그것은 평생 그의 가슴에 죄의식으로 자리 잡았는데, 이 작품은 그런 행동을 한 자신을 회개하는 것 같은 작품이다. 작품의 줄거리는 카추샤라는 18살의 순결한 여인과 네플류도프라는 대학생을 중심으로 전개된다. 방학이 되어 네플류도프는 친척 집에 놀러 오고, 거기서 그는 집안일을 도왔던 먼 친척뻘 되는 카추샤를 만난다. 그들은 사이좋게 지내다가 서로 호감이 생기는데, 어느 날 네플류도프는 욕정을 이기지 못해 카추샤가 자는 다락방에 잠입해 들어가 그녀를 범한다. 정말 무서워서 공포감을 느끼면서도 욕정을 이기지 못해 고뇌하고, 또한 작은 소리 하나에도 소스라치게 놀라는 주인공의 모습에서 톨스토이의 자전적인 고백이 드러난다. 그리고 얼마 후 카추샤는 아이를 유산했고, 동네에 이 일이 소문이 나서 다른 동네로 쫓기다시피 도망가 살게 된다. 그러다 그녀는 타락하여 창녀가 되고, 급기야 살인까지 저지르게 된다. 그렇게 10년 세월이 흘러 카추샤는 법정에 서게 되었고, 거기에 배심원으로서 네플류도프가 그녀를 판결하게 된다. 이 장면은 마치 누가 죄인인가 하고 묻는 듯하다. 카추샤를 알아본 네플류도프는 충격을 받고 심한 고통에 시달린다. 그래서 진심으로 죄를 고백하고 용서를 구하고자 그녀를 찾아가고, 그렇게 용서를 구하는 장면이 작품의 후반부이다. 이러한 네플류도프의 참회를 카추샤가 받아들이게 되고, 이로써 두 사람의 영혼이 부활하는 것을 그린 작품이 바로『부활』이다.

죄와 용서, 이것은 누구나 봉착하는 문제이지만 아무도 쉽게 해결하지 못하는 인생의 문제이다. 그처럼 그것은 보편적인 문제이지만 일차원적 인간이 감당하기 어려운 문제이다. 왜냐하면 이 문제는 윤리적 차원을 넘어 종교적 차원에까지 나아가기 때문이다. 즉 깊이와 관련된 문제라 할 수 있다. 이렇게 이 작품은 문학이 이미 철학이고 종교가 되는 예술적 깊이로서의 영혼의 깊이를 드러내 보여준다.

결론 1: 문학과 철학은 영혼의 깊이에서 만난다

이제 문학과 철학의 관계를 정리해 보자. 문학과 철학의 관계는 예술적 깊이, 영혼의 깊이에 있다고 앞에서 말했다. 깊이의 문제, 즉 정신적 깊이 혹은 영혼의 깊이의 문제가 문학과 철학이 만나는 지점이라고 이야기하였다. 그에 대한 예들을 도스토옙스키로부터 호손, 톨스토이 등을 통해서 살펴보았다. 문학작품이 위대하면 위대할수록 철학적이고 종교적인 색채를 드러내는데, 그것은 작품이 영혼의 깊이를 드러내기 때문이고, 그것은 문학이 단순한 이야기가 아니라 이미 철학적이고 종교적인 지평을 드러낸다는 의미이다. 그래서 도스토옙스키 작품을 카뮈의 부조리 개념으로 바라보았을 때 이 작품이 단순히 부친살해의 살인사건이 아니라 인간이라면 누구나 물을 수 있는 인간의 근원적인 악의 문제, 해결할 수 없는 인간존재의 부조리함, 그리고 신 혹은 종교에 대한 물음을 드러내고 있었다. 여기서 문학작품은 단순한 이야기가 아니라 모든 인간이 그 앞에 설 수 있는 보편적 지평을 드러냄으로써 인간 정신의 깊이를 노정하고 있음을 알 수 있었다. 따라서 이러한 영혼의 깊이에서 문학은 철학이고 종교이며, 거기에서 문학과 철학이 만난다고 할 수 있다.

호손의 『주홍글씨』 또한 목사와 한 여인의 사랑을 통해서 과연 무엇이 죄이고 도덕인지, 사랑과 윤리 사이에서 어디까지 용인할 수 있는지, 도덕은 인간을 위한 도덕이어야 하는데 왜 그렇지 않은지 등을 청교도 정신이 가진 율법주의와 그 잔학성을 고발하는 가운데 질문한다. 이것은 하나의 이야기 속에서 인간이라면 누구나 그 앞에 설 수 있는 보편적 질문으로서 윤리와 종교 그리고 사랑에 대한 질문을 우리에게 던지는 것이다.

톨스토이의 『부활』 또한 네플류도프를 용서한 카추샤, 그리고 카추샤를 범한 네플류도프에게서 인간이라면 저지를 수 있는 인간적인 실수 혹은 약점 그리고 그것을 인간적인 마음으로 용서할 수 있는 인간의 마음 등을 보여주면서 우리가 어떻게 살아야 할 것인지에 관해 질문한다. 이러한 보편적인 질문을 던짐으로써 단순한 이야기가 아니라 이른바 톨스토이주의, 즉 예수님의 산상수훈에서 설교하신 사랑에 대한 기독교적 휴머니즘을 보여준다. 이처럼 소위 명작이라고 일컬어지는 작품 속에서 발견되는 물음과 고민의 깊이에서 영혼의 깊이라고 할 수 있는 예술적 깊이라는 질적 세계가 펼쳐진다. 이런 의미에서 문학은 이미 문학이 아니고 철학이고 종교인 바, 철학과 문학의 만남이 이루어진다. 즉 문학은 이미 영혼의 깊이를 품고 철학이 되는 것이다.

이런 깊이의 문제는 개념적으로 쉽게 이해되지 않기 때문에 명작을 대할 때 어려움을 겪을 수 있음을 사르트르의『구토』를 예로 들어 이야기하였다. 위대한 고전이라고 일컬어지는 작품일수록 구토가 나서 읽기를 포기할 수 있음을 우리는 독서 경험을 통해 잘 알고 있다. 젊어서 요절한 프랑스문학 비평가 김현 교수가 '책읽기의 괴로움'이라는 말로 비유한 것처럼 유명한 고전일수록 까만 것은 글자고 흰 것은 종이인 경우가 허다하다. 명작 앞에서 우리는 보아도 보지 못하고 들어도 듣지 못하는 소경이나 마찬가지이다. 이는 바로 깊이를 포착할 정신의 힘이 없는 데서 연유하는 경우가 대부분이다. 즉 깊이의 문제는 개념이나 경험 혹은 상식의 차원에서 잡히는 것이 아니라 그것을 초월한 것이라서 일상적 차원에서 파악할 수 없으며, 어떤 의미에서 범인의 참여가 거부되는 영역이라 할 수 있다.

깊이의 문제는 교육을 많이 받거나 경험의 영역을 넓혀서 해결되는 게 아니라 진실을 파악할 수 있는 정신의 힘, 실존을 잡아낼 수 있는 정신의 힘으로 포착되는 것이다. 영혼의 무게감이 있을수록 이것을 포착할 수 있지 교육을 많이 받거나 경험을 많이 한다고 해서 영혼의 깊이가 생기지는 않는다. 그렇기 때문에 깊이의 문제는 쉽지 않다. 문학의 깊이 또한 문학의 옷을 입고서 단순한 이야기가 보편적인 인간의 이야기가 되게 만드는, 문학이 철학이 되게 만드는 그 지점에서 드러난다. 이제 더 자세하게 문학의 깊이란 무엇인가에 대해서 살펴보자.

문학의 깊이

문학의 깊이란: P. 쥐스킨트의 『깊이에의 강요』를 통해서 엿보기

문학과 철학은 영혼의 깊이에서 만난다. 영혼의 깊이는 예술적 깊이이다. 이 깊이에서 문학은 철학이고 종교이다. 이것이 문학과 철학의 관계에 대해 말했던 첫 번째 명제이다. 그렇다면 이제 이러한 깊이가 문학 속에서 드러날 때 그 깊이는 어떤 것인지 살펴본다. 즉 문학의 깊이는 그 실체가 무엇인지, 왜 우리는 그것을 잘 알기 어려운지, 반드시 초월적 인식의 차원으로 가야 하는지 등등에 관해 이야기해보자.

현대 독일 작가 파트리크 쥐스킨트(Patrick Süskind, 1949-)의 단편 중에 『깊이에의 강요』(Drei Geschichten und eine Betrachtung)라는 재미있는 작품이 있는데, 짧은 작품이지만 깊이란 무엇인가라는 질문을 던진다. 그의 작품 가운데에는 영화화되어 대중적으로 알려진 『향수』도 있고, 오래전에 베스트셀러였던 『좀머 씨 이야기』도 있어서 우리에게 낯설지 않은 작가이다. 쥐스킨트는 아이러니를 잘 활용하여 우리에게 질문을 던지면서 뒤통수를 탁 때리는 작품을 잘 쓰는 작가이다. 이런 점에서 짧은 작품을 통해서 우리에게 사색의 거리를 만들어 주는 작가이다. 그의 작품 중에서 문학의 깊이, 예술의 깊이에 대해 묻는 작품이 있는데, 그것이『깊이에의 강요』이다.

줄거리는 대략 이러하다. 소묘를 뛰어나게 잘하는 슈투트가르트 출신의 젊은 여류 화가가 전시회를 열었다. 그녀의 작품에 대해 평론가들은 "재능이 보이고 마음에 와닿는다, 그러나 당신에게는 아직 깊이가 부족하다"라는 평을 한다. 그녀는 평론가들의 말을 이해하지 못하고 잊어버렸다. 그런데 이틀 후 신문에 자신의 전시회에 대해, "젊은 여류화가는 뛰어난 재능을 가지고 있고 작품은 첫눈에 많은 호감을 불러일으킨다. 그러나 애석하게도 깊이가 없다"라는 기사가 나자 젊은 여인은 골똘히 고민하게 된다. 깊이? 깊이라 … 저녁 초대를 받은 곳에서 사람들은 비평을 외우기나 한듯이 "재능이 있고 호감이 가는 작품이지만 깊이가 없어요. 나쁘지 않은데 애석하게도 깊이가 없어요"라고 한다. 그다음 주 내내 그녀는 그림에 손도 대지 않고 말없이 집안에 앉아 멍하니 생각에 잠긴다, "왜 나는 깊이가 없을까?"

두 번째 주에 그녀는 그림을 그리려고 시도하지만, 온몸이 떨려 붓을 물감 통에다 집어넣을 수조차 없어 울음을 터뜨린다, "그래 맞아, 난 깊이가 없어!" 그리곤 세 번째 주, 다른 화가의 작품연구를 위해서 미술 서적을 사러 화랑과 박물관을 두루 돌아다닌다. 한 서점에서 가장 깊이 있는 책 한 권을 달라고 했더니 비트겐슈타인을 추천해 준다. 그러나 그녀는 그것으로 무엇을 할지 모른다. 그리고 시립박물관 〈유럽소묘 5백 년〉에 갔는데, 거기서 그녀가 레오나르도 다빈치 작품 앞에서 학생들을 인솔하고 온 교사에게 "실례지만, 이 그림에는 깊이가 있는지 말씀해 주시겠어요?"라고 묻자, 그 엉뚱함에 학생과 교사가 깔깔대며 웃는다.

이 젊은 여인은 점점 이상해져서 화실에 있지만 그림을 그리지는 않고, 깨어있기 위해서 약을 먹어도 자신이 무엇 때문에 깨어있는지 모를 지경에 이른다. 그러다 술을 마시기 시작한다. 이제 더 이상 그림을 그리지도 않는다. 베를린 미술 상인이 그림을 부탁하니 "나를 내버려 두란 말이야! 난 깊이가 없어요!"라고 거절한다. 간혹 점토 반죽을 할 때도 있었지만 특별히 무엇을 만들지 않았고, 그녀의 외모는 점점 더 피폐해 갔다. 친구들은 "그녀의 천성이 너무 예술적이어서 위기에 빠져 있어"라고 걱정하며 그들의 파티에 초대하지만 그녀는 거절한다. 그리고 그녀를 마음에 들어 한 젊은이가 그녀를 초대하였는데, 그녀가 "당신 마음대로 하세요. 그러나 나는 깊이가 없으니 각오하세요"라고 하는 바람에 젊은 남자는 단념한다.

그녀는 외출도 하지 않고 방문도 받지 않고, 운동 부족으로 몸이 비대해지며, 알코올과 약물복용으로 빠르게 노화된다. 집안 여기저기 곰팡이가 피고 그녀에게는 시큼한 냄새가 난다. 그녀는 3만 마르크를 상속받아 3년간 나폴리 여행을 하였지만 그녀에게 말을 건 사람은 그녀가 무슨 말을 하는지 알아들을 수 없는 웅얼거리는 소리만 들어야 했다. 돈이 떨어지자 그녀는 그림에 구멍을 내고 찢어버린다. 어느 바람 부는 날 그녀는 텔레비전 방송탑 139미터에서 투신하였는데, 바람이 거세게 불어 도로에 떨어지는 대신 전나무 숲으로 떨어졌는데도 즉사하였다. 주로 스캔들을 보도하는 대중잡지는 이 자살사건, 즉 바람에 날려간 전도양양한 미모의 여류화가를 보도하였다. 그녀의 집 곳곳을 촬영 보도하면서 그것을 두 번째 머리기사로 다루면서 3면에까지 이어 다룬다. 평론가는 당혹감을 표현하는 단평을 기고하기를, "그녀의 작품에는 깊이에의 강요가 있다. 이 때문에 그녀는 충격적인 죽음을 맞을 수밖에 없었다"라고 한다.[33]

이 작품은 깊이가 없다는 말 때문에 고민하다가 주인공 작가가 죽게 됐는데, 마지막에 그 작가에게 깊이에의 강요가 있다고 하면서 끝난다. 즉 이 작품은 깊이는 누구도 모른다는 것을 아이러니하게 보여준다. 어떤 의미에서 실소를 일으키지만 동시에 깊이란 무엇인가라는 질문을 던져 주고 있다. 이미 언급했듯이 깊이는 정신적인 것이다. 자본주의하에서 경쟁하면서 과학기술 문명의 틀 속에 살고 있는 현대인들은 깊이를 추구하지 않는다. 하이데거(M. Heidegger)의 말처럼 현대인은 오로지 기술문명이 현실적인 것을 부품으로 생산하도록 닦아세우는 주문요청 속에서 "닦달"(Gestell)을 받을 뿐이다.[34] 오히려 중세시대에 기독교를 헌신적으로 믿었던 사람들이 어쩌면 영혼의 깊이를 추구했는지도 모른다. 오늘날 우리는 편리한 기술문명의 이기 속에서 경쟁의 노예가 되어 물질적인 자본의 생산에 강박·세뇌되기 때문에 어떤 의미에서 깊이의 문제를 망각했는지도 모른다. 그렇지만 인간은 정신적 깊이의 문제가 해결되지 않으면 진

---

33 파트리크 쥐스킨트, 『깊이에의 강요』, 김인순 역, 열린책들, 1996 참조.

34 M. 하이데거, 『기술과 전향』, 이기상 역, 서광사, 1993, 47-65쪽 참조.

정한 행복을 만날 수 없다.

개념과 경험과 상식의 세계는 일차원적 세계이고, 이런 세계에 만족하는 인간은 닭장 속에 갇힌 닭처럼 플라톤이 말하는 동굴의 세계에 갇힌 존재이고 길들여진 인간이다.[35] 즉 공동체가 공유하고 있는 세계관이나 이데올로기에 길든 인간이다. 그러한 세계를 박차고 나와서 자신의 세계로, 진실의 세계로 가기 위해서는 플라톤의 말처럼 동굴을 나와야 한다. 즉 일차원적 세계를 넘어서야 한다. 이러한 일차원적 세계를 넘어서게 해주는 것이 위대한 명작들이다. 명작들은 모두 깊이를 가지고 있기 때문이다. 깊이는 차원을 올라가면서, 지평을 올라가면서 우리에게 문제였던 것이 문제가 아닌 것이 되는 식으로, 진실에 대한 정신의 힘을 획득하면서 갖게 되는 세계이다. 즉 문제였던 것이 문제가 아닌 것이 되어 해소되는 차원의 세계이다.

그런데 내가 이러한 세계를 알고 있지 못하다는 것을 안다는 것이 중요한 계기가 된다. 보통의 경우는 알고 있지 못하다는 사실을 모르기 때문이다. 이런 일차원적 세계에 만족해서 그 시대가 공유하고 있는 이데올로기나 그 시대의 교육체계나 문화에 세뇌된 사람들은 사실은 아무 불만이 없고 그 세계에서 나갈 생각을 하지 않으며, 그 이상을 원하지도 않는다. 그들은 모른다는 걸 모른다. 그런데 뭔

---

35 이때의 "일차원적"이라는 것은 마르쿠제(H. Marcuse)가 했던 말을 차용한 것이다. 마르쿠제는 자본주의 이데올로기에 지배되고 소외되어 비판이나 반대가 사라졌다는 의미에서 이 말을 사용했는데, 이 글에서 일차원적이라는 것은 개념과 경험과 상식으로 이해되는 세계나 기존 체제를 무비판적으로 받아들이고 거기에 순응한다는 의미로 사용하였다(H. 마르쿠제, 『일차원적 인간』, 박병진 역, 한마음사, 1993 참조).

가 여기에 대해 문제의식을 느낄 때 무지의 지가 싹트는 것이다. 26살에 요절한 현대 독일 작가 보르헤르트(Wolfgang Borchert)는 그의 소설『문밖에서』(Draussen vor der Tür)에서 이것을 "문밖에서"라고 불렀다. 진리의 문밖에 우리가 있다는 것이다. 즉 일차원적 세계에 갇혀서 진실을 모른다는 걸 아는 것이다. 이렇게 내가 아무것도 모른다는 걸 아는 것, 소크라테스의 말처럼 무지의 지에 이를 때 해소나 초월의 차원으로, 일차원적 세계를 넘어선 동굴의 바깥으로 나올 수 있는, 바로 진리의 문밖에 있다는 것이다.

이러한 무지의 지는 어떤 계기로도 올 수 있다. 어느 날 갑자기 올 수도 있고, 누군가를 만나서 올 수도 있으며, 평생 안 올 수도 있다. 어쨌든 이런 무지의 지를 통해서 내가 세뇌된 인간이구나 하는 것을 알고서 진실의 세계를 좇을 때 우리에게 더 높고 더 깊고 더 풍요로운 정신의 차원이 열리는 것이다. 그런 곳으로 우리를 안내하는 것이 위대한 명작들이다. 카뮈는 이러한 것으로서 부조리와 반항을 이야기한다. 그 진실이라는 것이 그렇게 행복하기만 한 것이 아니라 부조리성을 갖고 있기 때문에, 그 자체를 거부하는 것이 아니라 그것과 끊임없이 투쟁하면서 이겨 나가야 한다고 이야기한다. 철학자마다 조금씩 다르게 이야기할 수 있지만 깊이의 문제는 초월적 인식의 세계라는 것이다. 거기서는 우리가 모른다는 것을 아는 자각의 계기가 필요하고, 그것을 통해서 우리가 일차원적 세계를 넘어서서 진실의 세계로 갈 수 있으며, 그 진실의 세계가 깊이의 세계라는 것이다. 그런 곳으로 우리를 안내하는 것이 명작고전이라고 할 수 있다.

문학의 깊이, 실존, 체험과 경험

이렇듯 깊이의 아이러니가 드러난 작품인『깊이에의 강요』는 우리에게 과연 깊이란 무엇인가를 묻고 있다. 깊이란 무엇일까? Depth가 아닌 Profound로서의 깊이는 일반성과 논리성을 벗어난다. 따라서 일반논리로 포착되지 않는다. 이 작품에서 젊은 여류화가가 겪는 깊이에의 고통 또한 그러하다. 즉 단순히 먹고살면서 생기는 누구나 겪는 일반적 고통이 아닌 것이다. 어떤 의미에서 그것은 특별한 고통, 즉 특별한 인간에게 주어지는 독특한 고통이라고 할 수 있다.

보통 사람은 깊이의 문제를 거부한다. 그들은 새로운 것에 대해 호기심을 갖지만, 인간존재의 근본적인 문제에 대해서는 생래적으로 거부감이 있다. 사실 이것이 이해가 잘 안 되는 것도 상식적인 수준의 사람들이 여기에 거부감이 있기 때문이다. 그리고 깊이는 어려운 것이다. 그래서 극소수의 사람만 여기에 개방되어 있는 그런 세계가 깊이의 세계이다. 그렇다면 그게 무엇이길래 극소수의 사람에게만 개방되는 것인가? 그 실체가 무엇인지 묻는다면 그것은 인간의 심층적 본성과 관련되어 있다고 말할 수 있고, 단적으로 '실존'과 관계된다고 말할 수 있다. 실존이란 동물과는 다른 인간의 고유한 존재 양식, 즉 본질이 결정된 동물에 비해서 자신의 본질을 스스로 만들어 가야 하는 인간에게 고유한 존재 양식을 말한다. 그리고 인간은 실존적 존재이지만 이러한 실존의 세계가 모두에게 개방되진 않으며, 자신의 존재 의미에 대해 치열하게 고민하는 사람에게만 개방된다. 보통의 경우는 눈앞의 이해관계나 습관에 얽매여 살아가고,

그것을 가능하게 하는 근본적인 존재에 대해서는 망각한다.

실존은 인간의 보편적인 슬픔의 세계이다. 인간은 누구나 죽을 수밖에 없고, 인간의 삶은 육신을 가진 탓에 영원할 수 없으며, 그렇게 유한한 존재이기 때문에 인간은 본질적으로 슬픔과 고통을 가질 수밖에 없다. 인간이 갖는 이런 보편적인 슬픔에 공감할 수 있는 정신의 능력이 있을 때 실존에 대한 감수성을 갖게 되는데, 특히 위대한 예술가들은 이에 대해 치열하게 고민하면서 깊이를 형성하게 된다. 즉 인간의 유한성과 그 슬픔에 공감하고 타인의 고통이 나의 고통으로 느껴질 수 있는 보편적인 감수성을 가질 수 있을 때 나에게 들려오는 목소리가 실존의 목소리라고 할 수 있다. 보통의 경우는 자신의 에고에 갇혀 살아가기 때문에 에고 이상의 것을 문제시하지 않지만 에고를 초월해서 타인의 존재까지도 나의 이해의 지평에서 문제 삼을 때 일어나는 것이 실존에 대한 감수성이고, 거기에 대해 치열하게 고민하는 사람들이 위대한 예술가나 종교가 혹은 철학자들이다.

2002년 루벤스의 〈유아 대학살〉이 역대 최고가인 4950만 6650파운드, 약 990억 원에 팔렸다. 이 그림의 가격은 고흐의 〈의사 가셰의 초상〉 경매가인 4437만 8696파운드보다 비싼 최고가라고 한다. 그림을 구입한 사람은 신분이 공개되지 않은 개인 소장자라고 전해진다. 그리고 2004년 노르웨이 오슬로 뭉크 박물관에서 뭉크의 〈절규〉와 〈마돈나〉라는 국보급 작품을 도난당했다. 매년 꾸준히 40-60억 달러에 이르는 세계적 작품들이 도난당하고 있으나 이에 대한

유아 대학살

의사 가셰의 초상

절규

뚜렷한 대책이 없는 실정이라고 한다. 이러한 예술품 범죄 규모가 마약, 무기 밀거래, 돈세탁 규모보다 크다고 하는데, 연간 피해액 40-60억 달러, 우리나라 돈으로 약 4-6조에 달한다. 그런데 범죄자들이 작품의 가치, 작품의 깊이를 알아서 훔쳤겠는가, 그것은 그저 고액의 돈을 벌기 위한 수단일 것이다. 보통 사람은 작품의 가치인 깊이를 알아서 그것을 사고 훔치는 것이 아니라, 그게 유명하거나 비싸니까, 아니면 유명한 사람의 추천 때문에, TV나 신문에 났으니까 하는 외적 이유로 그렇게 한다. 그러나 예술작품에서 깊이의 문제는 이러한 일반성과 논리성으로 포착되지 않는 질적 영역이다. 그것은 단순한 '경험'(Erfahrung)이 아닌 '체험'(Erlebnis)을 요구한다.

독일어로 경험은 'Erfahrung'이고, 체험은 'Erlebnis'라고 하는데, 특히 체험은 매우 주관이 강하게 개입되는, 바슐라르적으로 표현하면 '영혼의 울림'이다. Erfahrung에서 fahren은 차를 타고 갈 때 '운전하다'는 의미로 어떤 것을 '겪는다'는 개념이고, Erlebnis에서 lebnis는 leben, 즉 '살다'라는 뜻으로 우리가 살면서 주관적으로 경험하는 것을 말한다. 경험은 객관화될 수 있는 인식이라면 체험은 매우 주관이 실리는 인식이라고 할 수 있다. 이를 다른 말로 정의해 보면, 경험은 동일한 조건이 주어지면 동일한 결과(반응)가 일어나고, 다른 조건이 주어지면 다른 결과가 일어나서 "객관적 보편성을 갖는 인식"이다. 그래서 언제 어디서나 실험 관찰할 수 있고, 이에 따라 자연과학이 경험에 바탕을 둔다. 이에 반해 체험은 동일한 조건이 주어지더라도 다른 반응을 하고, 다른 조건이 주어지더라도 동일한 반응을 할 수 있는 인식의 세계이다. 동일한 그림을 보더라도 사람마다 다른 반응을 할 수 있고, 다른 그림을 보는데도 동일한 반응을 할 수 있는, 매우 "주관이 강하게 개입되는 인식"이다. 따라서 경험은 객관적 보편성을 띠는 인식이라면 체험은 주관이 개입되는 특수한 인식이다.

이러한 체험의 특수성은 주관이 강하게 개입되는 인식인 까닭에 그 인식을 통해서 '심리적 시간'(Kairos)이 형성된다. 가령 어떤 작품을 감상할 때 감동이 수반되는 특별한 체험을 할 수 있는데, 이때 물리적으로 잴 수 없는 특별한 심리적 시간이 나와 작품 사이에서 흐르고 기록된다. 즉 이는 작품과 나 사이의 해석학적 순환을 통해서 단순히 물리적인 시간(Chronos)으로 환원될 수 없는, 특별한 심리적 시간이 성립한다는 의미이다. 이는 일종의 '시간체험'으로 프루스트(M. Proust)의 『잃어버린 시간을 찾아서』(À la recherche du temps perdu)에서 마들렌 과자를 커피에 찍어 먹을 때 그 향기로운 시간 속에서 과거와 현재가 하나로 체험되는 그러한 의식의 흐름이다. 이는 객관적인 것이 아니라 주관적인 것으로서 후설(E. Husserl)의 내재적 시간으로서의 '체험흐름'(Erlebnisstorm)으로 이야기될 수 있고,[36] 또한 베르그송(H. Bergson)의 '지속'(durée)이자 딜타이(W. Dilthey)의 '생의 체험'으로 이야기될 수 있다. 왜냐하면 체험이 형성하는 심리적 시간은 지성(l'intelligence)으로 파악되지 않는 생의 약동(élan vital)으로서의 지속이고, 또한 삶을 형성하고 삶의 내용을 규정하는 역사적인 것이기 때문이다.[37] 따라서 체험이 심리적 시간, 즉 시간 체험을 형성한다는 것은, 그것이 주관적 인식으로서 삶에 대한 내적 인식을 해석학적으로 형성한다는 의미이다.

예를 들면 피카소의 〈꿈〉은 입체파의 대표적인 작품이라 할 수 있는데, 피카소의 연인 중 한 사람을 묘사한 작품이다. 피카소는 절절한 사랑을 했던 9명의 여인이 있었던 것으로 유명한데, 이 작품에 묘사된 여인은 소위 말하는 미인으로 보이지는 않는다. 코도 삐뚤어지고 보편적으로 생각하는 형태가 파괴되어 있어서 기하학적으로 아름답지 않다. 우리의 경험은 이 작품이 아름답다고 느끼지 못하는데, 사람마다 체험 속에서, 즉 주관적인 감상의 세계에서 전율이나 영혼의 떨림을 느끼기도 한다. 경험의 눈, 기하학적 눈으로 볼 때는 일반적인 형태를 파괴시킨 것이지만 말이다. 또한 고흐의 〈해바라기〉에 대해서도 사람마다 각자의 체험의 차원에서 각기 다른 인식의 색깔

36 E. 후설, 『시간 의식』, 이종훈 역, 한길사, 1996, 42-44쪽, 56-58쪽, 154-169쪽 참조; E. 후설, 『순수 현상학과 현상학적 철학의 이념들 1』, 이종훈 역, 한길사, 2012, 129-134쪽, 269-272쪽 참조.

37 W. 딜타이, 『체험 표현 이해』, 이한우 역, 책세상, 2002, 21쪽, 151쪽 참조.

을 보여준다. 경험적으로는 꽃이 시들었고, 노란색이 너무 많으며, 그림을 잘 그렸다고 느껴지지 않는다. 그러나 체험 속에서는 어떤 이는 이 노란색을 붉은색보다 더 붉은 노란색이라고 느끼기도 하고, 또 어떤 이는 천재의 무한한 상상력이 영원히 개성화된 황금빛이라고 이야기하기도 한다.[38] 우리 경험의 차원에서는 아름답지 않아서 그냥 지나칠 수 있는 이 〈해바라기〉 그림의 노랑에 대해, 바슐라르(G. Bachelard)는 천재에 의해 누구도 반복할 수 없도록 영원히 개성화된 황금빛이라고 감동적으로 표현하기도 했다. 따라서 체험은 매우 주관적인 인식이기 때문에 경험의 눈으로 객관적으로 잴 수 없는 세계이다.

하이페츠(J. Heifetz, 1901-1987)는 20세기 최고의 바이올리니스트로 바이올린을 너무 잘 켜서 도대체 손가락이 6개가 아니냐고 착각할 정도로 매우 차가운 소리, 냉정한 소리의 대가로 평가된다. 하이페츠 이외에도 코간, 루이지에 리치 등 하이페츠 이후에 하이페츠에 버금가는 연주자들이 언급되지만 단연 하이페츠의 바이올린 소리가 탁월하다고 평가되는데, 그것은 아주 차갑고 쇠를 문대는 듯한 소리이다. 하이페츠의 연주 중에서 가장 유명한 것은 〈바흐의 샤콘느〉[39]이다. 이 작품은 바흐의 작품 중에서 바이올린 독주로 15분 정

---

38 G. Baschelard, *Le droit de rêver*, Presses Universitaires de France, 1983, p. 39 참조; G. 바슐라르, 『꿈꿀 권리』, 이가림 역, 열화당, 1995, 72쪽 참조.

39 바흐의 <무반주 바이올린을 위한 소나타와 파르티타>에 담겨 있는 세 곡의 파르티타 중 두 번째 파르티타의 5악장이 특히 유명하고, 이를 일명 "바흐의 샤콘느"라고 부른다(네이버 두산백과(검색항

도 연주되는데 거의 1시간 50분처럼 느껴진다. 보통 우리 귀에는 아름답게 안 들리기 때문에 길고 지겹게 느껴지고, 우리의 경험적 차원에서는 선율도 거의 없어서 귀가 아프며 듣기 힘들 수 있다. 그러나 우리의 체험 속에서는 정말로 나의 슬픔을 위로받는, 그것에 공감하는 누군가를 만난 것 같은 느낌을 받을 수 있다. 〈바흐의 샤콘느〉를 들으면서 정말로 체험 세계가 열리는지, 체험이 열리지 못하여 경험적으로 듣기 괴로운지 시험해 보자.[40] 영혼의 슬픔이 느껴지는지? 이 작품을 듣고 영혼의 슬픔을 느낄 수 있다면 음악에 귀가 트인 것, 체험의 세계가 열렸다고 할 수 있다. 많은 경우에 듣기만 힘들고, 보통 경험적으로는 아름다운 소리가 아닐 수 있지만, 예술작품의 깊이의 세계에서는 영혼의 귀가 열리는 감동의 세계로 들어가기도 한다.

결국 체험이라는 것은 주관이 개입되는 특수한 인식으로서 심리적 시간을 갖는 것이고, 체험 속에서 확보되는 언어는 시적인 언어이다. 왜냐하면 체험 세계는 시적인 형태로 구성되기 때문이다. 가령 어떤 작품을 감상할 때 감동이 수반되기도 하는데, 그러한 감동은 시적인 형태로 표출된다. 그리고 예술 체험 혹은 종교 체험을 통해서 우리에게 체험이 형성된 이후에는 아름다움 혹은 종교에 대한 공감 능력이 내 마음속에 들어오게 된다. 즉 체험 세계가 우리 영혼 속에 형성되면 타자인 대상 세계와 나 사이를 이어주는 뮤즈가 내 마음속

목: 바흐 샤콘느)).

40 하이페츠 연주의 바흐 샤콘느를 감상한다.

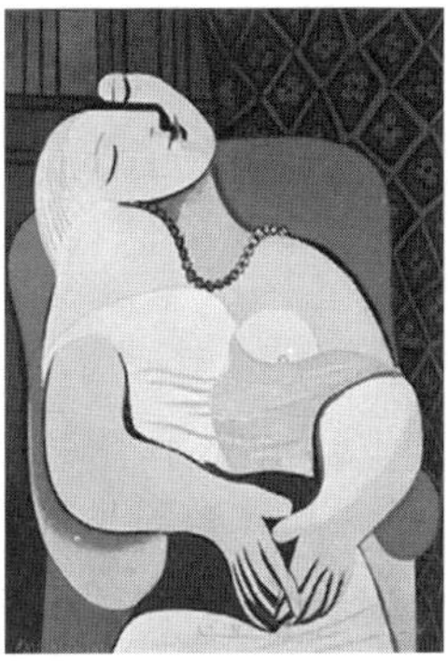

피카소 〈꿈〉

고흐 〈해바라기〉

하이페츠

에 살기 시작한다고 비유할 수 있다. 다시 말해서 뮤즈의 보편적인 공감 세계가 형성되어 삶의 희로애락에 흔들리더라도 그 보편적 공감 능력 때문에 내가 쉴 수 있는 휴식처, 정신의 휴식처가 내 마음속에 생긴다고 할 수 있다. 그러기에 세파에 아무리 힘들고 고통에 시달리더라도 뮤즈를 통해서 우리는 누구도 느끼지 못하는 나만의 특수한 행복을 느낄 수 있다. 이에 쇼펜하우어(A. Schopenhauer)는 예술만이 구원이라고, 이 사바세계에서 인간을 구원할 수 있는 것은 오직 예술뿐이라고 했던 게 아닐까 싶다.[41]

나아가 이런 체험 세계가 생겼을 때 비로소 작품에 대한 자기만의 독특한 이해와 해석의 세계가 열리게 된다. 이런 체험 세계가 구성되지 않으면 비평이라는 것은 남들이 했던 자료를 다시 구성하는 것에 지나지 않는다. 자신의 체험 세계가 형성되어 작품에 대한 뮤즈가 내 마음속에 섰을 때 나만의 기준으로 실제로 비평을 할 수 있

41 A. 쇼펜하우어, 『의지와 표상으로서의 세계』, 곽복록 역, 을유문화사, 1992, 332-333쪽 참조.

다. 그리고 이 체험 세계는 결국 모든 인간이 갖는 보편적인 실존의 조건, 존재의 조건에 대한 감수성, 다른 말로 인간의 보편적 슬픔에 대한 공감의 세계와 관계가 있는 것이다.

결론 2: 문학의 깊이는 실존적 체험과 관계한다

첫 번째 결론은 문학과 철학은 예술적 깊이, 영혼의 깊이에서 만난다는 것이었다. 그리고 이러한 깊이를 내장하고 있는 문학의 깊이는 곧 실존적 체험과 관계한다는 두 번째 결론에 이르렀다. 요약하면 다음과 같다.

우선 예술적 깊이로서의 영혼의 깊이는 문학이 더 이상 이야기가 아니라 철학이고 종교가 되는 지평, 즉 문학의 깊이를 드러낸다. 그리고 이러한 문학의 깊이는 경험이 아니라 체험에 의해 인식된다는 점이 지적되었다. 왜냐하면 깊이는 객관적으로 인식되는 것이 아니라 주관적으로 이해되므로 경험이 아니라 체험에 의해 인식되기 때문이다. 즉 체험은 동일 조건에서도 다른 결과가 나올 수 있고, 다른 조건에서도 동일한 결과가 나올 수 있는데, 이는 주관이 강하게 개입되는 인식인 까닭에 대상과의 관계에서 물리적 시간(Chronos)이 아닌 특별한 심리적 시간(Kairos)을 형성한다는 의미이다. 체험의 이러한 심리적 시간은 M.프루스트, H. 베르그송, E. 후설, W. 딜타이에 의해 묘사되거나 기술되었는데, 단적으로 그것은 의식의 흐름 속에서 파악되는 시적인 체험으로서 삶의 내용적 실재성을 이룬다고 정리될 수 있다.

이러한 깊이의 체험은 일반논리나 그 보편성을 벗어난다. 이는 그것이 비합리적이고 엉터리라는 것이 아니라 초합리적인 것임을 말한다. 그리고 이러한 초합리성은 '신기한 것'(mystère)이 아니라 '신비한 것'(mystique)이다.[42] 그것은 일상적 의식에 연결되어 있지만 그것과는 전혀 다른 의식,[43] 예컨대 종교적 선지자들의 신비체험과 같은 의식의 현상이다.[44] 이러한 신비를 체험하는 것이 곧 사랑(Amour)이고 신(Dieu)인 바의 부름(Appel)을 만나는 것으로서 진정한 종교의 본질을 드러낸다고 베르그송은 말한다.[45] 따라서 깊이의 체험은 일반논리를 벗어나는 초합리적인 체험이고, 단적으로 사랑인 신의 부름을 듣는 신비체험과 흡사하다고 말할 수 있다.

둘째로 깊이의 체험은 실존적 체험에 관계한다. 이는 단순히 실존주의적인 것이 아니라 인간의 심층적 본성에 도달한다는 의미에서의 실존적 체험이다. 즉 실존을 자신의 존재 양식으로 갖는 인간이 그에 대해 치열하게 묻는 가운데 도달하게 되는 의식의 지평이다. 다시 말해서 이 체험은 강한 진지의 물음과 함께 나와 세계와의 대결의 장에서 드러나는 단독자 경험, 그러한 한계상황에서 주어지는 의미의 세계이다. 그리고 이것은 누구에게나 가능성으로서 개방

---

42 H. Bergson, *Les Deux sources de la morale*, Presses Universitaires de France, 1984, p. 1159 참조.

43 윌리엄 제임스, 『종교 체험의 다양한 모습들』, 김성민 정지련 역, 대한기독교서회, 1997, 411-458쪽 참조 ; 월터 T. 스테이스, 『신비사상』, 강건기 정륜 역, 동쪽나라, 1995. 16-42쪽 참조.

44 H. Bergson, *Les Deux sources de la morale*, p. 1159 참조.

45 H. Bergson, *Les Deux sources de la morale*, pp. 1152-1201 참조; H. 베르그송, 『도덕과 종교의 두 원천』, 이희영 역, 동서문화사, 2020, 616-665쪽 참조.

되어 있지만 현실적으로 누구에게나 개방된 것이 아니라, 특별한 경우, 특별한 사람에게 개방되는 것이다.

문학은 이러한 실존의 기록이다. 모든 예술의 기초는 이러한 실존적 인식이다. 위대한 문학일수록 깊은 실존적 체험의 기록이다. 이때 문학은 단순한 이야기가 아니라 이미 철학이 되는 깊이의 세계를 드러낸다. 이러한 문학의 깊이를 통해서 일상성을 초월한 보편적인 존재 지평, 즉 신비를 만나게 된다. 그리고 이 신비체험 속에서 일상과 존재를 이어주는 뮤즈가 정신적 휴식처로서 자리 잡고, 그로써 인간은 인간적 욕망에 끄달리지[46] 않고 그 유한성을 넘어설 수 있는 정신의 이정표를 갖게 되는 것이다.

문학의 가치

실존적 가치

문학의 깊이, 문학과 철학이 만나는, 즉 문학이 철학이 되고 종교가 되는 깊이의 세계 .... 문학의 깊이를 다른 말로 실존이라고 이야기하였다. 문학은 인간존재의 심층적 본성과 관계된 실존의 세계를 드러냄으로써 단순한 이야기가 아니라 이미 철학이고 종교인 바의 의미의 세계를 드러낸다. 인간존재가 가진 존재론적 조건, 즉 다른

---

46 "끄달리다"는 "끌어당기다"의 방언.

동물과 다르게 인간만이 갖는 존재론적 조건을 실존이라고 하는데, 실존에 대한 물음과 고민이 노정될 때 문학은 더 이상 단순한 이야기가 아니라 철학이고 종교인 것이다.

그런데 실존의 세계는 경험의 수준이 아니라 체험의 수준에서 인식할 수 있는 세계이다. 체험은 객관적으로 포착되는 세계가 아니라 주관이 개입되는 특수한 경험의 세계이다. 여기서 발생되는 인식의 세계는 특별한 심리적 시간을 가진다고 이야기하였다. 그래서 체험의 세계는 심리적 시간을 통해서 파악되는 주관적인 세계이고, 그것을 시적으로 환원해서 표현할 수 있다고 했다. 이렇게 체험은 객관적으로 대상화시킬 수 있는 경험적 인식의 세계가 아니라 주관이 개입되는 특별한 심리적 시간에 의해 포착되는 시적 인식의 세계이기 때문에 이러한 시적인 체험이 드러날수록 문학은 위대한 고전적인 작품이 되고, 그것이 문학의 깊이로서, 문학이 더 이상 문학이 아니고 철학과 종교가 되는 지점이라고 이야기하였다.

이것이 문학과 철학의 관계에 대한 우리의 입장이다. 이 입장은 해석학과 신비평에서 나오는 학문적 입장을 전용한 것이다. 문학과 철학의 관계라는 이 화두를 한국에서는 박이문 교수가 제일 먼저 제기했고, 철학 분야에서 문학과 철학의 학제학에 대한 선구적 연구를 이루었다. 그리고 문학 분야에서는 조동일 교수가 대단히 방대한 문학사를 다루면서 그에 대한 철학적 검토에까지 나아갔기에, 문학과 철학의 학제학에 대한 또 다른 선구적 연구를 이루었다고 본다. 이에 앞으로 박이문의 『문학과 철학 이야기』(살림, 2007)와 조동일의

『문학사와 철학사 둘인가 하나인가』(지식산업사, 2001)를 통해서 이 문제에 대한 두 학자의 입장을 살펴볼 것이다.[47]

문학은 그 존재의 가치를 세 가지 층위에서 갖는다. 첫째, 문학은 실존적 가치를 갖는다. 이것이 누차 이야기했던 문학이 철학이 되고 종교가 되는, 문학의 깊이와 관계해서 이야기했던 가치이다. 둘째, 문학은 실용적 가치도 갖는다. 문학도 세상에 존재하는 다른 재화들처럼 값을 매길 수 있는 그런 실용적 혹은 효용적 가치도 갖고 있다. 셋째, 문학은 예술작품이기 때문에 미적 가치를 갖는다. 즉 문학은 예술작품이 가지고 있는 아름다움으로서의 가치를 갖는다.

이 세 가지 가치를 문학이 갖는다고 할 수 있는데, 실존적 가치는 우리가 문학의 깊이라는 개념으로 지금까지 이야기했고, 이것이 문학의 본질적 가치로서 가장 중요하다고 할 수 있다. 나머지 실용적 가치와 미적 가치에 대해 이야기하면서 문학과 철학의 관계라는 부분의 이론적 논의를 마무리할 것이다.

사회적 가치

문학의 가치라고 하면 본질적으로는 실존적 가치이지만 문학도 하나의 재화이기 때문에 실용적 가치를 갖는다. 특히 문학의 실용적 가치를 강조하는 것은 사회주의 문학에서이다. 사회주의 내지 공산주의 체제에서는 예술을 사회개혁 내지 선전의 선봉이라고 생각하

47 이에 대한 논의는 이후의 장에서 나올 것이다.

기 때문에 예술의 실용적 가치를 강조한다. 그들의 인식론은 유물론이자 반영론이지만, 사회주의 혁명노선의 선전을 위해 예술이 유용한 방법론이 되기 때문에 역설적이게도 그 실용적 가치가 강조되어 왔다. 사회주의 문학과 관련된 이론가들, 예컨대 루카치(G. Luc cs)도 문학의 가치가 사회주의 혁명의 선동을 위한 방법론이어야 한다는 이른바 '사회주의 리얼리즘'과 관련된 유명한 논쟁을 촉발시킨 바 있다.[48] 이런 까닭에 예컨대 올림픽이나 세계선수권 등에서 소련이나 루마니아를 비롯한 동구권 국가들이 우수한 성적을 거두어 왔는데, 그것은 바로 이러한 사회주의 리얼리즘에 의한 예술의 장려에 기인한 것이라 할 수 있다. 따라서 사회주의의 교조주의적 이론은 유물론 내지 반영론을 취하기 때문에 이론적으로는 예술과 같은 정신적인 것의 가치를 폄하하지만, 예술이 사회주의 리얼리즘에 따라 사회주의 선전 및 선동의 중요한 방법론이 되기 때문에 실제로는 장려되었다고 할 수 있다.[49]

사회주의 혁명의 걸작이라고 이야기되는 작품으로 숄로호프(Mихаи л Алекса ндрович Шо лохов, 1905-1984)의 『고요한 돈강』(Тихий Дон)이라는 작품이 있다. 이 작품은 영화 〈닥터 지바고〉처럼 러시아 혁명사를 작품화하였고, 그러한 혁명의 노선이 아름답게

48 https://terms.naver.com/entry.nhn?docId=389148&cid=41978&categoryId=41985.

49 지금은 전 세계적으로 공산주의 내지 사회주의 시스템이 붕괴되어 북한과 중국을 비롯한 몇몇 공산주의 국가밖에 남아 있지 않지만, 1990년대 이전까지만 해도 예술이 공산주의 내지 사회주의 국가에서 중요하게 장려되었고, 이에 따라 훌륭한 예술가와 그 작품이 다수 생산되었다.

그려져 노벨 문학상까지 받았다. 이야기는 돈강에서 펼쳐지는데, 지도에서 보면 카스피해에서 흘러가는 것이 볼가강이고, 흑해 연안에서 흘러가는 것이 돈강이다. 볼가강과 돈강이 같이 흘러가는데, 돈강에서 펼쳐지는 사랑 이야기가 이 작품의 배경이 된다. 이 작품에서는 돈강 근처에 사는 코샤크 청년이었던 멜레호프라는 주인공을 중심으로 혁명과 사랑의 고뇌가 그려진다. 멜레호프는 유부녀인 아크시냐를 사랑하는데, 이 사랑이 비극적으로 끝나면서 혁명의 노선상에서 백군과 적군 사이의 갈등과 그 속에서 방황하는 주인공의 모습, 이것을 통해서 도도한 역사의 흐름 속에서 혁명이 주창하는 이념적인 도덕과 역사의 흐름 속에서 개인이 무참하게 짓밟히는 내용을 담은 대서사시라고 할 수 있다. 워낙 유명한 작품이라서 한번 읽어봐야 하는 대작이라 하겠다. 물론 현재는 공산주의 체제가 몰락하여 거의 사라지고 없지만 공산주의의 출현은 20세기의 가장 충격적인 역사적 사건이라는 점에서, 공산주의 역사를 다시 배운다는 의미에서 일독을 권한다.

또한 사회주의 리얼리즘에 따라 예술이 장려됐기 때문에 공산주의 국가에는 유명한 예술가들이 많이 출현했다. 첼로의 로스트로포비치(M. Rostropovich)와 미샤 마이스키(Mischa Maisky)는 한국의 많은 클래식 애호가들이 좋아하는 첼리스트이다. 우리나라 첼리스트 장한나(張漢娜)가 로스트로포비치에게 사사한 것은 유명하고, 미샤 마이스키도 한국에 자주 내한하는 첼리스트이다. 바이올린의 다비드 오이스트라흐(David F. Oistrakh)와 이골 오이스트라흐(Igor

Oistrakh)는 부자(父子) 사이로 뛰어난 바이올리니스트로 유명하고, 코간(L. B. Kogan)도 하이페츠(Jascha Heifetz)와 더불어 20세기 최고의 바이올리니스트로 평가된다. 피아노의 호로비츠(Vladimir Horowitz)는 전 세계 피아니스트 가운데 역사적으로 가장 뛰어난 피아니스트이자 특히 쇼팽 연주에서 뛰어났는데, 피아노로 이렇게 고요한 음악을 연주할 수 있을까 할 정도로 큰 감동을 주는 피아니스트이다. 러시아에는 발레단이 세계 최고 수준인데, 그 가운데 볼쇼이 발레단(Bolshoi Ballet)이 유명하다. 이들의 발레는 거의 우리의 눈을 빼앗아갈 정도의 기교를 보여준다. 볼쇼이 발레단이 유명한 까닭에 그 음악도 유명하다.

영화에는 타르코프스키(Андрей Арсеньевич Тарковский) 감독이 있는데, 그는 고전 작품을 연출한 감독으로서 〈희생〉이라는 영화가 유명하다. 이 영화는 장장 2시간 10분에 이르는 고전영화인데, 서사구조가 깨어져 줄거리의 정합성을 느낄 수 없지만 마술적 상상력이라는 특이한 상상력을 통해서 종교적인 구원의 메시지를 전하는 영화이다. 그는 자신의 영화 세계를 자전적인 책으로 저술하기도 했는데, 『봉인된 시간』이라는 이 책은 자신의 영화작품을 만드는 과정과 그 예술세계를 잘 묘사한 어렵지 않은 인문서라 영화에 관심이 있는 사람에게 추천할 만하다.[50] 그리고 체육에는 체조와 관련되어 올림픽에서 뛰어난 체조선수들이 동구권이나 소련에서 많이 나왔다. 그중 소련의 80년대 체조선수인 올가 코르부트(Olga V. Korbut)와 루마니아의 코마네치(Nadia E. Comaneci)가 유명하다. 코마네치는 10점 만점에 10점을 처음으로 받았는데, 그것도 3번이나 받은 완벽한 기교의 체조선수이다. 그에 비해 인간의 체온이 느껴지는 따뜻한 체조를 보여준 선수가 올가 코르부트이다.

이렇게 문학의 실용적 가치를 이야기할 때 제일 먼저 이야기할 수 있는 것은, 문학이 우리에게 교양을 준다는 점이다. 문학을 애호하는 사람은 그렇지 않은 사람에 비해 교양이 있고, 문학은 실제로 우리에게 교양의 보고가 된다. 또한 문학은 사회적 파장을 불러일으킴으로써 사회개혁이나 그 문제를 지적하는 데 중요한 역할을 하기도 한다. 즉 문학은 사회적 효과라는 실용적 가치를 갖는다. 끝으로 문학은 우리에게 즐거움을 준다. 진리나 학문, 선과 윤리는 우리에게 즐거움을 주기보다 괴로움을 주지만 예술은 우리에게 감각적인 즐거움을 주며, 문학은 우리에게 그런 즐거움을 주는 실용적 가치를

---

50 이 책의 마지막 장인 "시나리오와 철학"에서 타르코프스키의 영화와 저술에 대해 다루었다.

갖는다.

문학의 실용적 가치: 1) 교양 2) 사회적 효과 3) 즐거움

문학의 실용적 가치로서 사회적 효과와 관련해서 거명할 수 있는 작품으로는, 스토우 부인(H. B. Stow, 1811-1896)의 『톰 아저씨의 오두막집』(Uncle Tom's Cavin)이 있다. 이 작품은 흑인의 노예해방과 관련해서 전기(轉機)를 마련한 작품이다. 스토우 부인의 이 작품은 흑인의 노예해방에 물꼬를 트는, 그러한 사회적 이슈로서 역할을 했는데, 이 작품이야말로 문학이 갖는 사회적 효과로서 그 대표적인 사례라고 하겠다. 1852년에 출간된 이 작품은, 당시에 노예가 도망가지 못하게 하는 도망노예법에 대해서 문제시한 작품이다. 즉 이 작품은 노예가 도망갔을 때 주인이 얼마나 잔혹하게 노예를 처리하는가를 보여주는데, 이는 당시 노예가 도망갈 수 있도록 하는 법을 국회에서 처리하고자 했지만 결렬되는 일련의 과정에 대한 문제의식을 담고 있다. 이 작품이 발간되고 10년 후에 남북전쟁이 일어나면서 링컨에 의해 노예해방이 가능하게 되었는데, 사람들 사이에서 노예제를 폐지해야 한다는 계몽적 의식을 싹트게 하는 데 중요한 역할을 한 작품으로 미국 최초의 저항소설이라 할 수 있다.

작품의 내용은 이러하다. 캔터키 주의 셸리는 아주 착하고 선한 노예 엉클을 데리고 있었다. 엉클 톰의 부인이었던 엘리자와 아들 해리가 있었는데, 톰은 독실한 기독교적 순명의식을 가지고 있었다. 톰의 친구였던 한 노예가 도망을 가면서 톰에게 함께 도망갈 것을 제

안했는데, 톰은 그 제안을 거절한다. 어느 날 톰의 친구가 도망을 가다가 주인에게 붙잡혀서 처참하게 처리된다. 그러던 어느 날 톰의 주인이 바뀐다. 바뀐 주인 때문에 톰은 굉장히 고통스러운 삶을 살게 되는데, 톰은 기독교적 순명의 자세를 가지고 있었기 때문에 끝까지 저항하지 않는다. 그럼으로써 더욱 비참한 말로를 맞게 되는 톰의 모습을 이 작품은 보여준다. 이 작품 이후에 노예제 폐지에 대한 의식이 사람들 사이에서 싹텄고, 그것이 나중에 남북전쟁에서 링컨이 노예해방을 선포하는 중요한 계기가 되었다고 할 수 있다.

다음으로 우리나라에서는 조정래(趙廷來, 1943-)의 『태백산맥』(太白山脈)이 그와 같은 사회적 효과를 불러일으킨 작품이라고 할 수 있다. 조정래 작가는 그의 『태백산맥』 때문에 국가보안법에 저촉되어 십여 년 동안 감시와 취조를 당하는 고통을 겪었다고 한다. 이 작품은 우리 근현대사의 아픈 역사를 잘 그려내고 있어서 학교에서 배우지 못하는 역사의 이면을 잘 드러내 준다. 단적으로 이 작품은 분단문학의 새로운 지평을 열었다고 평가된다. 즉 해방 이후에 남한에서만 단독 정부가 수립되고, 그러면서 거기에 저항하거나 혹은 찬탁과 반탁의 싸움 속에서 찬탁 운동을 벌였던 사람들이 공산주의자로 몰려서 살해된 역사가 잘 그려져 있다. 특히 단독 정부 수립에 반대했던 사람들이 빨갱이로 몰려서 살해되었는데, 제주도에 있었던 인민위원회 사람들이 제주도 4·3사건에 연루되어 많이 죽었고, 그 일환으로 여순에 있는 군대가 제주도 4·3사건을 진압하기 위해 파병됨으로써 거기에 반발 및 항명했던 사람들이 빨갱이로 몰려서 살해되었으며, 이들은 빨치산이 되어 오랫동안 저항하였다. 그렇게 좌우의 극심한 이념적 대립이 6·25로까지 이어졌는데,이러한 해방 이후 우리의 분단의 역사와 그 아픈 역사의 이면을 보여주는 작품이다.

『태백산맥』은 4부로 되어 있는 대하소설인데, 1부와 2부에서는 여순사건이 실패함으로써 빨치산으로 입산하여 유격전을 벌이고, 이들이 토벌되는 과정이 그려져 있다. 남한 단독 정부 수립에 반대했던 제주도 인민위원회 사람들이 남로당과 연결된 빨갱이라고 지목되어 미군정 하의 이승만 정부는 토벌을 명령한다. 토벌이란 진압이 아니라 빨갱이라고 적시되는 사람은 죽여도 된다는 명령이다. 이 토벌 작전을 위해 군대를 여순에서 파견하려 했는데, 여순의 14연대가 같은 동족을 죽일 수 없다고 항명을 했고, 이렇게 항명한 사람들도 빨갱이라고 지목되어 토벌되었다. 이로써 제주도에서도 토벌, 여순에서도 토벌되면서 이들이 살 수 없어서 빨치산으로 들어가 유격전을 하면서 일어나는 비참한 토벌전이 남북이 분단되고 6·25라는 동족상잔의 비극이 일어나는 시기까지 계속된다. 이렇게 해서 제2차 세계대전 이후 해방이 됐지만 미소의 냉전체제 속에서 좌우의 이념적 대립이 극심해지는 가운데 남북이 분단되고, 그럼으로써 친일파들을 처결하지 못하고 오히려 남한 내에서 빨갱이로 지목된 사람들이 비참하게 처결되는 과정, 그리고 그 이후에도 정치적으로 좌우의 대립이 지금까지도 계속된다고 할 수 있는 우리 역사의 이면을 이 작품이 잘 그려내고 있다.

이러한 과정에서 주인공인 염상진이 고뇌하는 내용이 그려져 있

스토우 부인

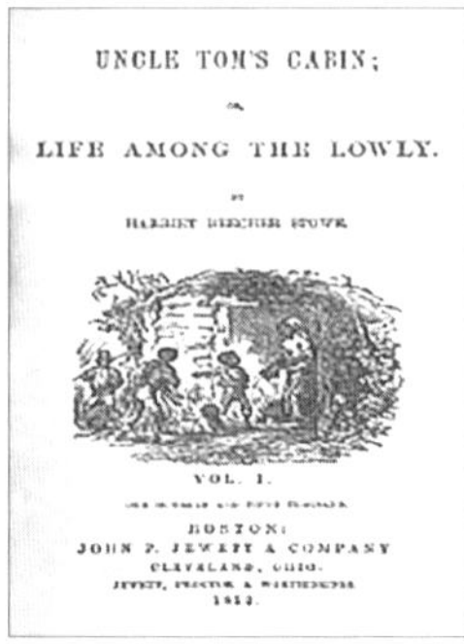

『톰 아저씨의 오두막집』

영화 〈태백산맥〉

다. 염상진은 좌익의 빨치산 계열이었는데, 그가 토벌군이었던 백남식과의 관계에서 벌이는 이야기이다. 그리고 대동청년단의 염상구를 통해서 당시에 행동대장 노릇을 하면서 좌우의 이념을 선전하였던 청년단의 모습을 보여주고, 그 가운데 중도 지식인인 김범우, 서민영, 심재모, 손승호의 이야기가 등장하면서 우리 역사의 이념논쟁을 담아낸다. 즉 해방 이후 친일세력을 척결했어야 역사가 바로 설 수 있는데, 미군정 하에서 남한 단독 정부가 수립되면서 그에 반대했던 세력들이 다 좌초되어 김구를 비롯한 임시정부에서 해방을 위해 희생했던 세력들이 사라진다. 그리하여 이승만과 미군정 하에서 남한 단독 정부가 수립되면서 그에 반대했던 사람들이 모두 공산주의 및 빨갱이로 몰리는, 좌우익의 극심한 대립 속에서 많은 인민들이 무고하게 희생된다. 이 작품은 한국 현대사를 알기 위해서 꼭 읽어봐야 하는 작품이고, 그야말로 우리 역사에서 잊힌 해명되지 않은 역사의 진실을 보여주는 문학의 사회적 효과에 걸맞는 대표적인 작품이라 하겠다.

이처럼 문학은 소재의 제한 없이 모든 소재를 가지고 작품을 쓸 수 있다. 물론 다양한 소재를 가지고도 영원한 가치, 즉 예술성을 창조해내는 것이 명작이라 할 수 있다. 한때 반공주의 노선이 강했을 때, 가령 군사정부 하에서는 빨갱이 이야기를 쓸 수 없었다. 영화 〈변호인〉이 바로 그러한 예이다. 당시는 이념적 성향을 띠는 사회과학 서적이 금서가 되었기 때문에 그런 책을 몰래 읽는 독서 모임이나 서점이 대학가를 중심으로 생겨났는데, 〈변호인〉은 그중 부산대학교 앞에 있었던 서점들이 문제가 되어 일어났던 "부림사건"을 다루고 있다. 이 사건에 연루된 학생들이 국가보안법 위반으로 문제가 되었고, 이때 노무현 대통령이 인권변호사로 변호를 하였는데, 이러한 우리 정치사의 한 단면을 그린 영화이다. 이렇게 문학은 원칙적으로 소재의 제한이 없다.

그렇다 보니 동물 이야기도 문학의 소재가 되는데, 동물을 소재로 한 명작들도 많다. 그중 대표작으로 단연 스위프트(J. Swift, 1667-1745)의 『걸리버 여행기』(Gulliver's Travel)가 꼽힌다. 『걸리버 여행기』는 대개 소인국 이야기로 알려져서 아동물로 생각하는 경우가 많은데, 원작은 소인국, 대인국, 하늘을 나는 섬나라 이야기, 말 나라 이야기의 총 4가지 이야기로 구성되어 있다. 그리고 이중 말 나라 이야기가 이 소설의 절정을 이루고, 소설의 주제 의식을 가장 잘 드러낸다고 할 수 있다. 즉 어떤 나라에서 그 지배자가 말이고, 말이 이성을 가지고 있어서 '야후'라는 인간 종족을 지배하는 이야기인데, 인간은 아주 추악하고 불결하며 뻔뻔하다는 것을 지배자인 말을 통해 적나라하게 풍자한다. 인터넷 포털 사이트 야후도 실은 이 작품의 이름에서 나왔는데, 『걸리버 여행기』는 동물을 통해서 인간이 얼마나 파렴치한가를 고발하는 풍자문학이다.

위다(M.L. Ouida)의 『플랜더스의 개』(A dog of Flanders)도 만화영화로 나와서 아동물로 생각한다. 플랜더스라는 네덜란드의 지역에서 우유 배달을 하는 할아버지와 손주 이야기로 매우 가난한 삶 속에서 화가가 되고 싶어 하는 아이의 소망이 결국 이루어지지 못하고, 여러 가지 비참한 비극적 상황 속에서 루벤스의 그림이 있는 교회당에서 아이가 얼어 죽으면서 끝난다. 이 작품은 인간의 슬픔을 플랜더스의 개를 소재로 해서 그리고 있다. 시턴(E. T. Seton)의 『동물기』(Wild Animals I have konown)도 동물의 생태를 가지고 쓴 동물기이지만 생생한 동물문학을 수립하는 데 기여한 작품으로 볼 수 있다. 파브르(J. H. Fabre)의 『곤충기』(Souvenirs en tomologiques)도 10권이나 되지만 파브르라는 생물학자가 곤충의 삶을 인문학적으로 그려서 방대하지만 매우 재미있고, 시턴의 『동물기』와 함께 쌍벽을 이루는 뛰어난 문학작품으로 평가된다. 키플링(J.R. Kipling)의 『정글북』(The Jungle Book)도 빼놓을 수 없는데, 키플링의 노벨 문학상 수상과 더불어 애니메이션으로 만들어져서 인기가 있는 동물문학 작품이다.

하지만 이 책에서 추천하고 싶은 작품은 콘라트 로렌츠(K. Z. Lorenz, 1903-1989)의 『솔로몬 왕의 반지』(King Solomon's Ring)이다. 로렌츠는 동물의 행동을 관찰하는 동물생리학자인데, 일종의 행동주의 심리학을 연상시키는 관찰 자료를 이 작품에서 많이 보여준다. 그는 동물의 행동을 관찰하여 동물기를 기록했는데, 나중에 노벨 생리학상을 받았다. 늑대, 까마귀, 사슴, 비둘기 같은 여러 동물들의 생태를 관찰해서 우리가 생각하는 문화상징들, 주로 성경에서 유래한 상징들, 예컨대 비둘기는 평화의 상징이고, 늑대는 악의 상징이라는 것이 실제로 얼마나 잘못됐는지, 그것들이 얼마나 문화 조작인가를 이 작품은 보여준다. 그는 서문에서 이렇게 말한다.

> 솔로몬 왕은 짐승과 새와 물고기와 벌레와 이야기를 했다고 한다. 나도 역시 그렇게 할 수 있다. 솔로몬 왕처럼 모든 동물과 이야기할 수는 없지만, 내가 잘 아는 몇몇 동물과는 나도 이야기를 주고받는다.
>
> 모든 동물과 할 수 없다는 점에서 나는 솔로몬 왕보다 못하지만 솔로몬 왕처럼 마법의 반지를 사용하지 않는다는 점에서 나는 그보다 낫다.
>
> … 살아 있는 존재는 마술이나 요술 없이도 가장 아름다운 이야기, 즉 진실의 이야기를 들려줄 수 있기 때문이다.[51]

솔로몬 왕은 지혜롭기로 유명한 다윗 왕의 아들이고, 예루살렘 성전을 완성하며 결국 다윗 왕조의 부흥을 이끌었는데, 그에게는 신비로운 반지가 있어서 그 반지를 통해 그는 동물이나 식물과 말을 할 수 있었다고 한다. 그래서 첩자나 황후나 후궁 등이 간통했을 때 반

---

51 K. 로렌츠, 『솔로몬 왕의 반지』, 김천혜 역, 문장, 1998, 20-21쪽 참조.

지로 동물들과 이야기를 해서 정적을 제거할 수 있었다. 그런데 정작 콘라드 자신은 그런 신비로운 반지가 없더라도 동물과 이야기할 수 있다는 것이다. 이렇게 시작하는 서문 또한 흥미롭다. 그리고 정말로 동물들이 그를 아버지처럼 따르는데, 그가 목욕하러 탕에 들어가면 많은 새들이 따라 들어가는 사진을 웹에서 찾아볼 수 있다. 그것은 새들이 태어나서 제일 먼저 본 동물을 자신의 어머니로 간주하기 때문에 그렇다는 것이다.

여기서 기억에 남는 동물 관찰기로 늑대와 비둘기에 대한 이야기가 있다. 일반적으로 늑대는 악의 상징으로, 비둘기는 평화의 상징이라고 하는데, 이 책은 이와 전혀 반대되는 관찰기를 이야기해 준다. 즉 늑대는 집단생활을 하기 때문에 인간에 버금가는 사회성을 가지고 있어서 도덕적 인내라고 할 만한 동물 관찰기를 보여준다는 것이다. 가령 개나 늑대의 싸움을 관찰해보면 일반적으로 발견되는 현상이 있는데, 그것은 약자가 항복의 표시로 치명상을 입을 수 있는 목 부분의 급소를 강자에게 내밀고 "공손한 태도"를 유지하고 있는 한 강자는 그를 결코 물지 않는 자제력을 발휘한다는 것이다. 로렌츠는 이러한 사회적 자제력과 자비심은 호메로스 서사시의 영웅에게서도 발견되지 않았고, 기독교의 기사도 윤리에 와서야 그나마 갖추어졌다고 하면서 인간이 동물보다 못하다고 말한다. 인간의 역사에서 항복하는 자를 용서하는 자가 얼마나 되었던가!

> 그런데 지금 수세에 몰린 약한 놈이 고의로 치명상을 입을 수 있는 부위를 적에게 내놓고 있는 것처럼 보였다. … 그러나 이런 상황에서 승리한 늑대나 승리한 개가 상대를 무는 법은 결코 없다.[52] … 그런데 약자의 〈공손한 태도〉가 유지되는 동안만 강자는 무는 것을 자제한다.[53] … 호머의 서사시에 나오는 영웅들도 … 이 점에 있어서 그들은 최소한도 늑대만큼도 자비심이 없었다. … 항복한 자를 보호한다는 것이 결투 윤리의 항목이 된 것은 음유시인 시대의 기사도에 이르러서 비로소 확립이 되었다.[54]

그에 반해 비둘기는 평화의 새라고 하지만 실제로는 동료를 잔인하게 학살하는 성질을 가진 새임을 동물 관찰기를 통해서 보여준다. 로렌츠는 어느 날 중요한 학회 출장 때문에 서로 다른 종류의 두 비둘기를 하나의 새장에 넣고 한동안 외출했다고 한다. 비둘기는 평화

---

52 K. 로렌츠, 『솔로몬 왕의 반지』, 김천혜 역, 186쪽 참조.

53 K. 로렌츠, 『솔로몬 왕의 반지』, 김천혜 역, 187쪽 참조.

54 K. 로렌츠, 『솔로몬 왕의 반지』, 김천혜 역, 198쪽 참조.

의 새니까 괜찮을 거라는 막연한 믿음에서 아무 생각 없이 그렇게 했는데, 돌아와서 처참하게 죽어 있는 한쪽 비둘기를 보고 깜짝 놀랐다는 것이다. 게다가 이미 즉사한 상황임을 확인했을 텐데도 계속해서 죽은 동료를 쪼고 있는, 그것도 피곤한 눈을 하고서 조그만 부리로 그렇게 하고 있는 데 경악을 금치 못했다는 것이다.

> 흔히 관찰하는 사람의 마음을 끄는 그 명상에 잠긴 듯한 얼굴 표정을 하고 이놈은 끊임없이 밑에 있는 놈의 상처를 쪼고 있었다. … 그리고는 자신은 피로해서 눈을 자꾸만 감으면서도 그 무자비한 살인 작업을 계속하는 것이었다. … 자기 종족에게 그렇게 처참한 상처를 입히는 척추동물의 싸움을 나는 아직 본 일이 없다.[55]

로렌츠는 우리의 마음을 끄는 명상을 하는 듯한 눈을 가진 비둘기가 이렇게 잔인한 속성을 가지고 있다고 말하면서 비둘기를 평화의 새라고 하는 것은 성경에서부터 시작된 서구의 문화 조작 내지 상징 조작일 뿐이라고 비판한다. 상징이란 문화 조작을 해서 만들어낸 것이지 실제 동물의 생태와는 다르고, 이러한 상징을 비판적으로 바라볼 수 있어야 한다는 것이다.

끝으로 유명한 동물문학으로는 영국 작가 피터 셰퍼(Peter Shaffer, 1926-2016)의 『에쿠스』(Equus)라는 작품이 있다. 에쿠스

---

55 K. 로렌츠, 『솔로몬 왕의 반지』, 김천혜 역, 182쪽 참조.

(equus)는 라틴어로 “말”(horse)이라는 뜻인데, 이 작품은 정신분석학과 철학이 결합된 뛰어난 역작이라고 평가된다. 피터 셰퍼의 작품으로는 모차르트의 생애를 그린『아마데우스』라는 유명한 작품이 있다. 영화화되어 명절에 자주 방영되곤 하는데, 이 작품은 살리에리라는 당대 유명한 음악가가 모차르트의 천재성을 끊임없이 질투하는 내용이다. 마치 모차르트가 아니라 살리에리가 주인공인 것처럼 둔재로 태어나 노력하는 능재가 천재를 보면서 느끼는 열등감과 좌절감을, 살리에리의 입장에서 모차르트를 관찰하는 방식으로 그려낸 매우 연민의 정이 느껴지는 작품이다.

셰퍼의『에쿠스』에는 말을 좋아하는 소년이 나온다. 말을 집에서 키울 뿐만 아니라 말을 박제해서 자기 방에 갖다 놓는 등 인간관계가 제한되어 말에게 애착을 갖는 소년이 나온다. 이 소년이 어느 날 여자 친구를 사귀면서 처음으로 사람에게 애착을 갖게 된다. 그는 여자 친구와 친하게 지내다가 동침할 생각을 했고, 그래서 집에 왔는데, 키스하려니까 자꾸 말이 보는 것 같은 느낌을 떨칠 수 없었다. 그래서 안 보이도록 마구간 문을 닫았는데도 자꾸만 말이 자신들의 애정행각을 보는 것 같은 생각이 들어서, 결국 그 심적 압박감을 이기지 못해 말의 눈을 찌르고 마는데, 여기서 이야기가 시작된다. 이 작품은 이 사건으로 인해 정신과 의사를 만나 상담하는 내용으로 전개된다. 정신질환의 초기형태, 특히 정신분열증의 초기 형태가 남의 눈이 싫어지는 것이라고 하는데, 그런 심리적인 문제, 인간 심층심리의 장애를 철학적으로 풀고 있는 뛰어난 작품이다. 연극으로도 자주 공연되고 있다.

미적 가치

마지막으로 문학은 미적 가치를 갖는다. 이 미적 가치는 가치판단에 의한 가치이다. 안중근 의사가 의사(義士)인지 살인자인지, 그의 행위가 정당성이 있는지는 가치판단에 따라 판별할 수 있다. 우리는 의사로 보지만 일본은 살인자로 보는 것처럼 미적 가치라고 할 때의 가치는 가치판단에 의해 규정되는 가치이다. 그리고 미는 시각예술이든지 청각예술이든지 문자 예술이든지 상관없이 오감에 감각적 쾌감을 준다. 그런데 고급스러운 작품일수록 정신적 쾌감을 준다. 일반적으로 쾌감은 그 쾌감이 크면 클수록 자기 파멸을 수반한다. 쾌감은 필연적으로 파멸을 수반하지만 정신적 쾌감은 인간을 상승시키고 영혼을 승화시킨다. 왜냐하면 그 속에 진실이 담겨 있기 때문이다. 그런 가치를 담고 있을 때 미적 가치가 있다고 이야기한다.

베케트(S. B. Beckett, 1908-1989)는 『고도를 기다리며』(En Attendant Godot)라는 유명한 희곡 작품을 썼다. 이 작품은 고도라는 인물을 계속 기다리는 내용을 담고 있다. 고도(Godot)가 올 거라고 두 사람이 무대에 나와서 계속 기다리는데, 고도는 처음부터 끝까지 나오지 않는다. 두 사람이 이야기하면서 기다리지만 결국 고도는 오지 않고, 그렇게 작품은 끝난다. 그리곤 아무것도 없다. 고도(Godot)라는 이름은 신(God)과 비슷하다. 이 작품은 인간 실존이 신을 기다리는 모습을 형상화했고, 부조리 문학의 대표작으로 노벨 문학상이 수여되었다. 그런데 이 작품은 우리에게 형이상학적 물음에 대해서는 보여주지만 아이러니하게도 미적 가치는 떨어진다고 할 수 있다. 이 작품이 아름답게 느껴진다고 보기 어렵기 때문이다. 즉 감각적인 쾌감을 주고, 나아가서 정신적인 쾌감을 주는 것을 미적 가치가 있다고 하는데, 이 작품은 아무런 감각적 쾌감도 주지 않으면서 계속 형이상학적인 생각만 하게 만들기 때문에 미적 가치가 상당히 결여되었다고 할 수 있다. 그것이 이 작품의 결점이라고 할 수도 있다. 모름지기 문학은 예술이니만큼 무엇보다도 미적 가치가 있어야 한다고 생각한다.

실존적 가치를 통해 문학과 철학이 만난다고 이야기했고, 그 외에도 문학은 실용적 가치도 가지고 있고 미적 가치도 가지고 있다고 이야기했다. 이제 두 가지 과제가 남았다. 하나는 문학과 철학에 대한 우리의 입장과 다른 논의들, 즉 박이문 교수와 조동일 교수의 입장을 살펴보는 것이다. 박이문 교수는 철학의 입장에서 그리고 조동일 교수는 문학의 입장에서 각각 양자를 거론하는 이론적인 논의를 한 것으로 자리매김될 수 있다. 다른 하나는 구체적인 문학작품을 살펴보면서 그 속에서 문학의 깊이, 즉 우리의 입장을 개진하는 작업이다.

– 텍스트 강독 1: 박이문, 『문학과 철학 이야기』

우선 박이문 교수의 『문학과 철학 이야기』를 통해서 문학과 철학

바슐라르

박이문 『문학과 철학 이야기』

의 관계에 대해 살펴볼 것이다. 박이문 교수는 한국 철학계에서 아마 처음으로 문학과 철학에 대한 논의를 한, 즉 철학의 입장에서 문학에 대해 논한 선구자라 할 수 있다. 프랑스에는 이미 바슐라르(G. Bachelard)에 의해 이른바 '문학철학'이라고 할 수 있는 심도 있는 철학 이론이 테마비평이라는 이름의 유명한 비평 이론으로 전용될 만큼 자리 잡고 있다. 그러나 한국에서는 문학과 철학 양자에 대한 논의가 아직 시작 단계에 있고, 그 첫걸음을 디딘 것이 박이문 교수의 논의라고 생각된다.

박이문 교수가 문학과 철학 양자를 논한 몇몇 저술 가운데 『문학과 철학 이야기』라는 얇은 책 속에서 논의된 것들을 중심으로 살펴보려 한다. 즉 이른바 그의 문학 철학론의 대의만 간추려보겠다. 이 책의 서문에 해당하는 앞부분의 몇몇 절에서 주로 이에 대한 논의가 이루어지는데, 저자의 생각을 존중하는 의미에서 소제목은 그대로 유지하면서 요약 수준으로 정리할 것이다. 즉 소제목은 그대로 두되 강독 식으로 텍스트를 인용하면서 그에 대해 해설을 붙이는 방식으로 정리할 것이다. 이러한 요약 및 정리가 문학의 깊이에서 문학과 철학을 바라보는 우리의 입장을 더 잘 이해할 수 있도록 하는 단초가 되리라 본다.

문학과 철학의 경계를 넘어서

박이문의 『문학과 철학 이야기』 3쪽을 펴면 "문학과 철학의 경계를 넘어서", "불확정성", "포스트모더니즘"이라는 말이 보인다. 오늘날의 삶은 경계를 허물어뜨려서 불확정적으로 되어 가고 있다고 말한다. 4쪽 첫째 줄 "전통적으로 철학과 문학의 구별은 자명한 것으로 여겨졌다. 포스트모던 시대에 이르러서 이와 같은 철학과 문학의 구별은 단호히 부정된다." 오늘날 20세기 후반 시대를 포스트모던 시대라고 하는데, 이때 모든 학문이 서로 융합되는 학문적인 풍토 내지 분위기가 형성되어 문학과 철학의 구별도 부정되는 시대에 와 있다. 그다음 단락 마지막 문장은 "바꾸어 말해서 문학과 철학의 구분이라는 게 우리가 생각하는 것처럼 그렇게 쉽지가 않다"라고 말한다. 과거에는 이것이 분명한 것처럼 생각됐는데, 오늘날 포스트모던 시대를 겪으면서 이 구분이 부정되면서 이것이 우리 생각처럼 확실하게 구분되지 않으며 구분하는 게 쉽지가 않다는 것이다. 그렇다면 문학과 철학의 관계를 어떻게 봐야 할까?라는 이 질문에 대한 논의는 5쪽부터 시작된다.

문학은 철학적이어야 하는가

문학 텍스트와 철학 텍스트의 구별

5쪽 "문학은 철학적이어야 하는가"라는 질문 속에서 이야기가 진행된다. 즉 문학 텍스트와 철학 텍스트의 구별, 이것이 어떻게 구별되는가 하는 이야기로부터 시작한다. 위에서 5번째 줄 "과학이 문학 혹은 철학 등과는 서로 다른 지적 활동의 범주에 속하는 것과 같이 문학과 철학도 서로 다른 범주에 속한다." 문학은 인문학적 성격을 갖고 과학은 인문학과는 전혀 다른 지적 범주인 것처럼 문학과 철학도 같은 인문학이지만 다른 지적 범주에 속한다. 이것은 확실하다. 5-6쪽에서는 베르그송의 『창조적 진화』가 노벨 문학상을 받았다는 이야기가 나온다. 이것은 철학이 문학적일 수 있다는, 즉 문학과 철학이 그렇게 다른 지적 범주가 아닐 수 있다는 반례이다.

이에 따라 6쪽 넷째 줄에서 이렇게 말한다. "문학과 철학이 서로 독립된 지적 활동의 범주에 속한다 하더라도 그것들의 관계가 서로 정확한 구별을 할 수 없을 만큼 밀접하다는 것을 암시한다." 문학과 철학이 서로 다른 지적 범주에 속하는 것은 맞지만 이 둘이 구별할 수 없을 만큼 비슷하고 밀접한 관계에 있다는 점을 지적한다. 그러한 예가 그다음 단락에 나온다. "『삼국지』의 저자한테는 역사적 기록과 문학적 창작에 구별이 없었다." 『삼국지』는 역사적 기록을 가지고 문학적 창작을 했으니 거기서 역사와 문학에 구별이 없다. 즉 한나라 말기에 삼국이 통일되기 전에 위, 오, 촉의 실제 역사 기록을 가지고 유비, 관우, 장비라는 픽션을 넣어서 만든 것이니 『삼국지』에서는 역사와 문학이 확실히 구별되지 않는다. 노자의 『도덕경』도 마찬가지다. 그 당시에는 문학과 철학의 개념이 존재하지 않았고, "도가도비상도 명가명비상명"(道可道非常道 名可名非常名)이라는 문구는 시와 같다. 이 책은 철학책이 분명하지만 시와 비슷하게 쓰여서 문학과 철학이 구별되지 않는다. "문학, 역사, 철학, 과학 등의 학제적 구별은 근대 서양의 제도적 결정이며, 동양에서는 서양 문화가 들어오기 전까지만 해도 그러한 구별을 해야 한다는 개념조차 존재하지 않았다." 이런 학제 구별은 근대 이후에 학문이 독립해 나가면서 제도적으로 구별된 것인 만큼 근대적 제도의 산물이고, 특히 동양에서는 이런 구별을 해야 한다는 생각조차 없었다. 그래서 원래 각 학문들이 그렇게 쉽게 구별되지 않는다는 것이다.

6쪽 마지막 단락에서 "근대적 이념이 해체되어 가는 포스트모던적 사조의 등장에 따라서 약 3세기에 걸쳐서 자명하다고 생각되었던 학제적인 구별에 의심이 제기되었고, 어느덧 문학, 역사, 철학, 과학 등의 구별이 허상이거나 그렇지 않다면 극히 모호하다는 것을 의식하게 되었다." 20세기 후반에 포스트모던이라는 해체주의 속에서 이러한 학제적 구별이 무의미하다는 점이 논의되기 시작했다. 근대에는 그 구별이 명확했고, 명확하게 되어야 한다고 생각했는데, 그 생각이 허상이거나 그 구별이 애매하다는 것을 깨닫게 되었다는 것이다. 7쪽에서 실제로 데리다나 로티가 이러한 주장을 한다. 그들의 글쓰기 방식 자체가 철학인지 문학인지 구별이 안 되고, 심지어 그렇게 구별이 안 되게 써야 한다고 주장한다. 근대에만 해도 철학적인 글과 문학적인 글을 명확하게 구별하고자 했는데, 이들은 문학과 철학의 구별을 완강히 부정한다. 비트겐슈타인은 가족유사성이라는 철학적 개념을 사용해서 그렇게 구별하는 것이 우습다고 이야기한다. 뒤샹이라는 화가는 일반 변기를 미술 전시장에 샘물이라는 제목을 붙여서 작품으로 출품해서 일상적 생활용품과 예술작품 사이의 구별을 깨버렸다. 즉 예술과 비예술의 근대적 구별도 허구라는 것을 보여준 것이다. 오늘날 포스트모던 시대는 이런 구별을 해체시키고 있다. 옛날에는 문학과 철학의 구별이 아주 명확했는데, 오늘날에는 시대 분위기 때문에 이러한 구별이 허구가 아닐까 하고 생각하기에 이르렀다는 것이다.

"학제적 범주가 전혀 다른 텍스트 간의 구별도 어렵지만 문학 텍스트와 철학 텍스트 간의 구별도 더욱 그렇다." 문학과 철학 텍스트는 서로가 섞이고 유사하기 때문에 이것을 명확하게 구별하기 어렵다. 가령 플라톤의 『메논』, 파스칼의 『팡세』, 볼테르의 『캉디드』, 루소의 『누벨 엘로이즈』, 키에르케고르의 『이것이냐 저것이냐』, 사르트르 『구토』 등은 철학과 문학이 섞이는 텍스트들이다. 그런데 7쪽 마지막 단락에는 이런 말이 나온다. "텍스트를 보는 것만으로는 문학과 철학을 구별할 수 없다는 사실이 그것들 간의 구별이 전혀 없다는 것을 입증하지 못한다." 텍스트만으로 이들을 구별할 수 없다고 해서 구별이 없다는 것은 아니다. 즉 구별이 어렵다고 해서 구별이 안 되는 것은 아니라는 것이다.

그래서 8쪽 "해체주의자가 구별하는 바와는 달리 문학과 철학은 구별이 된다. … 많은 것들의 구별은 지각적으로가 아니라 제도적으로 구별이 된다." 문학과 철학은 우리의 감각과 오성을 결합한 지각의 세계에서는 구별이 안 되지만 제도적인 약속에 의해서는 구별이 된다는 것이다. 이 이야기가 8쪽 두 번째 단락부터 나온다. 제도적으로 문학과 철학이 어떻게 구별되는지 칸트가 말한 정언적 명제, 가언적 명제, 절대적 명제에 관한 논의를 가지고 이야기한다. 명제를 구별하는 칸트의 방법에 따르면 제도적 약속에 의해, 즉 텍스트 양상이 다르니까 문학과 철학이 구별이 된다는 것이다. "그러므로 문학과 철학이라는 개념이 각기 구별이 되고 그렇게 통용되는 한 거기에는 반드시 근거가 있을 것이다. … 비록 지각적으로 구별할 수 없더라도 두 개의 텍스트는 제도적 약정에 의해 하나는 문학으로 다른 하나는 철학으로 구별될 수가 있다. 이렇듯 문학과 철학의 구별은 양상적 약정에 근거한다." 문학과 철학의 양상이 다른 것이다. 양상이라는 말은 라틴어 modus에서 왔는데, modus는 "방법, 형태, 양상"이라는 뜻이다. 문학과 철학은 제도적 형태상으로 구별되며 양상적으로 구별된다는 것이다. 이 말의 뜻이 무엇인가는 그다음 단락에 나온다.

"하나의 명제는 칸트에 따르면 정언적, 절대적, 개연적 양상이라는 서로 다른 입장으로 구분해서 해석될 수 있다고 한다." 하나의 명제가 있으면 그것은 정언적 양상, 절대적 양상, 개연적 양상이라는 modus, 즉 형태를 가진다. 그러니까 정언적 명제, 절대적 명제, 개연적 명제가 있다는 것이다. "한 명제가 정언적 혹은 단정적 양상으로 언명됐을 때 그것은 내용의 사실성에 대한 주장의 형태를 갖고, 따라서 우리는 그 명제의 진위를 언급할 수 있다." 정언적 명제 혹은 정언적 양상일 때는 그 명제가 단정적으로 이렇다 저렇다 하면서 진술하기 때문에 참 거짓을 가릴 수 있다. "반면 개연적 양상으로 언명되었을 때 그것은 하나의 사실에 대한 주장이 아니라 가능성에 대한 제안에 그치므로 그것에 대한 진위 판단은 논리적으로 합당하지 않다." "… 일 것이다", 예컨대 "순희는 결혼할 것이다", "9시 서울 기차는 늦을 것이다"라고 가능성을 개연적으로 언명했을 때는 참·거짓을 명확하게 말할 수 없다.

"그것들은 각기 논리적으로 전혀 다른 기능을 갖기 때문이다. 문학과 철학, 더 정확히 말해서 문학 텍스트와 철학 텍스트도 이와 같은 양상론적 입장에서만 구별된다. 양상론적 관점에서 볼 때 그것들은 마치 개와 소, 식물과 동물이 다른 종류의 분류적 범주에 속하듯이 각기 서로 독립된 텍스트 범주에 속한다." 따라서 텍스트 성격으로 보면 문학적 텍스트 양상과 철학적 텍스트 양상이 다르다. 거기에 쓰이는 명제가 문학에 등장하는 것과 철학에 등장하는 것이 다르다, 즉 언어가 다르다는 것이다. 정언적 명제는 참·거짓을 명확하게 가릴 수 있는데, 예컨대 "기차는 9시에 출발한다"와 같은 것이다. 반면 "이 기차는 두 시에 도착할 것이다"와 같은 개연적 명제는 확률적인 개연성을 표현하므로 참·거짓을 가릴 수 없다. 절대적 명제는 절대적으로 참·거짓을 말할 수 있는 명제로서 "물은 섭씨 100도에서 끓는다"와 같은 명제이다. 언어를 쓰는 방식이 문학과 철학이 다르기 때문에 그 양상이 다르다. 언어적으로, 언어적 양상에 의해서 문학과 철학은 제도적으로 구분된다는 것이다.

"따라서 개가 소와 같아야 하고, 식물이 동물과 같아야 한다는 것이 말이 되지 않는 것과 마찬가지로 '문학이 철학적이어야 한다'는 주장은 근거가 희박하다. 그런데도 문학 텍스트의 철학적 의미 해석이 중시되고 있으며, 때로는 문학작품의 분석에 철학이라는 잣대를 들이대는 것 또한 부인할 수 없는 현실이다. 이러한 사례는 문학과 철학이 실질적으로 뗄 수 없을 정도로 깊이 얽혀 있음을 암시한다." 즉 문학과 철학은 구분하기 어려울 정도로 얽혀 있다는 것이다. 그러나 제도적 양상, 즉 명제를 쓰는 언어적 양상에 의해서 문학에서 쓰이는 명제의 양상과 철학에서 쓰이는 명제의 양상이 다르고, 이로써 문학과 철학이 구분된다는 것이다.

문학의 철학성

철학의 기능과 문학의 기능

10쪽 "문학의 철학성"에서는 문학이 철학적인 성격을 갖는다고 이야기한다. 우선 철학의 기능과 문학의 기능이 다르다고 한다. "언어의 철학적 분석에서 한 문장의 기능은 흔히 '서술적', '정감적', '처방적'으로 분류된다." 모든 문장은 세 가지 기능, 즉 서술적, 정감적, 처방적 기능을 갖는다. 즉 서술적 문장, 정감적 문장, 처방적 문장이 있다는 것이다. "서술적 문장이 어떤 대상에 대한 정보를 제공하여 지적 내용을 담고 있는 데 반해 정감적 및 처방적 기능은 정보적 내용을 담지 않는다." 서술적 문장은 정보를 담고 있고, 감정을 표현하는 정감적 문장은 정보를 담고 있지 않으며, 처방적 문장은 이렇게 저렇게 하라는 처방을 제시하는 것이지 정보적 내용을 담고 있지 않다는 것이다.

"모든 문장은 더 간단히 지적 정보적 의미를 갖는 것과 그렇지 않은 것으로 구분할 수 있다. … 철학의 기능은 철학자와 독립된 어떤 사실을 전달하는 것임에 반해 문학의 기능은 어떤 대상 혹은 사건에 대한 작가의 정서적 반응을 무엇보다 중시한다." 따라서 철학은 주로 정보를 전달하는 서술적 문장으로 되어 있고, 문학은 정보나 사실보다는 정서적 반응을 위주로 하기 때문에 주로 정감적 문장으로 되어 있다. 문학과 철학의 기능은 그렇게 다른데, 즉 사용되는 문장이 다르다는 것이다.

11쪽 "우리는 철학 텍스트에서 어떤 정서적 감동보다는 세계와 인생에 대한 객관적 진리를 기대하는 반면 문학 텍스트에서는 그것보다 어떤 종류의 재미나 감동을 받으려 한다. … 이러한 사실은 철학과 문학의 기능이 각기 다르다는 사실을 증명한다." 철학에 대해서는 진리를 기대하는 데 반해 문학에 대해서는 재미나 감동 혹은 정서적 위안을 받고자 한다. 따라서 철학과 문학은 그 기능이 다른데, 그것은 거기에 사용되는 언어가 다르기 때문이다.

정언적 양상과 개연적 양상

철학과 문학에 사용되는 언어적 양상은 정언적 양상과 개연적 양상으로 나눌 수 있다. 정언적 양상은 정언적 명제를, 개연적 양상은 개연적 명제를 말하는데, 정언적 명제는 "S is P"라는 식으로 참·거짓을 명확하게 가릴 수 있는 문장이고, 개연적 명제는 "S는 P일 것이다"라는 식으로 추측을 나타내는 문장이다. 철학에는 주로 정언적 명제가 사용되고, 문학은 개연적 명제에 가까울 것이다. 그렇게 언어를 가지고 철학과 문학을 구분할 수 있다.

"그러나 문제는 그렇게 간단하지 않다. … 문학이 과학이나 철학이 미칠 수 없는 세계와 인간에 대한 진리를 밝힐 수 있다는 신념이 있다. 문학작품을 단순히 작가의 감정의 표출로 볼 수 없고, 문학작품을 읽는 독자의 의도가 타자의 주관적 감정을 이해하는 데 있지 않다는 것은 … 자명하다." 문학작품을 단순히 작가의 감정의 표출로 제한할 수 없다. 문학작품도 철학과 마찬가지로 진리를 밝혀 준다고 할 수 있다. "문학창작이 극히 복잡하고 긴장된 지성을 요구하는 활동이며, 문학작품을 읽는 가장 중요한 즐거움의 하나는 세계와 인간에 대해 눈을 뜨게 되는 기쁨에 있다는 사실은 부정할 수 없다. 문학작품을 통해서 우리는 미지의 세계와 인간에 대한 사실을 경험한다. 문학작품이 주는 감동이란 이러한 경험을 떠나서는 설명할 수 없다. 문학의 기능은 단순한 감정의 표출에 국한되지 않고 종국엔 진리의 탐구에 있다." 문학에 주로 사용되는 언어가 정감적 언어이고 주로 그런 기능을 우리가 기대하지만, 문학 또한 종국에는 진리를 탐구하는 언어를 사용한다는 것이다.

“문학이 인식적 내용을 갖는다는 주장은 문학과 철학의 양상론적 구별에 근거한 것이다. 하지만 개연적 존재 양상을 갖는 문학 텍스트는 객관적으로 이미 존재하는 어떤 사실이나 사건의 서술이 아니라 그것이 언어적으로 의미하는 사실, 사건, 상황의 개연성에 기초한다.” 문학에 사용되는 언어는 개연적이고 철학처럼 정언적이지 않다. 궁극적으로는 문학도 진리 탐구로 나아가지만 문학에 있어서 언어의 표현양상은 진리가 명확하게 표현되는 정언적 명제는 아닌 것이다.

“그런데도 문학이 인지적 정보적 내용, 즉 어떤 종류의 진리를 담을 수 있다는 믿음을 버릴 수가 없다. 결과적으로 인지, 정보, 진리의 개념을 보다 확대해서 사용하지 않으면 우리의 고민은 풀릴 수 있을 것 같지 않다.” 문학은 철학처럼 명확하게 참·거짓이 구별되는 정언적인 명제로 되어 있지 않고 개연적인 명제를 사용하지만, 결국 이것이 진리를 추구하는 데로 나아가기 때문에 진리의 개념을 좀 더 확대해서 봐야 한다는 것이다. 정언적인 것만 진리가 아니므로 진리 개념을 확대해야 한다는 말이다.

정보·인지 개념의 확대

지금까지의 이야기를 정리해 보자. 문학은 주로 정서적 언어를, 철학은 주로 정보적 언어를 사용해서 그 기능이 다르다. 따라서 참과 거짓을 명확하게 알 수 있는 정언적 명제는 철학이, 참과 거짓이 불분명한 개연적인 명제는 문학이 주로 사용한다고 일반적으로 이야기한다. 그러나 문제는 그렇게 단순하지 않다. 문학도 결국 작품을 통해서 진리를 드러내기 때문에 문학도 진리 탐구로 나아간다는 점에서 철학과 같다. 그러므로 문학의 기능과 철학의 기능의 개념을 확대할 필요가 있고, 진리의 개념을 확대해 봐야 한다는 것이다.

12쪽 "어떤 객관적 사물, 사건, 상황을 표상하는 텍스트는 그것이 그러한 사실을 우리에게 전달해 준다는 점에서 분명히 정보·인지적이다. 철학적 텍스트는 이러한 점에서 정보·인지적이다." 철학은 확실하게 정보적이고, 지식이나 인식과 관계가 있다고 하겠다. 13쪽 "철학적 텍스트의 양상이 정언적인 데 반해 문학적 텍스트의 양상이 개연적이라는 점에서 문학과 철학은 엄격히 구별되지만, 개연적 사물이나 사건, 사실만을 보여주는 문학 텍스트가 위와 같은 뜻에서 세계와 인간을 보는 우리의 시야를 확장해 준다는 점에서 철학과 문학이 다 같이 정보·지적이며, 바로 이런 점에서 철학의 경우와 마찬가지로 문학적 '진리'를 언급할 수 있다." 문학은 개연적인 명제를 주로 사용하고 철학은 정언적인 명제를 사용한다는 것은 맞지만, 결국 문학도 정보적이고 지적이며 진리를 추구한다. 즉 문학과 철학이 결국은 같다는 것이다.

"철학이나 과학 텍스트의 경우와 달리 문학 텍스트가 언급하는 세계와 인간 그리고 그러한 것들에 대한 신념과 느낌은 실재하는 것이 아니라 '허구적'인 것이고, 그러한 것들에 대한 문학적 표상이 정언적이 아니며, 개연적이기는 하지만 문학 텍스트가 필연적으로 세계와 인간에 관한 언급일 수밖에 없는 이상, 문학 텍스트는 개연적으로만이 아니라 필연적으로 넓은 뜻의 정보·인지적 내용을 가질 수밖에 없다. 그렇다면 문학은 곧 철학적이어야 한다는 말인가?" 문학은 과학과 다르게 실재하는 것을 이야기하지 않는다. 반면 철학이나 과학은 실재하는 것에 관해 이야기한다. 문학은 픽션이며 허구적이다. 그것이 사용하는 언어도 참·거짓을 명확하게 알 수 있는 정언적인 것이 아니라 개연적이지만, 결국 인간과 세계에 관해서 이야기하기 때문에 정보적·인지적일 수밖에 없다. 철학과 과학은 실제로 있는 정언적 이야기를 하는 것이고, 문학은 픽션이고 개연적이지만 그것이 인간과 세계에 대한 진리를 이야기하기 때문에 결국은 철학적이라는 것이다.

철학적 진리와 그 밖의 진리

그렇다면 철학적 진리와 그 밖의 진리는 어떻게 차이가 나는가? 14쪽 "철학적 지식 외에 과학적 그리고 지각적 진리가 있다." 진리에는 세 가지 양상이 있는데, 그것은 철학적 진리, 과학적 진리, 감각적으로 지각되는 진리이다. 감각적 진리에 기초해서 과학적 진리가 나오고, 그런 것들에 기초해서 철학적 진리가 나온다고 할 수 있다. 그리고 "문학적 정보·지식은 지각적 혹은 과학적 정보·지식과는 상관없고 오직 철학적 정보·지식하고만 밀접한 관계가 있음을 암시한다." 진리가 이러한 세 가지 형태가 있다고 했을 때 문학은 철학적 진리와 관계가 있지만, 지각적 진리나 과학적 진리와는 관계가 없다. 즉 지각적 진리의 세계는 감각적이고 경험적 세계이고, 거기에 근거해서 과학이 성립하는데, 문학은 그렇게 직접적으로 실재하는 세계에 기초를 두고 있지 않다. 그런 점에서 문학은 철학과 관계가 있다.

15쪽 "전통적 철학관에 의하면 지적 탐구 양식으로서의 철학은 세계와 인간을 그 인식 대상으로 하며, 그것들의 가장 궁극적 진리를 추구한다." 전통적으로 말하면 철학은 세계와 인간의 진리를 추구한다. 문학 또한 세계와 인간의 진리를 추구한다고 말했다. 문학이 실제 있는 것이 아니라 픽션이고, 그 명제가 개연적이지만 결국 인간과 세계의 진리를 추구한다는 점에서 철학과 같다. 철학은 실제 있는 것을 이야기하고 정언적인 명제를 사용한다는 점에서 문학과 다르지만, 철학도 가시적으로 눈에 보이는 것이 아니라 세계와 인간의 진리를 추구한다.

"과학적 탐구 대상이 가시적으로 지각될 수 있는 존재들인 데 반해서 철학적 탐구 대상은 경험적으로 그 진위를 알 수 없는, 가령 신, 영혼, 선악, 역사의 의미 등 비가시적인 지각적 존재라는 데 있다." 과학은 그 탐구 대상이 눈에 보이는 가시적인 것이다. 그에 반해 철학은 눈에 안 보이는 비가시적인 대상을 탐구한다. "문학이 탐구하는 것이 가시적으로 그 진위를 가려낼 수 있는 물리적 자연현상이 아니라 인생의 의미, 도덕적 선악의 문제, 미적 가치, 우주적 존재의 의미라는 것을 인정한다면 문학은 철학이 탐구하는 것과 다를 바 없다." 문학은 철학이 탐구하는 것과 탐구 대상이 같다. 문학도 결국 비가시적인 대상을 탐구한다. "이러한 점에서 문학이 과학적이기를 요구하지 않고 오직 철학적이기만을 요구하는 이유를 알 수 있다."

	문 학	철 학	과 학
차이점	정서적 언어 개연적 명제	정보적 언어 정언적 명제	정보적 언어
	픽션(허구)	실 재	실 재
공통점	비가시적 진리 (인간과 세계의 진리)	비가시적 진리 (인간과 세계의 진리)	가시적 진리 (감각적 지각적 진리)

이제 박이문 교수가 말하는 문학과 철학의 관계에 대해 정리해 보자. 우선 문학은 정서적인 언어를 사용하고 철학은 정보적인 언어를 사용한다. 즉 정서를 통해서 감동을 주는 게 문학의 주요한 기능이고, 철학은 참과 거짓의 정보를 정확히 전달하는 기능을 갖는다. 또한 문학은 언어의 양식이 개연적이고, 철학은 정언적이다. 그러나 정서를 통해 감동을 주는 데서 끝나는 게 아니라 결국 거기서 진실을 탐구하는 것이 문학의 속성이기 때문에, 문학이 실재가 아니라 픽션이고, 그 언어사용이 정언적이지 않고 개연적이지만 결국 인간과 세계의 진리를 탐구한다. 그런 점에서 과학과 다르다. 과학은 탐구 대상이 가시적인 지각적 세계를 탐구하지만 철학은 눈에 보이지 않는 비가시적 진리를 탐구한다. 언어의 사용양상은 다르지만 결국 인간과 세계의 비가시적 진리를 탐구한다는 점에서 문학과 철학은 같다. 따라서 문학과 철학은 사용하는 말의 양상은 다르지만 그 탐구 대상은 같다. 이를 정리하면 위의 표와 같다.

이렇게 박이문 교수의 논의는 우리의 입장과는 다르지만 보다 전통적인 방식으로, 즉 철학 개론적인 입장에서 문학과 철학의 관계에 관해 이야기해 주고 있다.

– 프라하의 고독자, 카프카: 카뮈의 「카프카 문학의 희망과 부조리」를 통한 해설

여기서 프라하의 고독자, 카프카에 대해 이야기할 필요가 있다. 현대의 많은 철학자들이 카프카를 거론한다. 특히 포스트모던 철학자들이 그러한데, 이는 현대적 의식이 갖는 독특한 모습을 카프카의 작품이 매우 리얼하게 드러내기 때문일 것이다. 이미 망치로 철학을 한다고 했던 니체에서 시작되는 포스트모던의 물결은 '신은 죽었다'라는 선포와 '노예의 도덕'의 거부로써 기독교적 헤브라이즘과 플라톤주의적 헬레니즘을 해체하자는 것으로 표현되었다. 그러나 문학에서는 그 물결이 '주체의 죽음'이라는 아이디어로 표현되는데, 이는 이전에 랭보를 위시한 프랑스 상징주의 시에서 '내가 나이면서 동시에 내가 아니다'(Je est un autre)라는 극도의 무력감의 형태로 표현되었고, 그것이 자본주의 및 관료주의 그리고 기계 기술문명을 통해 가속화되어 마침내 카프카와 같은 이상한 고독 혹은 소외로 나타난 게 아닌가 생각한다. 따라서 현대는 이전의 시대와는 전혀 다른 문법으로 읽히는 시대라는 것을 카프카가 그의 고독 속에서 부르짖고 있다고 할 수 있다.

프란츠 카프카(Franz Kafka, 1883-1924)는 체코 프라하 출신으로서 작품을 통해 삶의 고독과 소외를 형상화한, 그야말로 프라하의 고독자이다. 그는 20세기 실존주의 문학 내지 부조리 문학이 등장할 때 이런 문학의 선구자적인 작가로 평가된다. 카뮈는 그를 부조리의 대가라고 하였고, 표현주의에서는 그를 표현주의 문학의 선구자라고 하였으며, 브르통(Andre Breton)은 그를 초현실주의의 대가라고 하였다. 이렇게 20세기가 되면서 인간 소외와 고독이 문제가 되었는데, 카프카는 이런 문제의식을 선구적으로 형상화한 작가이자 20세기의 인간상을 제시한 작가라 할 수 있다.

그의 모습을 보면 눈이 퀭한 것이 고독하게 보인다. 그는 독일계 유대인으로서 순수 유대인이나 독일인도 아니고, 체코에 살았지만 체코의 주류도 아니어서 본질적으로 경계인이고 변방인이었다. 이처럼 어디에도 속해 있지 못한 그 자신의 정체성, 거기서 등장하는 소외감 내지 고독감이 그의 작품에서 매우 사실적으로 형상화되어 나타난다. 즉 유대계 독일인으로서 독일인도 아니고 유대인도 아니며 체코인도 아닌, 어느 부류에도 속하지 않는 경계인으로서의 그의 삶이 아주 독특한 문학적 판타지를 통해 그의 작품 속에 형상화되어 있다. 생전에 발표된 카프카의 작품으로는 『변신』이나 『선고』, 『유형지에서』, 『시골의사』, 『기아 곡예사』 등이 있는데, 『변신』(Die Verwandlung)이나 『선고』(Das Urteil)가 그의 대표적인 작품이다.[56] 그 스스로는 세계적인 작가가 될 줄 몰랐고, 죽을 때 자신의 작품들을 다 태우라고 말했다고 하는데, 그의 친구가 그것들을 불태우지 않고 보관하고 있었고, 또한 그와 서신교환을 했던 몇몇 여성들이 가지

56 김천혜, 『영원히 여성적인 것이 우리를 이끈다』, 문학과 지성사, 1996, 182쪽 참조.

카프카

카뮈

고 있었던 작품들이 나중에 세계적인 센세이션을 불러일으켰다.[57]

생전에는 주목을 받지 못했던 카프카는 결핵에 걸려서 요절했는데, 그는 친구 브로트(Max Brod)에게 모든 작품을 불태우고, 출판된 것은 인쇄하지 말라는 유언을 남겼다고 한다. 문학이냐 우정이냐 사이에서 고민하던 브로트는 결국 카프카의 작품을 출판하게 된다. 그의 작품 중 『아메리카』(Amerika)와 『성』(Das Schloß)은 특히 중요한 작품인데, 1910-23년까지 그의 일기를 보관하고 있었던 밀레나 예젠스카(Milena Jesenská)라는 여성이 이 원고들을 보관하고 있었다. 그녀는 에른스트 폴락이라는 시인의 부인으로 번역 일로 카프카와 친분이 생겨서 교신하면서 사랑하는 사이가 되어 『아메리카』와 『성』 같은 작품을 보관하고 있었던 것이다. 그녀는 독일어를 체코어로 번역하면서 카프카와 서로 사랑하는 사이가 됐는데, 『성』이라는 작품의 주인공인 프리다의 모델이 예젠스카야가 아닐까 추측한다. 브로트는 고민 끝에 입장을 정리하고 카프카의 작품을 출판했는데, 1930

57 김천혜, 『영원히 여성적인 것이 우리를 이끈다』, 182-185쪽 참조.

년대 초반에 프랑스와 미국에서 아주 높은 평가를 받게 된다. 1925년에 『소송』, 1926년에 『성』, 1927년에 『아메리카』가 출판된다. 1935년에 베를린에서 전집이 발간되고, 1937년에 밀레나가 보관했던 일기가 프라하에서 발간되며, 1951년에는 일기가 한 권의 책으로 나온다. 1952년에는 밀레나와의 편지가 세상에 나오는데, 그것은 모든 시대를 초월한 장엄한 사랑의 편지라고 평가된다. 문학에는 시대를 초월해서 회자되는 사랑의 편지들이 있는데, 카프카와 밀레나의 러브스토리는 그렇게 드라마틱하지는 않은 것 같다.[58]

카프카 작품의 특징은 우선 "불안한 모험"이라고 할 수 있다. 작품 속에 소외와 불안과 좌절과 투쟁이 섞여 있다. 줄거리가 명확하지 않고 서사구조가 깨져 있는데, 그 속에서도 끊임없는 불안과 소외와 뭔가 불길한 느낌 그리고 투쟁 등이 작품 전반에 점철되어 있다. 주인공은 주로 K로 나오는데, 주인공 이름도 없고, 주변 사람들이 누구인지도 명확하지 않다. 『아메리카』와 같은 작품을 보면 아버지라는 존재에 의해 끊임없이 압박을 당하는 주인공이 등장한다. 실제로 카프카의 아버지는 매우 권위적이고 카프카에게 압박을 가했던 사람이었다고 한다. 그런 아버지에 대한 불안감과 좌절감 그리고 투쟁의식이 그의 작품에 투영되어, 아버지가 죽었다는 부고를 받는다든지, 아버지에 의해서 죽임을 당한다든지 하는 줄거리가 나온다. 카프카의 일기를 보면 "제자리걸음의 전진"(stehendes Marschiere)이

58 김천혜, 『영원히 여성적인 것이 우리를 이끈다』, 182-190쪽 참조.

라는 말이 나온다. 가고 있기는 한데 가지 못하는 불안감, 그런 불안감이 그의 작품 전체에 점철돼 있다. 싸우고 있긴 싸우는데 진전이 하나도 없는 것이 그의 작품 속에 보인다.[59]

그리고 그의 작품의 기법을 '마술적 리얼리즘'이라고 한다. 이는 현실을 매우 사실적으로, 리얼리즘적으로 표현하고 있지만 그 전후 관계가 생략되어, 리얼하게 표현하는데도 이야기가 어떻게 되는지 알 수 없고 서사구조가 불명료한 서술방식을 말한다. 그래서 환타지적인 리얼리즘이고, 이를 마술적 리얼리즘이라고 한다. 예컨대 『소송』(Der Prozeß)을 보면 아침에 일어나니 다짜고짜 재판을 받으러 가야 한다는 것이다. 주인공은 죄를 지은 적도 없는데, 재판정에 갈 일도 없는데 검사가 와서 잡아간다. 그래서 재판정에 갔더니 재판정 자체도 시장인지 재판정인지도 불분명하고, 어딘지 모르고 가는데, 가고 보니 재판하는 곳이 나온다. 묘사는 매우 자세한데 전후 관계가 다 몽환적인 리얼리즘 형식을 가지고 있다. 뭐가 어떻게 되는지 알 수 없고, 이러한 이야기 구조 자체가 사람을 굉장히 불안하게 만든다.[60]

물론 재판 과정이 아주 충실하게 묘사되어 있으므로 재판받는 게 맞긴 하다. 그런데 왜 재판을 받는지 모르고, 재판을 이겼는지도 모르며, 재판 결과가 어떻게 될지도 불분명한 상태로, 즉 논리적 관계가 생략된 형태로 상황이 자세하게 서술된다. 이러한 마술적 리얼리

59 김천혜, 「신비로운 부정의 문학」 『카프카』, 김광규 편, 문학과 지성사, 1996, 56-60쪽 참조.

60 김천혜, 「신비로운 부정의 문학」, 68-69쪽 참조.

즘이 카프카 작품의 서술 특징이다. 그밖에 '체험화법'(erlebte Rede)이라는 특징이 있는데, 이는 주인공이 혼자서 독백처럼 이야기하는 형태, 즉 내적 독백의 간접화법 형태이다. 즉 작중인물인 주인공의 내적 독백을 작가의 입을 빌려서 하는 이중적인 형태를 말한다. 이처럼 불안한 모험, 마술적 리얼리즘, 체험화법이 카프카 작품의 특징이라고 할 수 있겠다.[61]

카프카가 이러한 작품을 쓰게 된 배경에는 가족관계와 직장생활에서 겪은 인간성 상실이 지목된다. 가족관계에서 아버지의 독선으로 억압받았고 형제자매의 잇따른 죽음, 그리고 기계화되고 관료화된 자본주의하에서 인간이 부품처럼 되는 노동시장을 보고 겪으면서 느낀 인간성 상실, 이러한 것이 총체적으로 이 예민한 작가의 상상력을 자극하여 몸서리치게 불안하고 소외되어 고독한 주인공을 탄생시켰다고 할 수 있다. 카프카의 가족관계를 보면 아버지가 굉장히 독선적이다. 아버지는 자수성가한 사람이고, 어머니는 아버지 일을 도와야 했다. 그래서 그는 유년 시절 남의 손에 키워져야 했다. 어릴 때부터 부모로부터 소외되었고, 2살과 4살 때 동생이 태어났는데 둘 다 죽게 된다. 가까운 사람의 죽음을 어린 시절에 경험했는데, 이런 사건들이 카프카가 불안을 느끼게 된 계기라고 할 수 있다. 6살 때 여동생 엘리, 7살 때 빌리, 9살 때 오틀라가 태어났는데, 이들 세 자매는 제2차 세계대전 때 유대인이라는 이유로 희생된다. 이렇게

---

61 김천혜, 「신비로운 부정의 문학」, 68-71쪽 참조.

카프카 삶 주위에는 죽음의 그림자가 끊임없이 따라다녔다. 보통 어린 시절 성장 과정에서 반복적으로 죽음을 경험하면 트라우마에 시달리기 마련이고, 작가들의 경우야 말할 것도 없이 이런 트라우마가 상상력에 심각한 영향을 끼치는 경우가 많은데, 카프카의 경우도 마찬가지였다.

카프카는 문학이나 예술에 흥미가 있었지만 독선적인 아버지를 이기지 못해서 법학을 전공했고, 법학 박사학위까지 받았지만 나중에 보험회사에 취직한다. 보험회사에서 겪은 노동자들의 열악한 환경, 당시에는 제3세계 노동자들, 특히 터키나 체코 노동자들의 노동환경, 자본주의의 관료 조직을 위해 인간이 부품처럼 취급되는 생산구조의 비인간성, 이런 것을 고칠 수 없는 인간의 무력함과 고독감이 그의 불안의식을 형성하는 데 중요한 이유가 되었다고 할 수 있다. 그러다가 1919년부터는 각혈을 시작했고, 이것이 악화되어 요양을 하게 되었는데, 요양하는 가운데 나이가 19살밖에 안 되는 도라 다이아만트(Dora Diamant)라는 여성을 만나 간호를 받게 된다. 그녀는 카프카가 죽기 2-3년 전에 1년 정도 열렬히 사랑했던 여인인데, 그녀가 카프카의 많은 작품을 가지고 있었다. 그는 발트 해안에서 3주 정도 머물면서 휴게소에서 일하고 있었던 이 여성을 만났다. 그녀에게 카프카는 지혜가 있는 명인이었고, 인생을 가르쳐 주는 선생이었다. 그녀도 카프카를 사랑했고, 카프카도 이 발랄한 여성을 사랑했다고 한다.[62]

---

62 김천혜, 『영원히 여성적인 것이 우리를 이끈다』, 190-191쪽 참조.

이후 카프카가 결핵으로 사망했을 때 도라는 그의 시신을 떠나지 않았고, 의사는 도라를 아는 사람만이 사랑이 무엇인지 알 거라고 말했다고 한다. 그런데 그녀는 카프카의 지시에 따라 그의 원고를 태워 버렸고, 카프카의 유고를 출판하는 데 항의하고 혼자 그의 작품을 가지고 있으면서 남과 공유하기를 원치 않았다. "저는 그분에 대한 모든 발표, 모든 논의를 제 영역에 대한 난폭한 침입이라고 생각합니다"라고 말하면서 말이다. 마침내 1933년 게슈타포가 그녀의 집을 수색하는 바람에 가지고 있던 육필원고까지 모두 압수해 다 빼앗기고 말았다. 그리고는 뒤늦게 양심의 가책을 느끼며 후회했다고 한다. 그러나 집권 초기에 게슈타포가 압수한 문건이 너무 많아서 카프카의 원고를 찾는 게 거의 불가능하고, 그것이 벙커 안에 보관돼 있을 가능성이 있지만 도대체 찾을 수가 없다는 것이다.[63]

카프카가 쓴 시를 보면 그의 작품의 이러한 특징들이 짧은 형태로 극화되어 잘 나타난다. 그의 시도 소설을 꼭 닮은 모습을 하고 있다. 그의 시를 읽어보면 마술적 리얼리즘의 형태로 표현된 그의 소설에 나타난 불안한 모험을 시에도 그대로 적용할 수 있음을 알 수 있다. 그의 시 한 편만 읽어보면, 소설 전체를 읽지 않더라도 그의 작품세계를 알 수 있을 정도이다. 그런 의미에서 그의 시 〈귀향〉(Heimkher)을 인용해 본다.

63 김천혜, 『영원히 여성적인 것이 우리를 이끈다』, 192-195쪽 참조.

나는 돌아왔다, 나는 현관을 통과했고 주위를 돌아보았다.

이곳은 내 아버지의 오랜 농장이다.

가운데는 웅덩이가 있고, 오래되어서 사용할 수 없는 가구들이 뒤섞여서 층계로 가는 길을 막고 있다.

고양이가 난간에 웅크리고 앉아 있다.

찢어진 천이 장난처럼 장대에 감겨서 바람을 타고 올라갔다 한다.

나는 도착했다.

누가 나를 맞이하게 될 것인가?

누가 부엌문 뒤에서 기다리는가?

연기가 굴뚝에서 나오고, 저녁 식사를 위한 커피가 끓여지고 있다.

너는 편안하냐?, 너는 편안하다고 느끼냐?

나는 그것을 모르겠다, 나는 매우 불안하다.

그것은 내 아버지의 집이지만, 마치 모든 것이 자신의 일에 몰두하는 것처럼 물건들 옆에 차갑게 서 있다, (그리고) 나는 그 물건들을 일부는 잊어버렸고, 또 일부는 결코 알 수 없었다.

나는 물건들에 소용될 수 있다는 것, 내가 비록 아버지의, 늙은 농부의 아들이지만 물건들이라는 것.

그리고 나는 감히 부엌문을 두드리지 못했다, 단지 멀리서만 엿듣고,

나는 단지 멀리서만 서서 엿듣고 있다, 내가 엿듣는 것을 다른 사람이 보고 놀라게 하려고 해서 그러는 것이 아니다(식구들을 놀래키려고 그러는 것이 아니다).

(그리고 왜냐하면) 나는 멀리서 엿듣기 때문에, 아무것도 듣지 못한다,

단지 가벼운 시계소리를 듣거나 혹은 그 시계소리, 즉 이쪽으로 오는 유년 시절을
아마도 단지 듣는다고 믿는 것 같다.
그밖에 부엌에서 일어나는 것은 거기 앉아 있는 사람들의 비밀이다,
그들은 내 앞에서 비밀을 지킨다.
문 앞에서 오래 머뭇거리면 거릴수록, 더 낯설게 된다.
이제 누군가 그 문을 열고 나에게 어떤 것을 묻는다면 어떨까(좋지 않을까).
그러면 나는 자신의 비밀을 지키고자 하는 그런 사람과 같지 않을까?[64]

---

64 Ich bin zurückgekehrt, ich habe den Flur durchschritten und blicke mich um.
Es ist meines Vaters alter Hof.
Die Pfütze in der Mitte. Alles, unbrauchbares Gerät, ineinanderverfahren, verstellt den Weg zur Bodentreppe.
Die Katze lauert auf dem Geländer.
Ein zerrissenes Tuch, einmal im Spiel um eine Strange gewunden, hebt sich im Wind.
Ich bin angekommen. Wer wird mich empfangen?
Wer wartet hinter der Tür der Küche?
Rauch kommt aus dem Schornstein, der Kaffee zum Abendessen wird gekocht.
Ist dir heimlich, fühlst du dich zu Hause? Ich weiß es nicht, Ich bin sehr unsicher.
Meines Vaters Haus ist es, aber kalt steht Stück neben Stück, als wäre jedes mit seinen eigenen Angelegenheiten besch ftigt, die ich teils vergessen habe, teils niemals kannte. Was kann ich ihnen nützen, was bin ich ihnen und sei ich auch Vaters, des alten Landwirts Sohn.
Und ich wage nicht, an der Küchentür zu klopfen,
nur von der Ferne horche ich, nur von der Ferne horche ich stehend, nicht so, daß ich als Horcher überracht werden k nnte. Und weil ich von der Ferne horche, erhorche ich nichts, nur einen leichten Uhrenschlag h re ich oder glaube ihn vielleicht nur zu hüren, herüber aus den Kindertagen.
Was sonst in der Köche geschieht, ist da Geheimnis der dort Sitzende, das sie vor mir wahren.
Je länger man vor der Tür zögert, desto fremder wird man.
Wie wäre es, wenn jetzt jemand die Tür öffnete nun mich etwas fragte.
Wäre ich dann nicht selbst wie einer, der sein Geheimnis wahren will.

이 시는 제목처럼 귀향을 그리고 있다. 그러나 참 이상하다. 귀향인데, 집에 돌아왔는데 들어가지를 못하고, '내가 지금 어떤가?' '내가 편안한가?' '내가 불안한가?' 하면서 자신에게 계속 묻고 있다. 아버지 집안에서 보이는 물건들과 내가 똑같다고 하면서 사람들은 비밀을 지킨다고, 저기서 사람들이 내게 물으면 내가 뭐라고 할까, 이렇게 내가 머뭇거리면 머뭇거릴수록 나는 더 낯설다고 말한다. 굉장히 역설적이다. 집에 돌아왔는데 집에 들어가지 못하고 집 바깥에 서서 내가 지금 편안한가를 자신에게 물어보는 굉장히 이상한 시이다. 이런 부조리한 감정을 카프카의 작품 전체가 품고 있고, 그 감정을 이 시는 적나라하게 보여주고 있다. 카프카 소설도 동일한 형태를 갖추고 있다.[65]

이러한 것을 카뮈의 부조리 문학의 입장에서 살펴보도록 한다. 텍스트는 카뮈의 「카프카 문학에서의 희망과 부조리」[66]라는 글이다. 이 글이 카프카 문학을 논한 문장 가운데 명문이기도 하고, 카프카를 부조리 개념으로 분석해 보는 것이 비교적 그를 이해하는 첩경이라고 생각되기 때문이다. 여기서는 강독하는 방식으로, 즉 원문을 인용하면서 해설을 덧붙이는 방식으로 서술하려 한다. 카뮈 문장의 명

---

65 이 시를 처음 읽었을 때 소설 한 권에 나와 있는 불안함과 그것을 떨치려는 작가의 끊임없는 노력을 이 시 한 편에서 여실히 보여주고 있는 것 같아서 굉장히 놀랐다. 아, 이 사람은 천부적으로 이런 정신세계를 가지고 태어나서 그것을 표현하는 데 체질적인 재능이 있다는 생각이 들었다. 이 시 한 편을 읽고 시 한 편에 소설 전체의 작가적 세계가 녹아 있는 것 같아서 굉장히 놀랐던 기억이 있다.

66 A. 카뮈, 「카프카 문학에서 희망과 부조리」, 『카프카』, 김광규 편, 문학과 지성사, 1996.

징성을 독자가 읽는 기회를 주고 싶고, 그렇게 하는 것이 전체 글을 재구성하는 것보다 더 진실할 거라 생각되기 때문이다.

95쪽, "카프카 문학의 예술적 특성은 독자에게 재독을 강요하는 데 있다." 카프카의 작품은 위의 시에서처럼 이상하기 때문에 계속 다시 읽게 되는데, 그것을 "재독을 강요한다"라고 표현하였다. 아주 적확한 표현이라고 본다. 이것이 카프카 문학의 첫 번째 특징이라고 할 수 있다. 그리고 96쪽 "선입관 없는 독자에게 첫눈에 들어오는 주제는 불안한 모험이다." 불안한 모험이 첫눈에 들어오는데, 이것이 카프카 문학의 두 번째 특징이라고 할 수 있다. 앞서 이야기했듯이 이 또한 아주 적확한 지적이다. 가령 『소송』(Der Prozeß)이라는 작품에서 요제프 K는 소송을 당해서 법정에 가는데, "법정은 대단히 컴컴하여 그는 아무것도 이해하지 못한다. 다만 자기가 유죄판결을 받았다고 추측할 뿐, 무슨 형을 받았는지조차 거의 묻지 않는다. 가끔 정말 판결을 받았는가에 대해서조차 의심을 품으며 계속 살아간다." 재판을 받지만 왜 받는지도 모르고, 재판이 어디로 흘러가는지도 모르며, 재판을 받아야 하나 끊임없이 의심하면서 재판이 진행된다. 이것이 카프카 작품의 중요한 특징이다.

그리고 97쪽 "이와 마찬가지로 『성』(Das Schloß)이라는 작품은 아마도 이야기로 옮겨진 신학이라 할 수 있다. 그러나 그것은 무엇보다도 은총을 구하는 한 남자의 영혼이 겪는 모험으로 되어 있다." 『성』을 이야기로 된 신학이라 할 수 있는 것은, 이 작품이 인간이 하느님의 은총을 구하지만 어디에도 은총이 없다는 내용을 담고 있기 때문이다. 즉 K가 성에 들어가려고 노력하지만 계속 실패하는데도 끊임없이 성 속에서 무슨 전화 소리가 들려오고, 성에 누가 있다고 알려진다. 그런데도 그 성에 못 들어가고 계속 실패한다. 다시 말해서 인간이 하느님을 찾고, 성에서 소리가 들려오는 것처럼 하느님은 있는 것 같고 은총의 소리가 들려오는 것 같지만 아무리 노력해도 하느님을 알 수 없는데, 성과 남자의 관계에서, 그리고 성에 들어가기 위해 노력을 하는 불안한 모험을 통해서 이러한 은총의 세계의 특징을『성』이라는 작품은 보여주고 있다.

98쪽 "카프카에 있어서 이 두 세계의 하나는 일상적 생활이고 또 하나는 초자연적 불안의 세계이다. … 인간 조건에는 근원적인 부조리와 동시에 움직일 수 없는 위대성이 있다." 카프카에 따르면 일상적 세계 속에 이 일상을 초월하는 근원적인 불안의 세계가 있다는 것이다. "영혼이 그처럼 무절제하게 육체를 초월하면서도 그 육체에 소속되어 있어야 한다는 것은 부조리이다. … 카프카는 일상을 통하여 비극을, 논리에 의하여 부조리를 표현하는 것이다." 즉 카프카는 일상 속에 있는 불안 속에서 부조리를 계속 표현하고 있다. 100쪽 "그러면서도 무엇 하나 달성되는 일 없이 언제나 처음부터 다시 시작하지 않으면 안 되는 이 기이한 소설 속에는 구원을 갈구하는 한 영혼의 실존적 모험이 형상화되어 있다." 앞에서도 이야기했듯이『성』에서 K는 성에다 전화를 하거나 성에서 나오는 사람에게서 소식을 듣거나 하는 식으로 끊임없이 성으로부터 연결되어 있음을 감지한다. 그런데 성에 들어가지 못한다. 들어가지 못하는 이유는 모르지만, 끊임없이 들어가려고 노력한다. 계속 실패만 하는데도 거기에 들어가려고 노력하는 것은 곧 구원을 갈구하는 영혼의 실존적 모험을 형상화한 것이다. 이에 『성』은 부조리를 테마로 한 하나의 신화이라고 카뮈는 말한다. 인간은 하느님을 찾는데 도대체 하느님은 누구인지 알 수 없지만, 하느님이 없는 것 같지 않고, 끊임없이 하느님의 은총은 보이는 것 같은데, 도대체 그것을 알 수 없다. 성에 들어가려 하지만 끊임없이 실패하는 사람의 불안한 모험을 통해 그것을 표현하고 있는 것이다.

101쪽 "사실상 카프카의 세계는 하나의 설명할 수 없는 우주로서 그 속에서 인간은 아무것도 잡히지 않는 것을 알면서도 목욕탕에서 낚시질하는 괴로운 사치에 몰두하는 것이다." 아무것도 확실하게 알 수 없다. 그렇지만 희망의 끈을 놓을 수가 없어서 계속한다. 이처럼 실패하면서도 계속하는 인간 실존의 근원적인 형태, 그 부조리함을 폭로하고 있는 것이 카프카의 작품이다. 즉 인간의 삶은 무엇이든 확실하지 않은데, 인간은 그것을 알면서도 희망을 놓을 수 없으니까 계속 실패하더라도 그렇게 한다는 것이다. "카프카는 이 꽉 막힌 우주 속으로 특이한 형태의 희망을 도입한다. …『소송』은 진단을 하고 『성』은 치료법을 발명한다. 그러나 여기서 처방된 약은 병을 낫게 하지 않는다. … 어떤 의미에서 그 약은 우리로 하여금 병을 사랑하게 하는 것이다. … 우리로 하여금 우리를 파멸시키는 것을 사랑하게 하여 출구 없는 세계 속에 희망이 생겨나게 하는 이 미묘한 영약, 모든 것을 달라지게 하는 이 돌연한 비약, 이것이야말로 실존적 혁명의, 『성』 자체의 비밀이다." 그래서 신이 존재하는지 어떤지 알 수 없는데, 끊임없이 그것이 우리에게 희망을 주니까 그런 부조리함 자체를 사랑하게 하는 비약을 고안했다는 것이다. 사실은 삶 그 자체가 부조리해서 아무런 희망이 없는데, 부조리 자체를 벗어날 수 없으니까 그것을 사랑하게 만듦으로써 해결하고 있다는 것이다.

"그리고 새로 시작한다. 이것은 논리가 아니라 철저성이다." 실패하면 다시 하고 다시 한다는 것은 논리가 아니라 철저성이다. "이러한 고집의 연속에 이 작품의 비극성이 깃들어 있다. K가 성에 전화를 걸었을 때 뒤섞인 여러 사람의 목소리, 웃음소리, 멀리서 부르는 소리들이 그의 귀에 들려온다. 그것으로 그의 희망을 의연히 지키기에는 충분하다." 못 들어가면 다시 하는 이러한 철저한 노력, 비참한 노력 속에서 인간 실존의 근원적인 비극성이 나온다. 신이 있는지 없는지 모르는데도 끊임없이 은총의 목소리가 들리니까 희망을 포기할 수 없고, 그것이 인간존재의 실재성이라는 것이다. 103쪽 "〈아마도〉라는 이 뉘앙스 위에 카프카의 작품 전체가 흐르고 있다. 그러나 이루어지는 것은 아무것도 없다. 영원에의 추구는 여기서 겁에 질려 있다." '아마도 그럴 것이다'라는 생각 위에 카프카의 작품 전체가 흐른다. 비록 희망을 품고 있지만 사실 어떻게 될지 불안하므로 겁에 질려 있다. 카프카의 작품은 그런 형태의 작품세계라는 것이다.

105쪽 "〈희망〉이라는 말은 이 경우 결코 우스운 것이 아니다. 카프카가 제시하는 상황이 비극적이면 비극적일수록 이 희망은 더욱 더 굳세고 벅차지는 것이다. 『소송』이 진실로 부조리하면 할수록

『성』의 격앙된 〈비약〉은 한층 더 심금을 울리고 또한 한층 더 부당해 보인다. 여기서 우리는 실존 사상의 역설을 순수한 형태로서 보게 된다." 카프카가 제시하는 상황, 즉 부조리가 심하면 심할수록 그 속에서 희망은 더 간절해서 굳세게 피어나고, 부조리가 비극적이면 비극적일수록『성』에서 성에 들어가고자 하는 K의 희망은 우리의 심금을 울리게 된다. 이러한 부조리와 희망의 역설을 그 순수한 형태로 카프카의 작품에서 만날 수 있다. 그리고 106쪽 "굴종을 넘어서서 어느 틈엔가 희망이 깃드는 것이다. 왜냐하면 이러한 존재의 부조리가 그들에게 오히려 더 많은 초자연적 현실을 보장하기 때문이다. 만약 생의 길이 신에게 도달하는 길이라면 그곳에는 당연히 출구가 없다." 마찬가지로 부조리에 철저하게 당하면 당할수록, 그 굴종 속에서 오히려 이 존재의 부조리가 초자연적인 현실, 즉 희망이나 신으로 향하는 길을 열어놓는다는 것이다. 그러나 사실 어디에도 정답은 없으므로 이 굴종적 생의 길이 신으로의 희망의 길이라 할지라도 출구는 없다고 할 수 있다.

106-107쪽 "부조리는 인식되고 인정을 받게 되며, 인간은 부조리와 타협한다. 그러면 바로 그 순간부터 그것이 더 이상 부조리가 아님을 우리는 알게 된다. 인간 조건의 범주 내에서 이 범주 밖으로의 도피가 허용하는 것보다 더 큰 희망이 대체 무엇이 있겠는가? 일반의 견해와는 달리 실존 사상이 이런 면에서 볼 때 엄청나게 큰 희망에 근거를 두고 있음을 나는 거듭 보게 된다. 그것은 초기 기독교와 구세의 복음으로 고대 세계를 설레게 하였던 바로 그 희망이다." 카

프카에게서 발견되는 희망이란 바로 부조리와의 타협이고, 이 타협은 존재의 부조리 바깥으로 허용하는 희망을 갖는 것이며, 이때 부조리는 더 이상 부조리가 아니게 된다는 것이다. 이것은 결국 초기 기독교가 구세의 복음에서 꿈꾸었던 그런 희망, 그만큼 강렬한 희망에 다름없다고 카뮈는 말한다.

107-108쪽 "그가 희망에서 불안에 이르는 길, 그리고 절망뿐인 예지에서 자발적 맹목에 이르는 저 일상의 길을 그처럼 낱낱이 표현할 줄 알았기 때문이다. … 그는 자기의 모습에서는 신앙의 이유를, 즉 자신의 절망을 씨앗으로 하여 희망을 가질 수 있기 위한 이유를 끌어내며, 생을 죽음에의 역겨운 준비라고 정의하는 한 인간의 모습을 그리고 있다." 불안에서 희망에 이르는 길, 즉 절망뿐인 일상에서 자발적 맹목에 이르는 길을 표현한 것이 카프카의 작품이다. 이는 절망을 씨앗으로 희망을 가질 이유를 끌어낸, 즉 신앙의 이유를 끌어낸 한 인간의 모습을 그려내고 있고, 그렇게 그려진 생은 그에게 죽음에의 역겨운 준비일 뿐이라는 것이다.

109-110쪽 "동경이 인간성의 특징이라고 한다면, 아마 카프카 이외의 어느 누구도 이들 고뇌의 망령들에게 그처럼 많은 육체적 형태를 부여하지 못했을 것이다. … 카프카가 우주 전체에 대하여 제기하는 열렬한 소송의 끝에서 내가 발견하는 것은 바로 이 둔사(遁辭)인 것이다. 배심원으로서의 그의 판결은 터무니없게도 두더지조차 희망을 가지려고 하는 이 추하고도 혁명적인 세계인 것이다." 이렇게 카프카 작품은 인간성이 갖는 동경의 특징을 그 무수한 고뇌하는 망

령들을 통해 표현했고, 존재의 열렬한 소송의 끝에서 누구나 희망을 가지려고 발버둥 친다는 이 추하고도 혁명적인 세계를 그렸다고 카뮈는 말하고 있다.

요컨대 카프카는 중세와 근대 초기까지만 해도 주목받지 못했던 불안한 의식, 즉 현대인의 의식 세계를 표현한 선구적인 작가이다. 이 불안한 의식을 카뮈는 부조리와 희망이라는 개념으로 이해하는데, 그것은 인간존재 자체가 부조리하므로, 그 부조리를 넘어서고자 인간이 불안한 모험을 하는 가운데 태어나는 것이 희망이라는 것이다. 즉 카프카 작품에서 드러나는 불안한 의식은, 인간존재의 부조리를 절망적으로 받아들이고 그 절망이 크면 클수록 희망이 깃드는 데서 형성된다고 카뮈는 말하는데, 이러한 것은『소송』에서 부조리를 진단하고,『성』은 희망을 처방하는 방식으로 제시된다는 것이다. 이렇게 카프카가 제시하는 불안한 의식과 이를 부조리와 희망으로 해석하는 카뮈의 입장은, 문학이 제시하는 정신의 깊이라고 생각된다. 왜냐하면 여기서 문학은 단순한 이야기가 아니라 이미 철학이고 종교가 되는 정신적 지평이 깊이로서 드러나기 때문이다.

2장

문학 속의 철학: 문학을 통해 듣는 철학

1장에서는 문학과 철학의 관계가 인간 정신의 깊이로서의 '영혼의 깊이'에 있고, 그것은 실존적 체험의 세계임을 논하였다. 즉 문학이 깊어져서 인간 실존의 치열성을 추구할 때 그 체험 세계 속에서 문학은 이미 철학적이고 종교적인 지평을 드러내고, 그로써 거기서 문학과 철학은 만난다는 것이다. 2장에서는 이를 바탕으로 구체적인 문학 작품들 속에서 이 문학의 깊이가 어떻게 형상화되는지 살펴보려 한다. 따라서 시, 소설, 수필, 시나리오라는 각 장르에서 대표작이라 거명되는 명작을 선택해, 그 속에서 이 깊이가 어떤 방식으로 드러나는지 분석할 것이다. 여기서 시, 소설, 수필, 시나리오만 다룬 것은 이것들이 전통적으로 인정되는 문학 장르인 까닭이고, 앞으로 연구가 진행되면 보다 확장해서 다른 장르도 다루어 보고자 한다.

시와 철학

앞서 언급한 것처럼 "시와 철학"에서는 서양의 시사(詩史)에서 꼭 알아야 하는 시들, 즉 역사적으로 거명되는 작품들을 중심으로 다룰 것이다. 이러한 작품들에서 예술적 깊이로서의 영혼의 깊이가 인간 정신의 실존적 체험으로서 어떻게 자리 잡고 있는지를 확인할 수 있다고 생각되기 때문이다. 이러한 정신의 깊이로서의 실존적 체험에 초점을 두고 읽어나가면 될 것이다.

시(詩)라는 말은 말씀 '언'(言) 자에 절 '사'(寺) 자를 합친 회의자로, 시는 "말로 하는 종교"라고 이야기할 수 있다. 정말로 시는 그러하다. 시어 속에는 거의 종교에 육박하는 메타포들이 등장하기 때문이다. 그래서 이것을 프랑스어로 포에지(poésie)라고 한다. 포에지는 시적 상상력을 말하는데, 이것은 개념적 사유에 앞서는 사유의 근원적 형태이다. 즉 인간 사유의 원초적 형태는 시적 사유라고 할 수 있다. 이에 모든 예술, 예컨대 미술이나 음악도 시적인 형태로 그 이미지나 영감이 온다고 하겠다. 사실 시를 알아야 문학을 알 수 있다고 해도 과언이 아니다.[1]

서양 시의 역사에서 첫 번째로 거명할 수 있는 시는 영국 낭만주

1 소설은 길이가 기니까, 사실 시를 가까이하는 습관을 기르기를 바란다. 나도 세워 놓는 시집, 그림 있는 시집 등을 하루에 한 개씩 본다. 그것을 보는 것 자체만으로도 마음이 치료된다고 느낄 때가 많다. 또한 시를 읽으면 내 감수성이 삭막하게 메마르지 않게 된다. 사람이 메마르지 않다는 건 굉장히 중요한 것 같다. 인간을 행복하게 하는 것은 지적인 세계가 아니라 상상력인지도 모른다. 상상력이 마르지 않도록 시라든지 예술을 애호하면서 사는 것이 행복한 삶으로 가는 길이 아닐까?

의 시이다. 사실 낭만주의가 영국에서 시를 통해 꽃 피어난 데는 역사적 배경이 있다. 원래 낭만주의는 루소에 의해 18세기 프랑스에서 시작되었지만, 프랑스는 시민혁명이라는 격동, 즉 프랑스대혁명 이후 나폴레옹이 등장하고 7월 혁명과 2월 혁명 등의 시민혁명을 100년 동안 겪다 보니 그러한 정치적 격변기 때문에 낭만주의가 꽃피질 못했다. 그에 비해 청교도 혁명 이후에 의회 민주주의가 일찍 정착하여 정치적으로 안정되었고, 산업혁명 이후에 경제적으로도 부강하게 된 영국에서, 엘리자베스 여왕 이후인 19세기에 문화적인 안정기에 이르면서 낭만주의가 꽃피게 된다. 이때 엄청나게 많은 내로라하는 시인들, 예컨대 키츠, 셸리, 워즈워스, 코울리지, 바이런, 테니슨, 브라우닝 부부 등, 한 시대에 한 명 나올까 말까 한 시인들이 쏟아지면서 영국 낭만주의가 꽃피어 나게 된다.[2]

영국 낭만주의의 대표적 시인으로 우선 키츠(John Keats, 1795-

2 각자 전공이 다르겠지만 영문과 강의에서 시 강의를 들어 보고 시도 외워 보길 바란다. 시를 한 수 외운다는 것이야말로 영혼을 살찌우는 일인 것 같다. 영혼이 살쪄야 삶이 살찌며, 시는 그런 힘이 있다. 말은 우리의 삶을 바꾼다. 하느님이 역사하신다는 말이 있다. 하느님은 말씀이시니 말씀을 통해 역사하는 것처럼 시를 젊을 때 많이 외우면 그게 언제 나를 살릴지 모른다. 늙으면 잘 안 외워진다. 내가 예전에 불문학을 청강했을 때 그 프랑스 시 교수님은 불어 발음이 엄청나게 좋으셨는데, 많은 시를 외우고 계셔서 지하철을 타시면 시를 하나 외우기 시작하셔서 지하철 내리실 때까지 외우고 내리는 일이 취미라고 말씀하셨다. 시는 음악적인 아름다움도 있다. 소리에 대한 감각은 노래에만 있는 것이 아니라 시에도 있어서, 시는 우리에게 그런 정서를 담보해 주는 문화적 양식이다. 영시도 청강하고 시를 외우면서 청춘을 보내길 바란다. 디지털과 함께 이런 아날로그 콘텐츠도 가지고 있어야 창의적인 사람이 된다. 앞으로 미래사회는 창의성이 관건이라고 하는데, 이런 아날로그 콘텐츠도 우리에게 필요하다. 나는 석사 때 영문학이나 독문학 강의를 청강해서 좋은 추억이 많고, 지금 문학 속의 철학이라는 강의를 할 수 있는 것 같다. 이것이 오늘날 디지털 시대에 시대착오적인 것이 아니라 오히려 시대를 선도하는 길이라고 본다. 심지어 시가 죽지 않아야 그 민족이 산다고까지 언급된다. 그 민족의 언어의 핵심이 시 속에 들어 있기 때문이다. 여러분도 시를 좋아하고, 시도 많이 외우고, 시 관련 수업도 청강하기를 바란다.

1821)를 들 수 있다. 그는 26세 요절한 시인으로 더 유명한데, 시를 쓴 기간은 고작 4년 정도밖에 안 된다. 원래 의사가 되려고 했는데 한번 시에 빠져서 도대체 시를 쓰지 않으면 죽겠다고, 이른바 시라는 뮤즈가 키츠를 삼켜 버림으로써 시인이 되었다고 한다. 그렇게 4년 동안 쓴 시로 그는 영국 낭만주의의 대표적인 시인이 되었고, 그러한 그의 시를 오늘날까지도 머리가 허연 연구자들이 공들여 연구하고 있다. 먼저 〈엔디미온〉(Endymion)이라는 시를 보자. 이 시는 그리스 신화에서 아폴론의 누이로서 달의 여신이자 순결과 사냥의 여신인 아르테미스가 사랑했던 미소년 엔디미온을 노래한 시이다. 아프로디테가 사랑했던 미소년이 아도니스라면 아르테미스가 사랑한 미소년은 엔디미온인데, 그는 늘 잠자는 남자, 꿈꾸는 남자이다. 여신이 너무도 사랑하여 영원히 늙지도 않게 꿈꾸고 잠자도록 배려했다고 한다. 이처럼 시인의 운명도 엔디미온처럼 낮에 꿈꾸는 사람이자 몽상가라고 시는 노래한다.

"아름다움은 영원한 기쁨이다"(A thing of beauty is a joy for ever)라는 구절이 바로 이 유명한 시의 첫 구절이다. 시의 앞부분은 다음과 같다.

> 아름다움은 영원한 기쁨:
>
> 그 사랑스러움은 더해 가나니; 그것은 결코
>
> 무(無)로 돌아가지 않고; 언제나 우리를 위해
>
> 고요한 나무 그늘 휴식처와

감미로운 몽상과 건강, 그리고 고요한 숨결에 찬 잠을 간직하리.[3]

아름다움은 영원한 기쁨이어서 그것은 결코 무(無)로 돌아가지 않고, 우리에게 그늘을 제공한다는 내용이다. 이 시가 우리에게 보여주는 이미지는 진정한 아름다움은 영원한 기쁨이며, 그것은 결코 무(無)로 돌아가지 않는다는 시적 체험이다.[4]

그리고 키츠의 유명한 시가 바로 〈오래된 그리스 항아리에 부치는 송가〉(Ode on a Grecian Urn)라는 시이다. 오래된 그리스 항아리를 보고 쓴 이 송가는 다음에 인용된 구절이 아주 유명하다. 너무나 유명해 사람들 사이에서 일반적인 교양처럼 읊어지는 시구이다. 이 시는 우리를 잠시 묵상하게 만드는 아름다운 메시지를 담고 있다.

2.

들리는 멜로디는 아름답다, 그러나 들리지 않는 멜로디는

더욱 아름답다; 그러니 부드러운 피리들아, 계속 불어라;

육체의 귀에다 불지 말고, 더욱 사랑받도록,

영혼에게 불어라 소리 없는 노래를:

---

3 A thing of beauty is a joy for ever
Its loveliness increases it will never
Pass into nothingness; but still will keep
A bower quiet for us, and a sleep
Full of sweet dreams, and health, and quiet breathing.

4 이 시가 전하는 이미지가 느껴지나요?

5.

"아름다움은 진실한 것이고, 진실한 것은 아름답다" — 이것이

우리가 이 세상에서 알고 있고 알 필요가 있는 모든 것이다[5]

"Beauty is Truth/Truth is Beauty." 진정한 아름다움은 Truth, 진실이다. 그러니 우리의 귀에 들리는 아름다움이 아니라 귀에 들리지 않는 아름다움, 우리의 눈에 보이는 아름다움이 아니라 눈에 보이지 않는 아름다움, 그것을 보고 들어라. 이것이 이 세상에 태어나서 알 필요가 있는 유일한 것이다. 진정한 아름다움은 그냥 눈이나 귀에 감각적으로 좋은 것이 아니라 우리의 영혼에 진실하게 울릴 수 있는 것이고, 그것이 진정한 아름다움이라는 것이다. 키츠의 이 말은 동서고금에서 아름다움의 본질에 대해 이야기를 할 때 나오는 메시지이다. 가령 플라톤이 진실한 미의 이데아가 있다고 한 것도 눈에 감각적으로 아름다운 것이 아니라 영혼을 울리는 아름다움을 이야기하기 위해서였고, 이러한 초월주의 미학의 전통은 바로 키츠의 메시지와 맥락이 닿는다. 정말 진실이 담보되지 않는다면 미는 쾌락일

---

5 2.
Heard melodies are sweet, but those unheard
are sweeter; therefore, ye soft pipes, play on
Not to the sensual ear, but, more endeared,
Pipe to the spirit ditties of on tone

5.
"Beauty is truth, truth beauty", - that is all
Ye know on earth, and all ye need to know.

뿐이며, 쾌락은 결국 우리를 타락시킨다. 우리에게 쾌감을 주면서도 그 쾌감을 넘어서서 우리의 영혼을 울리는 진실의 메시지라는, 이 양쪽 요소를 가지고 있어야 진정한 아름다움이라는 것이다.

그다음으로 셸리(P. B. Shelley, 1792-1822)를 들 수 있다. 셸리는 〈사랑의 철학〉이라는 시로 유명하고, 〈종달새〉(Skylark)라는 시도 유명하다. 그는 정말 낭만주의적인 느낌이 드는 시를 썼다. 〈종달새〉는 아주 긴 연작이다. 그런데 종달새를 본 적이 있는가? 요즘엔 새들도 희귀해서 우리는 참새나 비둘기밖에 볼 수 없다. 참으로 자연이 죽고 새가 죽고 꽃이 죽으면 인간도 죽게 된다. 그리고 그런 것을 노래하는 시인들이 살아 있어야 자연도 살고 새도 살고 인간도 사는 거라는 생각이 든다. 종달새는 지지배배 하며 애들 장난치는 것 같이 노래하는 새다. 이 시는 이러한 종달새가 쫑알쫑알하면서 지져대는 것 같고, 아주 귀엽게 애들 같이 재재거리는 새소리처럼 울려 퍼지는 시이다. 셰익스피어의 『로미오와 줄리엣』에는 두 주인공이 동침하고 일어날 때 나이팅게일 소리가 들려와서 줄리엣이 몇 시라고 하는 내용이 나온다. 과거에는 시계라는 개념이 몇 시가 되면 무슨 새가 울린다는 식으로 사람들이 자연에 대해 귀가 열려 있었는데, 시계가 나오면서 우리는 그것을 잃어버렸다고 할 수 있다. 자연 친화적으로 살 수 있는 삶의 길이 물질문명 때문에 점점 사라지고 있는데 그러면 결국 인간도 죽게 된다. 인간은 자연의 아들이기 때문에 자연이 있어야 인간도 살 수 있다. 그런 점에서 자연을 노래하는 시인이 살아 있어야 인간의 삶도 건강할 수 있다는 생각이 든다.

존 키츠

종달새

〈사랑의 철학〉(Love's Philosophy)이라는 시를 보자.

샘물은 강물과 하나 되고
강물은 바다와 하나 되며
하늘의 바람은 끊임없이
다정한 정으로 뒤섞인다
세상에 홀로인 것 없으니
만물이 신의 섭리 따라
한마음으로 만나 섞이기 마련이라
내가 왜 그대와 섞이지 못하랴?

보라! 산이 높은 하늘과 입 맞추고
파도가 서로를 껴안는다
누이 꽃이 아우 꽃을 경멸하면
누이 꽃은 용서받지 못하리라
햇빛이 대지를 얼싸안고

달빛은 바다와 입 맞춘다
하지만, 달콤한 이 모든 것
무슨 소용 있으랴
그대 내게 입 맞추지 않으면?[6]

이 시는 키스하고 싶을 때 애인에게 한번 읽어 주면 좋을 시라 할 수 있다. 모든 자연이 입 맞춘다. 그런데 내가 당신에게 입 맞추지 않으면 자연이 이렇게 입 맞추는 게 의미가 없다는 내용이 담긴 아름다운 시다. 셸리의 부인이 바로 『프랑켄슈타인』(Frankenstein)이라는 작품을 쓴 메리 셸리이다. 메리 셸리는 부모님이 사회개혁 운동을 하셨는데, 특히 그녀의 어머니가 영국 여성해방운동의 선구자였던 울스턴크래프트(M. Wollstonecraft)였다. 이런 메리 셸리를 만나는

---

6 The fountains mingle with the river,
And the rivers with the ocean
The winds of heaven mix forever
With a sweet emotion
Nothing in the world is single
All things by a law divineIn
another's being mingle--
Why not I with thine?

See, the mountains kiss high heaven,
And the waves clasp one another
No sister flower could be forgiven
If it disdained its brother
And the sunlight clasps the earth,
And the moonbeams kiss the sea --
What are all these kissings worth,
If thou kiss not me?

과정에서 셸리는 한 차례 이혼을 하는 등 여러 우여곡절을 겪는데, 이 시는 그 속에서 탄생한 시인지도 모른다.

영국 낭만주의라 하면 이 부부를 빼놓을 수 없는데, 브라우닝 부부이다. 엘리자베스 브라우닝(Elizabeth B. Browning, 1806-1861)과 로버트 브라우닝(Robert Browning, 1812-1889)인데, 사실 엘리자베스 브라우닝의 시가 더 아름답다. 이 부부는 연서를 주고받았기 때문에 편지로도 유명하다. 그 편지 속에 엘리자베스 브라우닝이 그녀의 소네트들을 보냈는데, 이 시들을 묶어서 『포르투갈인의 연서』(Sonnets from Portugese)라는 책으로 출판하였다. 엘리자베스 브라우닝은 영국 계관시인이었던 알프레드 테니슨(A. de Tennyson)이 극찬했던 여류시인이다. 그녀는 6살에 호메로스(Homeros)의 『일리아스』와 『오디세이아』를 그리스어로 읽을 만큼 천재였는데, 9살에 말에서 떨어져 하반신 불구가 되어 시에 몰두했고, 그 시가 너무나 뛰어나서 테니슨이 극찬하였던 것이다. 그리고 그녀의 시를 좋아해서 팬으로 만난 로버트 브라우닝과 인연이 되어 결혼에 이른다. 두 사람은 신혼살림을 포르투갈에 차렸는데, 로버트 브라우닝은 당대 계관시인이었던 테니슨에 견줄 만한 시인으로 특별히 형이상학적 시로 유명하지만, 엘리자베스 브라우닝의 시가 여성적인 사랑의 애절한 느낌을 많이 담고 있는 서정적인 시여서 우리의 마음에 더욱 와 닿는다. 엘리자베스 브라우닝은 소네트 형식의 시를 많이 지었는데, 소네트 형식을 알고 영어로 읽게 되면 시의 음악적 아름다움을 더 확실히 느낄 수 있다. 한글 번역으로는 그 음악적 느낌을 알 수 없지만,

그녀의 시 한 편을 감상해 보자(〈소네트 14〉).

그대가 날 사랑해야 한다면, 오직
사랑을 위해서만 사랑해 주세요. '난 저 여자를 사랑해.
미소 때문에, 얼굴 때문에, 부드러운 말씨 때문에,
나와 꼭 어울리는 생각의 실마리, 또 정말 어느 날
즐거운 느낌을 주었기 때문에'라고 말하진 마세요—
왜냐하면 이러한 것은, 님이여, 그 자체가 변하거나
그대에게 있어 변할 거니까요, 그처럼 짜인 사랑은
그처럼 풀려 버릴 거예요.
내 뺨의 눈물을 닦아주는 그대의 사랑 어린 연민으로
날 사랑하진 마세요—
그대의 위안을 오래 받았던 사람은 울기를 잊어버려
그대의 사랑을 잃을지도 모르니까요!
오직 사랑을 위해 날 사랑해 주세요. 그래서 언제까지나
그대가 사랑할 수 있도록, 사랑의 영원을 통해(Sonnet, 14).[7]

---

7 If thou must love me, let it be for nought
Except for love's sake only. Do not say
'I love her for her smile … her look … her way
Of speaking gently, … for a trick of thought
That falls in well with mine, and certes brought
A sense of pleasant ease on such a day'—
For these things in themselves, Beloved, may
Be changed, or change for thee, — and love, so wrought,
May be unwrought so. Neither love me for

다 읽고 난 느낌이 어떤가? 나를 사랑해야 한다면 미소 때문에, 말씨 때문에, 어느 날 보니 나와 생각이 맞아서, 이렇게 사랑하지 마세요, 이런 것들은 언제나 변할 수 있고, 그대에게서 변할 수 있으며, 그렇게 엮인 사랑은 그렇게 풀려버린다. 그러니 오직 사랑을 위해서, 사랑의 영원을 통해서, 영원을 통해서 사랑해 달라고 말한다. 변하지 말고 영원히 사랑해 달라는 것이다. 미소나 얼굴 때문에 사랑하는 것은 언제든지 변할 수 있으니, 사랑하려거든 영원히 사랑해 달라는 무서운 말이다. 그리고 사랑의 영원을 통해 사랑해 달라고 하니 플라톤의 이데아와 같은 이상적이고 초월적인 이미지가 연상된다. 그러한 이미지를 연상시키면서 사랑해 달라는 이야기를 하는 참 아름답고 애절한 시다.

엘리자베스 브라우닝이 쓴 〈소네트 43〉에서도 이런 구절이 있다. "… 나의 어린 시절의 신앙과 슬픔으로 당신을 사랑합니다 …"[8] 라고 하는데, 이는 어린아이가 아는 슬픔으로, 그 순수한 어린아이의 마음에 깃드는 슬픔으로, 그런 때 묻지 않은 슬픔으로, 그 어린아이가 생각하는 하느님에 대한 믿음으로 내가 당신을 사랑한다고 말하

Thine own dear pity's wiping my cheeks dry, —
A creature might forget to weep, who bore
Thy comfort long, and lose they love thereby!
But love me for love's sake, that evermore
Thou may'st love on, through love's eternity.

8 I love thee with the passion put to use
In my old griefs, and with my childhood's faith

E. 브라우닝(오른쪽)

시집 『포르투갈인의 연서』

는 것이다. 어린아이가 무슨 슬픔을 알겠는가? 내가 당신을 얼마나 사랑하는지 당신이 내게 묻는다면 나는 이렇게 말할 수 있다고 고백하는 것이다. 정말로 진솔하고, 여성으로서 할 수 있는 최고의 대답이 아닌가 하는 생각이 드는 서정적이고 애절한 시이다. 엘리자베스 브라우닝의 시는 대부분 이런 형태이다. 포르투갈에 신접살림을 차려 그들의 사랑을 노래했지만 그녀는 오래 살지 못했고, 그 이후 그녀와의 사랑을 노래했던 시들과 로버트 브라우닝의 시는 형이상학화 되어 20세기의 형이상학적 시의 원류가 되었다.

그밖에 워즈워스, 코울리지, 바이런, 테니슨 등도 참으로 아름다운 시를 많이 썼다. 특히 워즈워드(William Wordsworth, 1770-1850)는 〈무지개〉(My Heart leaps up)라는 시로 너무나 유명하다.

무지개를 보면 내 가슴은 뛰누나:
내 어릴 때 그러하였고;
내 어른이 된 지금도 그러하거늘;

내가 늙어도 제발 그래라.[9]

여러분은 무지개를 보면 가슴이 뛰는가? 그런 순수한 동심의 세계를 죽음이 가까워서도 지니고 싶다는 소망이 드러난 시라 하겠다. 이 시는 순수와 동심에 대한 동경을 간명하고 아름답게 표현해낸, 그 명성만큼 감동을 주는 아름다운 시이다. 그리고 코울리지(S. T. Coleridge)나 바이런(G. G. Byron)은 매우 남성적인 시를 썼다. 바이런은 다리 한쪽을 절어서 그 콤플렉스를 극복하기 위해 보스포러스(Bosporus) 해협을 헤엄치는 사건도 벌였던, 깨어나서 보니 어느 날 갑자기 유명해졌다는 말로 유명한 시인이다. 또한 테니슨(Alfred de Tennyson)은 워즈워스와 함께 영국 여왕이 기사 작위를 내렸던 계관시인이다. 영국의 낭만주의 시대는 엘리자베스 여왕으로부터 시작하는 영국의 부흥기였고, 그때 왕실에서 계관시인에게 연금을 주면서 왕실 행사에 초대하여 시를 낭송하게 했다. 계관시인은 대표적인 국가적 시인이라고 할 수 있는데, 워즈워스와 테니슨이 그러한 영예를 누렸다. 테니슨의 시작품도 아름답지만 그의 『이녹 아든』(Enoch Arden)이라는 소설도 산문시라고 불릴 만큼, 낭만주의의 성격을 잘 드러내는 아름다운 작품이다. 낭만주의는 감수성을 긍정하

9 My heart leaps up when I behold A rainbow in the sky:
So was it when my life began;
So is it now I am a man;
So be it when I shall grow old,

고 예술의 형식보다는 내적인 정감의 세계를 그대로 여과 없이 드러내어 개성적인 발휘를 중요시하는 예술적 사조이다. 테니슨의 시나 소설도 그런 느낌을 우리에게 준다. 그런 테니슨이 극찬했던 여류시인이 바로 엘리자베스 브라우닝이다.

다음으로 20세기 시에서 라이너 마리아 릴케(Rainer Maria Rilke, 1875-1926)를 이야기하지 않을 수 없다. 릴케의 시는 실존주의의 철학적 사조와도 관련이 있어 그는 단순히 시인에 머물지 않는 시인 중의 시인이다. 그는 "장미의 시인"이라고 불린다.[10] 장미를 좋아해서 장미에 대한 시도 많이 썼고, 자신의 집에 장미꽃도 많이 심었는데, 나중에 장미꽃에 찔려서 파상풍이 와서 죽음을 맞이한 그야말로 장미의 시인이다. 그의 묘비명에 "장미, 오 순수한 모순, 그렇게/ 많은 눈꺼풀 아래 누구의 잠도 되지 않는/기쁨"[11]이라고 되어 있는데, "Rose, Oh reiner Widerspruch"라고 할 때 "순수한"이라는 의미의 "reiner"를 자신의 이름에 음차해 넣어 개명했다고 한다. 이렇게 묘비명에 장미에 관한 자신의 시를 올릴 정도였다.[12]

릴케는 시에도 일찍 입문했고 등단도 일찍 했으며 시집도 일찍 냈다. 좋아하는 여성 팬들도 많았는데, 그중에는 스위스를 여행할 때 아름다운 뮈조트 성(Chateau de Muzot)을 릴케가 마음에 들

---

10 시인 중의 시인, 장미의 시인이라고 하는 릴케의 모습이 어떤가요? (137쪽 사진).

11 "Rose, Oh reiner Widerspruch, Lust/Niemand Schlaf zu sein unter so viel/Liden."

12 김천혜, 『영원히 여성적인 것이 우리를 이끈다』, 168-171쪽 참조.

어 하자 그것을 사서 릴케에게 준 후원자 같은 사람도 있었다. 그 성에서 말년에 릴케가 머물면서 쓴 작품이 『두이노의 비가』(Duineser Elegien)와 『오르페우스에게 부치는 소네트』(Sonnette an Orpheus)이다.[13] 이 두 시집은 철학적인 시로 이루어져 있어서 매우 난해한 시집이다. 오르페우스는 잘 알다시피 그리스 신화에서 인간으로서 아폴론을 능가할 정도로 음악을 잘했고, 부인 에우리디케와의 사랑으로 그녀가 죽자 저승까지 찾아가서 리라를 켜서 하데스를 감동시켜 부인을 구해올 수 있었던 음악적 인간이다. 이 작품은 오르페우스에게 바치는 소네트라는 뜻인데, 릴케의 시 경향을 연구해야 어느 정도 이해할 수 있는 너무나 상징적이고 난해한 시집이다.

릴케가 시인으로서 성장할 수 있게 도와주었던 중요한 여성이 있는데, 그가 루 살로메(Lou Andreas-Salomé, 1861-1937)이다. 아름다운 모습의 굉장한 미인인데, 루 살로메는 천재적인 인문학적 감각을 갖고 있었다고 한다. 특히 종교에 있어서 그러했는데, 이미 17살에 가정교사를 놀라게 했던 종교적 감수성을 가지고 있었다고 전해진다. 그때 스스로 깨달았다고 생각해 러시아에 머물지 않고 독일 유학을 가서 니체도 만나게 된다. 그녀는 니체의 수업을 청강했고, 니체의 친구이자 정신적 동반자, 즉 초인(Übermensch)과 동일자의 영혼회귀(Ewige Wiederkunft des Gleichen)와 같은 중요한 개념들을 창안하는 데 아이디어를 주었지만 요절했던 파울 레(Paul Rée)와 굉

---

13 김천혜, 『영원히 여성적인 것이 우리를 이끈다』, 173-175쪽 참조.

릴케

루 살로메

장히 사랑했다고 한다. 나중에는『아내의 불안』,『체스』와 같은 심리 소설을 썼던 슈테판 츠바이크(Stefen Zweig)도 살로메를 좋아했고, 프로이트의 딸 안나 프로이트가 프로이트를 계승하여 프로이트 중기와 후기의 자아 심리학을 연구했는데, 그녀와 함께 프로이트를 연구하기도 했다. 프로이트(S. Freud)도 살로메를 총애해서 장학금을 주기도 했다고 한다. 이렇게 루 살로메는 19세기 말과 20세기 초의 뛰어난 철학자나 인문학자들이 사랑했던 세기의 여성이다. 니체(F. W. Nietzsche) 또한 살로메를 연모했다. 살로메는 니체를 존경했지만 그를 좋아하지 않았고, 오히려 살로메에 대한 니체의 연정이 깊었지만 짝사랑에 그치고 말았던 것으로 보인다.[14] 니체의 글에 "나는 마흔셋이 되었지만 혼자다"라는 구절이 있는데, 그것은 주위의 가까운 친구들이 가정을 이루고 자신만 혼자 남은 것에 대한 회한을 표현한 것으로 볼 수도 있지만, 그보다는 루와의 만남이 이루어지지 못한

14 김천혜,『영원히 여성적인 것이 우리를 이끈다』, 132-138쪽, 147-151쪽 참조.

것에 대한 아쉬움을 기록한 것이라고 말해진다.[15]

그런데 그런 살로메가 릴케는 좋아하였던 것 같다. 두 사람은 14살 정도의 나이 차이에도 불구하고 사랑하였고, 두 차례 러시아 여행을 함께하기도 하였다. 그 여행에서 릴케는 살로메의 지도 및 영향도 있었지만 러시아의 광활한 대륙이 주는 시적 체험을 한다. 러시아 여행 이후에 릴케의 시가 변하는데, 그것을 '사물시'(Dinggedicht)라고 부른다. 사물 속에 있는 영혼, 즉 러시아의 광활한 대지 앞에 서니까 신이 따로 없고 대지 안에 있는 모든 사물 속에 신이 있다는 일종의 종교체험을 한 후에 사물시라는 유명한 시적 세계를 펼친다. 사물 속에 침잠해 들어가서 그 사물 속에 있는 영혼을 읽어내는 이른바 사물시를 쓰게 되는 계기가 살로메와의 러시아 여행에서 있었고, 그 이후에 그의 시가 비약적으로 발전한다. 물론 결혼은 또래였던 화가와 함으로써 살로메가 릴케를 떠나고 둘은 소원해지지만, 당시 모든 천재들이 만나고 싶어 했던 여인 살로메는 릴케가 시적으로 눈을 뜨도록 이끌어준 영혼의 스승, 영원한 모성이었다.

또한 릴케는 로댕의 비서도 역임했다. 로댕(Auguste Rodin)은 20세기 최고의 불세출의 조각가이다. 물론 천재적인 제자 카미유 클로델과의 스캔들로 유명할 만큼 바람둥이였으며 성격에 문제가 있었지만 조각가로서는 탁월했다. 릴케는 그의 비서를 하면서 예술적으로 많이 성장한다. 릴케는 파리에서 로댕의 비서를 할 때 로댕이

15 레지날드 J. 홀링데일, 『니체, 그의 삶과 철학』, 김기복·이원진 역, 이제이북스, 2004, 181쪽 참조.

작품에 심취하는 과정을 보면서 예술성의 본질이 무엇인지를 많이 배웠다고 한다. 이는 위대한 예술가가 위대한 예술가에게 배운 것인데, 이때의 감상을『말테의 수기』(Die Aufzeichnungen des Malte Laurids Briggs)라는 자전적인 수필에 적고 있다. 당시 예술에 눈뜨기 시작했던 릴케는, 로댕이라는 엄청난 예술가가 작품에 몰입하는 과정을 보고 시에 몰입하는 과정을 배웠다고 한다. 아래의 문장은 고익성의『릴케 시선(詩選)』의 서문에서 묘사하고 있는 릴케이다. 이것이 릴케의 시 세계를 적확하게 잡아내고 있다고 본다.

> 릴케, 이 얼마나 여성적이며 아름다운 그 무엇인가를 느끼게 해주는 이름인가! 그는 황야와 그 위에 걸려 있는 하늘과 자연의 정적을 사랑했다. … 그가 로댕에게서 배운 제작 방법은 하나의 생명을 보는 조건을 구비하기 위하여 끈기 있게 내면적으로 오랫동안 응시하는 것, 무겁게 닫혀져 있는 사물의 압력에 견디고 경건하게 되어서 그 내부로 들어가는 것이다. 릴케의 시의 비밀은 모두 이렇듯 인내와 봉사와 헌신이 가져온, 다시 말하면 (요설과는 반대의) 침묵 속에서 보는 것의 체득에 있었다. 그렇기에 그의 시는 현대의 어느 독일 시인의 시에서도 볼 수 없는 적확한 직감적인 아름다움을 지니고 있는 것이다.[16]

---

16 고익성,『릴케 시선』, 을유문화사, 1974, 5-12쪽 참조.

릴케는 매우 여성적인 시인이다. 하늘과 자연의 정적을 사랑한 시인, 고독과 정적과 그런 평화를 여성적으로 노래한 시인이다. 그가 로댕에게서 배운 것은, 하나의 생명을 포착하기 위해서 오랫동안 응시하는 것, 그 사물을 응시하는 것, 그래서 그 사물의 내부로 들어가는 것이다. 그리고 침묵 속에서, 사물은 말하는 존재가 아니니까, 그 침묵 속에서 그 존재의 생명을 들어서 캐내는 것, 거기서 아주 정확하고 적확한 언어를 뽑아내는 것이다. 이러한 침묵 속에서 체득하는 아름다움이 릴케 시의 특징이다.

『말테의 수기』 이후에 그의 시가 본격화되고 나중에는 철학적으로 깊어지지만, 릴케의 초기 시는 쉽고 아주 아름답다. 그의 초기 시는 러시아 여행 이후에 그의 시가 본격화되기 이전의 시로서 매우 감성적이고 서정적이라 가볍게 읽을 수 있다. 그 가운데 〈헌데 사랑이 어이 그대에게 왔는가?〉(Und, wie mag die Liebe dir kommen sein?)라는 제목의 시가 있다. 다소 긴 시인데 그 첫 연과 끝 연의 아름다운 부분만 인용해 보겠다.

> 헌데 사랑은 어이 그대에게 왔는가?
>
> 해보라처럼 왔는가, 꽃보라처럼 왔는가,
>
> 또는 기도처럼 왔는가?—이야기하라.
>
> …
>
> 사랑의 행복은 빛나면서 하늘에서 떨어져 나와
>
> 두 나래를 접고 큰 몸집으로

나의 꽃피는 영혼에 걸렸느니라. …[17]

정말 아름답지 않은가? 사랑이 어떻게 그대에게 왔는지를, 이것이 해보라처럼 왔는지, 꽃보라처럼 왔는지, 기도처럼 왔는지 이야기하라. 사랑의 행복이라는 것은 하늘에서 내려와서 날개를 접고 나의 영혼에 걸렸다고 이야기한다. 이처럼 릴케의 초기 시들은 일상 언어로 이해가 쉽도록 쓰여 있다. 그리고 대중적으로 자주 회자되는 〈내 눈빛을 끄세요〉라는 시도 있다.

내 눈빛을 끄세요, 나는 당신을 볼 수 있습니다.
내 귀를 막으세요, 나는 당신을 들을 수 있습니다.
그리고 발 없이도 당신한테 갈 수 있습니다.
입 없이도 당신에게 간청할 수도 있습니다.
내 팔을 부러뜨리세요, 나는 손으로 하듯
내 심장으로 당신을 잡습니다.
내 심장을 닫으세요, 그러면 내 뇌가 고동할 것입니다.
당신이 내 뇌 속에 불을 던져 넣으면,

---

17 Und wie mag die Liebe dir kommen sein?
Kam sie wie ein Sonnen, ein Blütenschnein,
Kam sie wie ein Beten? — Erzähle:
…
Ein Glück löste leuchtend aus Himmeln sich los
und hing mit gefalteten Schwingen groß
an meiner blühenden Seele. …

나는 당신을 내 피에 실어 나를 것입니다.[18]

사랑의 정열, 끔찍할 정도의 열정을 이야기하고 있다. 죽음을 초월한 열정 같다. 내 심장을 무너뜨려도 내 눈을 망가뜨려도 나는 당신을 볼 수 있고 느낄 수 있으며 당신을 잊을 수 없다는 시구는 〈겨울연가〉라는 드라마 대사와 비슷한데, 그것은 주인공 정유진이 첫사랑 강준상으로 착각하여 스키장 공사 책임자였던 이민형을 대신해서 다치고 나서 다그치는 약혼자 김상혁에게 했던 대사로 릴케의 이 시를 패러디했던 것 같다. 이 시는 러시아 여행 직후에 쓴 시로, 루 살로메에게 헌정한 『기도시집』(Das Stundenbuch)에 실려 있으며 그녀에 대한 사랑을 노래한 시로 해석되기도 한다.

릴케는 고독을 노래한 시인이다. 그는 고독 속에서 시의 본질을 캐낼 수 있었다고 했는데, 이때의 고독은 물리적으로 소외된 것이 아니라 '정신적으로 침잠됨'을 말한다. 그의 작품 중에 『젊은 시인에게 보내는 편지』(Die Briefe Rainer Maria Rilke)라는 편지 형식으로 된 수필집에서 그는 바로 이러한 고독에 관해 이야기한다. 이 책은 20살 된 시인 지망생이 어떻게 하면 시인이 될 수 있는지 고민하다가 자신이 시인이 될 자질이 있는지 문의하는 편지를 릴케에게 보내고 그에 대해 릴케가 대답하는 내용으로 되어 있다. 릴케가 그 비밀을 이야기해 주는데, 그 본질이 고독이다.

---

18 고익성, 『릴케 시선』, 87쪽 참조.

당신은 자기의 밖을 내다보고 계십니다. 그러나 이제는 무엇보다도 그러지 말아야 할 때가 되었습니다. 누구도 충고를 해주거나 당신을 도와줄 수 없기 때문입니다. 그럴 사람은 아무도 없습니다. 단 한 가지 방법밖에는 없습니다. 자기 자신 속으로 침잠하십시오.[19]

그리하여 당신께 쓰라고 명령하는 그 근거를 캐보십시오. 그리고 그 쓰고 싶다는 욕구가 당신의 가슴 깊숙한 곳에서부터 뿌리를 뻗어 나오고 있는지 알아보시고, 만일 쓰는 일을 그만둘 경우에는 차라리 죽기라고 하겠는지 스스로에게 물어보십시오. … 만일에 그 대답이 그렇다고 하거나 쓰지 않고는 죽을 수밖에 없다는, 그 진지한 의문에 대한 명확하고 확고한 대답을 내릴 수 있거든, 당신은 당신의 생애를 그 필연성에 의해서 세우십시오.[20]

나 자신과 대면하여 주위의 사물이 모두 침묵하고, 내가 오로지 나 자신 속으로 침잠해 들어가서 그 절대 고독 속에서 내 마음속에서 들려오는 생명의 소리, 그것이 시인이 안 되면 나는 죽겠다는 그런 소리를 듣는다면 시인이 될 수 있다고 말한다.

그리하여 안으로의 전환에서, 자기 세계 속으로의 침잠으로부터 시가 나오게 되면 당신은 그 시가 좋으냐고 누구에게 물어볼 생각은 하지 않게 될

19 R. M. 릴케, 『젊은 시인에게 보내는 편지』, 홍경호 역, 범우사, 2006, 22-23쪽 참조.

20 R. M. 릴케, 『젊은 시인에게 보내는 편지』, 홍경호 역, 23쪽 참조.

겁니다. … 그저 당신은 자기 작품 속에서 자랑스럽고도 자연스러운 재화(財貨), 즉 자기 생명의 한 편린(片鱗), 그 생명의 목소리를 듣게 되기 때문입니다. 내적 필연성에서 이루어진 예술작품은 훌륭한 것입니다. 시의 원천에 의해서만 시가 좋으냐 나쁘냐 하는 판단이 가능하기 때문입니다. 다른 판단은 있을 수 없습니다. 그러므로 제가 드릴 수 있는 충고는 이것뿐입니다. 자기 자신으로 파고들어서 당신의 생명이 근원한 그 깊이를 음미하도록 하라는 겁니다.[21]

내적 침잠에서 만나는 고독 속에서 들려오는 생명의 소리를 담아낸 작품은 시의 원천에서 길어낸 것이기 때문에 그것이 좋은지 나쁜지 다른 사람에게 물어볼 생각을 하지 않는다. 왜냐하면 그것은 내 생명의 편린이자 나의 재화이므로 그 필연성에서 우러나오기 때문이다. 위 인용 부분은 그러한 깊이, 시의 본질을 음미하라고 충고하는 내용을 담고 있다.

또한 직접적으로 고독을 노래한 릴케의 시도 있다. 이때의 고독은 시의 본질로서의 고독과는 다르게 인간이 보편적으로 가지고 있는 본질적이고 실존적인 고독을 말한다. 이 시도 대중적으로 많이 읽힌다.

---

21 R. M. 릴케, 『젊은 시인에게 보내는 편지』, 홍경호 역, 24-25쪽 참조.

고독

고독은 마치 비와도 같다.
바다에서 저녁을 향해 올라온다,
아득히 외떨어진 평야에서
언제나 고독한 하늘로 가선,
하늘에서 비로소 도시에 내린다.

골목마다 아침을 향해 돌아설 때
아무것도 찾지 못한 육신들이
환멸과 비애에 서로 갈라질 때
서로 미워하는 사람들이
한자리에서 자야 할 때
낮과 밤이 뒤섞인 시간 속에서 비가 내린다.

그러면 고독은 시냇물과 더불어 흘러가고. …[22]

우리가 타인과의 관계에서 고독을 느낄 때 우리 사이에 흐르는 고독의 느낌을 "고독이 비처럼 내린다"라고 했는데, 정말 적확한 표현이다. 사물시가 나오기 직전의 시를 담은 릴케의 『형상시집』(Das

---

22 고익성, 『릴케 시선』, 125-126쪽 참조.

Buch der Bilder)에 나오는 시라고 한다.[23]

그런데 릴케의 가장 대표적이고 유명한 시는 바로 〈가을날〉(Herbsttag)이다.

주여, 때가 되었습니다. 여름은 참으로 위대했습니다.
해시계 위에 당신의 그림자를 던져 주시고,
들녘에는 바람을 놓아주십시오.

마지막 남은 열매가 무르익도록 명령해 주시고
남국의 햇빛을 이틀만 더 베풀어 주시어
이들을 무르익으라 재촉하시고,
마지막 남은 단맛이 포도주로 담뿍 고이게 하소서

이제 집이 없는 사람은 다시는 집을 짓지 않습니다.
이제 고독한 사람은 오래도록 고독하게 남겨질 것입니다.
깨어 책을 읽고 긴긴 편지를 쓸 것입니다.
그러나 나뭇잎 떨어지는 날에는
불안에 떨며 가로수 길을 여기저기 헤매일 것입니다.[24]

---

23 『기도시집』과 『형상시집』은 사물시로서 그의 본격적인 시 세계가 펼쳐지기 직전의, 러시아 여행 직후 그의 시가 성숙해지는 과정에서 전환점이 되는 시집이다.

24 Herr: es ist Zeit. Der Sommer war sehr groß.
Leg deinen Schatten die Sonnenuhren,

무슨 말일까? 쉽지 않다. 그러나 이 시는 1연과 2연, 3연의 성격이 현격히 다르다. 1연과 2연이 "주여 때가 되었습니다. 여름은 위대했습니다. 이 포도가 익을 수 있도록 마지막 햇빛을 우리에게 허락해 주소서"라고 기도하는, 아주 찬란한 수확의 기쁨을 신께 보고하는 기쁨의 목소리라면, 3연은 갑자기 "지금 집이 없는 사람은 다시는 집을 짓지 않을 것입니다. 지금 고독한 사람은 오래도록 고독할 것입니다. 긴긴 편지를 쓰면서 불안 속에서 가로수 길을 헤매일 것입니다"라는 뭔가 불안하고 어두운 목소리이다. 집이 없는 사람은 고독하고 불안한 가운데 편지를 쓰며 가로수 길을 헤맨다고 말한다. 즉 신과 집이 있는 존재는 위대한 은총의 세계를 노래한다면 집이 없는 고독한 자는 영원히, 앞으로도 계속 불안 속에서 고독할 거라고 말한다. 다시 말해 이 시는 고향에 대한, 인간이 근본적으로 돌아갈, 정신적으로 의지할 절대적 고향에 대한, 실존적 고향에 관한 이야기가 아닌가 한다.

---

und auf den Fluren laß die Winde los.

Befiehl den letzten Früchten voll zu sein:
Gieb ihnen noch zwei südlichere Tage,
dränge sie zur Vollendung hin und jage
die letzte Süße in den Schweren Wein.

Wer jetzt kein Haus hat, baut sich keines mehr.
Wer jetzt kein allein ist, wird es lange bleiben,
wird wachen, lesen, lange Breife schreiben
und wird in den Alleen hin und her
unruhig wandern, wenn die Blätter treiben.

과거에는 정신적인 고향이 있었다. 즉 고대와 중세에는 인간이 절대적으로 의지할 정신적 고향이 있었다. 20세기에 오면 그런 고향의 권위가 추락하는데, 과학과 기술이 그 속도를 가속화한다. 그래서 인간이 근본적으로 돌아갈 고향이 없어졌다. 현대는 고향상실의 시대, 신을 상실한 시대다. 사실 신만 상실한 것이 아니라 인간 자체도 상실되었다. 왜냐하면 정신적 존재로서의 인간 자체의 인간성을 보존할 수 있는 근본적 근거가 없기 때문이다. 그러한 인간 실존의 궁극적 상황에 대해서 〈가을날〉은 기도문의 형태로 노래하고 있는 형이상학적 성격을 띤 시이다. 이 시는 우리가 이야기했던 실존적 깊이의 문제를 건드리고 있다. 인간은 정신적 존재이기 때문에 그 정신이 돌아갈 수 있는 고향, 절대적 고향, 절대적 어머니가 있어야 하며, 만일 없다면 그것을 요청해야 하는 존재이다. 현대는 그런 것들, 그런 거대 담론이 권위를 잃어가는 시대이기 때문에 우리는 영원히 편지를 쓰고, 영원히 가로수 길을 헤매일지도 모른다는 것이다. 따라서 이 시는 실존의 고독을 어떻게 할 것인가의 문제를 던지고 있다. '영원히 행복하지 못하고 영원히 외로운, 영원히 돌아갈 길 없는 인간의 처지를 어떻게 할 것인가?"에 대해 주여 답하소서 라고 문제를 제기한다.

끝으로 프랑스 상징주의도 시의 역사에서 거론해야 할 것 같다. 상징주의는 현대시로 가는 길목에 있는 시 형식에서 매우 발전된 시 세계를 보여준다. 프랑스는 시의 역사에서 상징주의라는 특이한 시적 사조를 발전시켰다. 영국이나 독일 등은 상징주의 없이 고전주의, 낭만주의, 신고전주의를 거치며 바로 현대로 넘어오는데, 프랑스에서는 상징주의를 통해서 고전주의와 낭만주의의 문제의식이 결합된다. 즉 상징주의는 낭만적 감수성과 고전적 형식성이란 철학적 성격을 다 구비하고 있는 시적 사조로서 어떠한 예술사조보다도 종합적인 성격을 갖는다. 이렇게 해서 상징주의에서 현대시가 탄생할 수 있는 토대가 마련된다. 이러한 상징주의의 대표적인 시인이 보들레르(C. P. Baudelaire, 1821-1867)이다. 보들레르를 알지 못하면 시를 이해할 수 없다고 할 정도로 그는 상징주의조차 넘어서는 시인 중의 시인이다. 보들레르를 위시해서 내로라하는 상징주의 시인들, 즉 베를렌, 랭보, 말라르메, 발레리 등이 등장한다. 상징주의 시인들은 시뿐만 아니라 비평으로도 유명할 정도로 지적 활동을 하는 이들이 많은데, 보들레르는 미술비평과 에드거 앨런 포를 발굴한 시 비평으로 알려져 있고, 말라르메와 발레리도 비평가로서 유명하다.

이러한 상징주의 시인들 가운데 보들레르, 베를렌, 랭보의 시집은 꼭 읽어봐야 하는데, 이들의 시 가운데는 괴상망측한 시들이 많다. 왜냐하면 현대 모더니즘의 전위예술이 상징주의에서부터 시작되기 때문이다. 즉 현대의 시나 예술은 모더니즘의 분위기 속에서 형식파괴 혹은 권위파괴로 나아가는데, 그러한 예술적 움직임이 상징주의에서부터 나타나며, 보들레르, 베를렌, 랭보에게는 그러한 시적 문제의식이 공유되어 있다. 그리고 이 시인들을 탄생하도록 하는 출발점에는 비니(Alfred de Vigny, 1779 -1863)라는 시인이 있다.[25]

---

25 비니는 우리에게 잘 알려진 시인은 아니다. 한국에는 시가 읽히지 않고, 인문학 경시 풍토 때문인지

『레미제라블』(Les Miserables)로 알려진 빅토르 위고(Victor-Marie Hugo)가 낭만주의 시대의 대표적인 시인인데, 낭만주의 시인이지만 비니는 그와 다르게 철학적인 성격이 강한 시를 쓴 시인이다. 상징주의는 지적인 성격이 매우 강한 시 세계를 가지고 있는데, 비니의 시는 이런 특성에 영향을 주었다고 할 수 있다.

비니의 시는 흔히 '철학시'라 하는데, 카뮈의 실존주의에 직접적으로 영향을 주었다고 평가된다. 카뮈가 『반항인』에서 비니에 대해 언급하는데, 혹자는 카뮈가 비니의 사상을 베꼈다고 할 정도로 두 사람의 생각이 매우 유사하다. 비니의 시적 특징은 "수정처럼 결정화된 정열"(l'enthousiasme cristalisé)이라고 한다. 이 말은 수정처럼 차갑게 식어서 결정화된 정열이라는 뜻인데, 매우 역설적인 이 표현은 수정처럼 투명하게 결정화된 냉정한 정열, 불꽃으로 끓는 것 같지만 냉랭한 웃음이라고 풀이된다. 다시 말해 말할 수 없이 엄청난 정열이 아주 차갑고 투명하게 노래되는 것이 그의 시적 특징이라는 것이다. 비니의 시에서는 이런 엄청난 울음이 매우 투명하고 깨끗하게, 그러면서도 차갑게 철학적으로 노래된다. 이러한 시적 특징을 『랑송 불문학사』(Lanson Histoire de la littérature française)[26]는 "하늘에

우리에게 잘 알려지지 않았지만, 비니는 빅토르 위고와 함께 활약했던 낭만주의 시대 최고 시인이다.

26 프랑스에는 문학사가 여러 버전이 있다. 중세에 파리 대학을 중심으로 대학이 제일 먼저 성립했고, 신학이 가장 발달한 곳이 프랑스이다. 그런 만큼 유럽대륙에서 프랑스는 인문학이 가장 발달해서 문학사도 철학사도 여러 버전이 있다. 그 가운데에서 랑송의 불문학사가 가장 유명하고 우리나라에도 번역돼 있다. 우리는 반만년의 역사가 있어서 문화의 잠재적 역량은 뛰어나지만, 식민지를 겪은 탓에 그 역량이 한풀 꺾여 있다. 선진국에 비해 우리는 철학사도 문학사도 정리가 안 되어 모든 제반 인

대한 분노도 세상에 대한 원망도 없는 고요한 절망이 지혜다"[27]라고 해석한다. 즉 비니의 시에는 고요한 절망으로서의 지혜와 같은 역설적인 진실이 드러나 있다는 것이다. 결론적으로 누구도 탓하지 않는 차가운 절망으로서의 지혜를 노래한 시인이 비니라고 할 수 있다.

그리고 비니의 세계관은 "나는 사랑한다. 인간 고통의 장대함을"(J'aime la magesté des souffrances humaines)이라고 표현된다. 이는 인간 고통이 엄청나게 크고 장대해서, 해가 질 때 바다를 핏빛으로 물들이는 석양과 같고, 그렇게 엄청난 인간의 고통을 사랑한다는 의미이다. 이 표현도 역설적이다. 인간 실존의 상황이 엄청난 고통의 도가니인데, 나는 그것을 사랑한다는 식의 세계관이 그의 시에 나타나 있기 때문이다. 이러한 그의 시적 특징을 노래한 시 중에 〈올리브 동산〉(La Mont des Olivers)이라는 시가 있다. 이 시는 예수님이 십자가에 못 박히시기 전에 감람산에 올라가서 기도하셨던 이야기를 노래하고 있다. 감람산은 올리브 동산을 말하고, 예수님의 마지막 기도를 노래한 이 시에 마지막 한 연을 더 썼는데, 그것이 〈침묵〉(Le Silence)이라는 2연으로 된 시이다. 이 시에는 비니의 시적 세계가 아주 잘 나타나는데, 이 시의 2연을 보면 아래와 같다.

문학 콘텐츠가 굉장히 부족하다. 랑송 불문학사를 읽어보면 소설책도 아닌데도 내용의 충실성뿐만 아니라 아름다운 문체도 느낄 수 있다. 랑송의 문학사는 문학작품을 문학사적으로 분류해서 비평적으로 이야기하고 있을 뿐인데도 아름다움을 느낄 수 있는 좋은 책이다.

27 G. 랑송, 『랑송 불문학사 下』, 정기수 역, 을유문화사, 1997, 66쪽 참조.

만약 하늘이(신이) 우리를 유산된 세계처럼 내버려 둔다면,

정의로운 자는 그 부재에 경멸로써 저항할 것이다,

그리고 신의 영원한 침묵에 대하여

차가운 침묵으로써 대답할 것이다.[28]

이 세계가 신에 의해 창조되었다고 하지만 창조주이신 신은 인간이 겪는 엄청난 고통에 대해서 침묵한다. 즉 선하고 아름다운 신이, 영원한 진리의 실체인 신이 인간이 왜 죽어야 하는지, 왜 아무 죄 없는 사람들이 고통을 받아야 하는지 등에 대해 침묵하고, 그 창조의 섭리에 대해 대답하지 않는다. 그렇다면 이 세계는 신이 잘못 낳은, 잘못 출산한, 유산된 세계라고 이 시는 노래한다. 유산된 세계 속에서 신은 그런 인간의 죽음과 고통에 대해서 말을 하지 않는다. 신의 영원한 침묵. 인간의 실존상황에 대해 누구도 대답하지 않는다. 심지어 인간을 창조했다고 하는 신조차도 대답하지 않는다. 그 앞에서 자각한 자, 깨친 자, 정의로운 자는 차가운 침묵으로 저항해야 한다는 것이다. 신의 영원한 침묵에 대해서 울고불고하며 괴로워하지 말고, 냉정하고 차가운 침묵으로 대항해 나가야 한다는 것이다.

이러한 것이 실존주의적인 아이디어이다. 이미 19세기에 이런

---

28 Si le Ciel nous laissera comme un monde avorte,
Le juste opposera le dédain á l'abaence,
Et ne répondra plus que par un froid silence
Au silence éternel de la Divinité.

생각을 할 수 있었다는 것은 비니가 20세기의 실존주의를 100년 앞서서 미리 예언했다고 할 수 있다. 이는 도스토옙스키의 작품에서 이반의 목소리를 통해 이미 읽어본 내용이기도 하다. 신은 세계를 유산했다. 신은 인간의 고통과 죽음에 대해 아무 말도 하지 않는다, 영원한 침묵이다. 거기에 대해서 인간은 어떻게 해야 하나? 인간의 실존이 이렇게 생겼다면 인간은 실존적 저항을 해야 한다. 인간 실존에 대해서 울고불고할 게 아니라 그것에 대해 차가운 침묵, 냉정한 절망을 해야 한다는 것이다. 카뮈의 반항 개념도 바로 이와 같고, 그것이 비니의 시 속에서 이미 보인다.

비니가 상징주의의 지적 경향의 원류가 되는 실존주의 시인이라면 베를렌(Paul Verlaine, 1844-1896)은 보들레르 이후의 상징주의 시인 가운데 우리에게 정서적으로 가깝게 느껴지는 시인이다. 그는 '프랑스의 소월'이라는 별명이 어울릴 만큼 쉽게 다가갈 수 있는 시인이다. 랭보는 너무 전위적이어서 합리적으로 접근하기 어렵고, 보들레르의 시도 데카당스적인, 즉 퇴폐주의적인 면을 가지고 있어서 상식적이지 않다. 그래서 베를렌을 통해서 상징주의 시의 면모를 살펴보고자 한다.

프랑스 테마비평의 대가 리샤르(J. P. Richard)의 『시와 깊이』(Poésie et Profondeur)라는 책이 있는데, 이 책에서 특히 베를렌에 관해 참 아름답게 서술하고 있다. 또한 〈Total Eclipse〉라는 유명한 영화가 있는데, 랭보와 베를렌의 사랑을 그린 일종의 동성애 영화이다. 사진 중간에 어린 애처럼 보이는 사람이 랭보다. 이미 14살에 시

베를렌과 랭보

랭보

적 재능을 발휘했지만 아무도 이 아이의 시를 인정해 주지 않았다. 그래서 고답파 시인을 좇아다니다가 베를렌을 만나게 된다. 사진 가장 왼쪽에 있는 사람이 베를렌이다. 베를렌은 랭보보다 10살 많은데, 랭보의 시를 보고서 그의 시적 천재성을 알아본다. 그렇게 그들은 4년 동안 정신적 동지로 지낸다. 베를렌은 랭보를 극진히 사랑했고, 자신의 가정을 잊어버릴 정도로 두 사람은 서로 심취한다. 그러던 어느 날 설전 끝에 베를렌이 권총을 쏜 것이 불발되어 두 사람이 결별한다. 그 후 베를렌은 감옥에 가고, 거기서 『지혜』(Sagesse)라는 참회의 미를 담은 아름다운 시집을 내고, 고향에 내려간 랭보는 처음이자 마지막으로 『지옥에서 보낸 한철』(Une Saison en Enfer)이라는 시집을 펴낸다. 그리고는 특유의 방랑벽으로 시적인 내리막을 걸으며 랭보는 그렇게 방랑 끝에 아프리카에서 다리를 절단하고서 젊은 나이에 인생을 마감하게 된다.

랭보(Jean-Arthur Rimbaud, 1854-1891)의 시집 『지옥에서 보낸 한철』을 보면 이런 시구가 있다. "… 나는 내 가장 소중한 것을 악마에게, 불행에게 주었다. 불행은 내 무릎에 와 앉았다. 알고 보니 그것은 아름다움이었다. …" 이 시는 나의 가장 소중한 것을 불행에게 주었는데, 그 불행이 곧 아름다움이었다는 시적 세계를 이야기한다. 랭보는 우리가 상식적으로 알고 있는 일상 세계에서 이야기되는 행·불행이 아니라 그 이면에 놓여 있는 미의 일면을 시를 통해 보여준다. 랭보는 전위적인 시인인 까닭에 그의 〈모음〉(Voyelle)이라는 시는 "A는 노랑색, E는 흰색, I는 빨강색, …"이라는 이상한 말로 시작한다. 그가 17세 때 썼다는 이 시는 청각을 시각화하는 묘한 방법으로 그의 내적 체험과 환상을 표현했다고 하지만,[29] 사실 무엇을 이야기하려는지 알기 어렵다. 그러나 『지옥에서 보낸 한철』에 나오는 위 구절은 랭보가 추구하는 미의 세계가 어떤 것인지를 우리에게 보여준다. 바로 아름다움이라는 것은 불행 속에도 있다는 것이다.

베를렌은 매우 서정적인, 한 마디로 체질적 서정 시인이라 할 수 있다. 프랑스의 소월이라고나 할까? 우리나라 김소월도 가장 한국적 정서를 잘 드러낸, 체질적인 서정 시인이다. "나보기가 역겨워 가실 때에는 죽어도 아니 눈물 흘리오리다."에서 보듯이 내가 싫은 정도가 아니라 역겨워서 가는 사람을 내가 어떻게 잡겠나 하면서도 동시에 죽어도 눈물 흘리지 않겠다는 반어법을 쓴다. 베를렌도 소월만큼 서정적이고, 그 서정성에 매료되지 않을 수 없는 시인이다. 그러나 베를렌은 상징주의 시인이기 때문에, 상징주의 시인들이 대부분 비평가들인 것처럼 매우 지적인 형태를 띤다. 따라서 그는 소월과 비

---

29 Cho Kyu-Chul, *Poésies Choisies Du XIXe Siècle*, Shinasa, 1995, p. 116 참조.

슷하게 서정적이면서도 그와는 다르게 지적인 성향을 띤 시인이라 할 수 있다.

특히 〈월광〉(Clair de Lune)이라는 시를 보면 그 서정성이 잘 드러난다. 첫 구절이 "당신의 영혼은 선택된 풍경이다"(Votre âme est un paysage choisi)인데, 매우 서정적이다. 어떻게 첫 구절을 이렇게 쉽고 아름답게 쓸 수 있는지! 영혼이라는 말이 풍경이라는 말로 치환되고, 문장이 주는 이미지가 서정적이다. 또한 베를렌은 프랑스 시의 역사에서 가장 음악적인 시인으로 꼽힌다. 프랑스 시도 시의 운을 맞추는 방식이 있는데, 그의 〈가을의 노래〉(Chanson d'Automne)는 프랑스 시의 역사에서 가장 음률이 아름다운 시라고 한다.

Les sanglot long
Des violon
De l'automne,
Blessent mon coeur
D'une langueur
Monotone.

Tout suffocant
Et blême, quand
Sonne l'heure,
Je me souviens

Des jours anciens
Et je pleure;

Et je m'en vais
Au vent mauvais
Qui m'emporte
Deçà, delà,
Pareille à la
Feuille morte.[30]

음악적으로 느껴지나요? 프랑스어로 읽으면 음악성을 더 많이 느낄 수 있다. 프랑스어는 콧소리가 나는 모음이 발달해 시를 낭송하면 연인들이 서로 속삭이는 것 같은 느낌을 주기 때문이다.

베를렌이 시적으로 형상하고자 했던 것은 인간의 본질적인 소외감, 즉 '낯섦의 감정'이다. 특히 현대인의 의식에 뿌리박고 있는 낯섦의 감정을 시 속에서 표현하고 있다. 누가 나를 대신해서 죽어줄 수 없는 인간 실존의 상황, 결국 인간은 혼자라는 인간의 근본적이고 본질적인 소외를 노래했다. 서양은 고대나 중세, 근대까지만 해도 종교가 지배한 까닭에 인간이 절대적 진리를 믿었는데, 현대에 와서는 종교는 물론 학계에서도 그런 절대적 진리가 없다는 것이 극명하게

---

30 Cho Kyu-Chul, *Poésies Choisies Du XIXe Siècle*, pp. 97-98 참조.

드러나게 되고, 그럼으로써 인간의 본질적 소외, 실존적 소외가 적나라하게 드러나게 된다. 이는 내가 속한 세계이긴 한데, 내가 영원히 돌아갈 수 있는 고향이 아니고, 절대적으로 의지할 수 있는 것도 아니며, 어떤 것도 그런 것은 없다는 것을 표현한다. 이것을 현대인만큼 자각한 시대는 없었다. 그의 시는 이처럼 매우 지성적이면서도 호소력 있다. 이것이 베를렌의 시 속에 있는 시적 영혼이라고 할 수 있다.

그렇다면 베를렌의 시적 영혼이 드러내고자 했던 소외의 감정 혹은 낯섦의 감정이 그의 시에서 어떻게 형상화됐을까? 소외감은 사회적 측면에서는 산업시스템이 변하면서 시작된다. 산업혁명 이후에 분업화와 기계화를 통한 대량생산체제가 등장하고, 그와 더불어 관료제가 등장하여 피라미드식으로 관리되는 산업구조 속에서 개인은 그 시스템의 하나의 부품과 같은 존재가 된다. 나는 내가 아니라 조직의 일원으로 조직이 시키는 대로 움직이지 않을 수 없는 존재이다. 즉 "나는 나이면서 동시에 내가 아니다". 다시 말해 관료제하에서 나는 심리적으로는 나를 전적으로 통제할 수 없고, 타인의 지배하에서 통제받는 존재이다. 그러므로 나는 나의 주인이 아니고, 타인이 오히려 나의 주인이 되는, 그래서 나는 내가 타인이라는 심리적인 느낌을 갖게 된다. 내가 오로지 나를 조직 내의 주체로서 생각할 수 없고, 그렇게 행위할 수 없는 것이다. 나는 타인의 명령에 복속되고, 타인에 의해 지배되기 때문에 나는 내가 아니라 타인이라고 느끼는 것이다. 이것이 고대나 중세 혹은 근대와는 다른 현대사회에서 현대인들이 가장 두드러지게 느끼는 자기 정체성이다. 자본주의와 그 관료제로 인해 20세기 초중반에 느끼는 이 소외는 근대에서의 소외, 즉 헤겔이나 마르크스가 말하는 소외보다 훨씬 더 진전된 양상의 소외라고 할 수 있다.

나는 내가 아니고 타인이다, 나는 타인에 의해 지배된다는 심리 상태를 시인들은 "Je suis l'autre" 그리고 "Je est un aure"라고 표현했다. 전자는 네르발이 이야기했는데, 주어와 동사의 인칭이 일치한다. 후자는 랭보가 이야기했는데, 주어와 동사가 일치하지 않는다. 그러므로 전자보다 후자에서 주어의 분열이 더 심하다. 그리고 l'autre는 내가 알고 있는 나이고, un aurte은 내가 모르는, 나와 단절된 미지의 나, 처음 보는 낯선 나이다. 즉 소외가 점점 더 심해져서 내가 나이면서 내가 아니며, 나는 전혀 모르는 내가 되어 간다는 것이다. 랭보는 후자에서 나의 타자성을 이야기했다. 현대화가 진행되면 될수록 자본주의가 발달하면 발달할수록 자기 소외, 즉 내가 나로부터 소외되고, 내가 다른 사람에 의해 지배되는 이 소외는 더 심해진다. 이 소외를, 랭보가 말하는 나의 타자성을 베를렌은 "il"이라는 말로 표현하였다. il은 내가 나의 행위의 주인이 아니고, 비인칭 il이 나로 하여금 이렇게 저렇게 하게 만든다는 것을 의미한다.

베를렌은 이러한 상황을 감각적으로 무미건조하게 표현한다. 수동적이고 어떠한 감각도 들어 있지 않은 감각적 정적주의. 뭔가 시들고 맛없고 자극이 하나도 없는 무미건조한 형태로 소외감을 표현하는 것이다. 그리고 이도 저도 아닌, 아무런 입장도 정하지 않은 중립성, 이는 정신적인 무미건조함을 표현한 것이다. 세계도 얼굴이 없고, 얼굴 없는 세계. 나에게도 포기를 강요하는, 모든 것이 사라지고 모든 것을 희미하며 겹치는 것으로 표현하면서 이에 대해 인간이 어떻게 할 수 없다는 무력감을 표현한다. 그는 이 무력감을 슬픔이나 피로로 표현하면서 "il pleure"라고 말한다. 베를렌의 유명한 시구 "il pleure dans mon coeur/comme il pleut sur la ville"에서 비인칭 il은 "비가 오는데 그것이 내 마음을 슬프게 한다"라고 이야기한다. 이렇게 소외감을 무미건조하게 표현하면서 그 속에서 누구도 대신할 수 없는, 나만이 감당해야 하는 나의 실존적 슬픔을 노래한다.[31]

베를렌의 유명한 시, 〈하늘은 지붕 너머로…〉(Le ciel est, par-dessus le toit)를 보자.

하늘은 지붕 너머로
저렇게 푸르고 고요하구나!
나무는 지붕 너머로
가지를 흔들고 있다.

종은 저 하늘에
조용히 울리고 있는데
나무 위에 슬피

---

31 J. P. 리샤르, 『시와 깊이』, 윤영애 역, 민음사 1991, 179-201쪽 참조

우짖는 새 한 마리

아하, 삶은 저기 저렇게
단순하고 평온한 것을.
시가지에서 들려오는
저 평화로운 웅성거림.

— 뭘 했니? 여기 이렇게 있는 너는,
울고만 있는 너는.
말해 봐, 뭘 했니? 여기 이렇게 있는 너는.
네 젊음을 가지고 뭘 했니?[32]

---

32 Le ciel est, par-dessus le toit.
Si bleu, si calm!
Un arbre, par-dessus le toit,
Berce sa palme.

La cloche, dans le ciel qu'on voit,
Doucement tinte.
Un oiseau sur l'arbre qu'on voit
Chante sa plainte.

Mon Dieu, mon Dieu, la vie est lá,
Simple et tranquille
Cette paisible rumeur-lá
Vient de la ville.

— Qu'au-tu fait, ô toi que voilá
pleurant sans cesse,
Dis, qu'as-tu fait, toi que voilá,
De ta jeunesse?

1, 2, 3연은 아주 고요하게, 하늘이 지붕 너머로 푸르고 나무는 가지를 흔들고 종소리는 조용히 울리며 나무 위에 새 한 마리 슬피 울면서 삶이라는 것이 저렇게 평온하다. 그러다 4연에서 갑자기 "너 뭘 했니? 너 왜 우니? 뭘 했길래 이렇게 우니?"라고 추궁한다. 마치 선악과를 따먹고 숨었던 아담을 보고 하느님이 "아담 너 어딨니?"라고 추궁하는 것 같다. 너 뭘 했니? 왜 우니? 우는 이유가 뭐야? 라면서. 그래서 1, 2, 3연과 4연이 대조된다. 삶이라는 것은 사실 일상적으로는 고요하고 평화롭고 아무것도 없는데도 우리는 울 수밖에 없다. 인간 존재는 그런 슬픔을 갖고 있다. 삶 그 자체는 슬퍼해야 할 아무런 이유가 없는데도 인간에게는 슬픔이 있다. 이것이 바로 실존적 슬픔이다. 이 시는 실존적 슬픔이 무엇인지 거듭 묻는다.

이런 소외가 잘 나타나는 그의 대표적인 시가 〈내 마음에 눈물 내린다〉(Il pleure dans mon coeur)이다. 이 시에는 음악적으로 "il pleure"와 "il pleut"가 음률이 맞춰져 있다. "il pleut"는 "비가 내린다"라는 뜻이고, "il pleure"는 "내 마음에 눈물 내린다"라는 뜻이다. 주어를 모두 비인칭 il으로 해서 비가 내리고 그것이 내 마음을 슬프게 한다고 표현하고 있다.

거리에 비 내리듯
내 마음에 눈물 내린다
내 가슴을 파고드는
이 슬픔은 무엇인가?

대지에, 지붕 위에 내리는
오 부드러운 빗소리여!
울적한 마음에 울리는
오, 비의 노래여!

울적한 마음에
까닭 모를 눈물 흐른다.
웬일인가! 원한도 없는데?
이 슬픔 까닭이 없네.

까닭 모를 슬픔이란
가장 괴로운 것
사랑도 미움도 없는데
이 마음 이토록 괴로워![33]

---

33 Il pleure dans mon coeur
Comme il pleut sur la ville
Quelle est cette langueur
Qui pénètre mon coeur?

O bruit doux de la pluie
par terre et sur les toits!
pour un coeur qui s'ennuie
O le chant de la pluie!

Il pleure sans raison
Dans ce coeur qui s'écoeure.
Quoi! nulle trahison?

거리에 비 내리듯이 내 마음에 눈물 내린다. 가슴속을 파고드는 이 슬픔은 무엇인가? 여기서 'pénètre'라는 동사가 나오는데, 이 동사는 "뚫고 들어간다"는 뜻으로 가슴속을 파고든다는 의미이다. 그것도 'il pénètre', 즉 내가 아니라 "어떤 것이 파고든다"는 것이다. 하늘에 대한 원망도 없고 세상에 대한 원한도 없는데, 이유도 없이 왜 이렇게 슬픈가? 이유가 없기 때문에 가장 슬프다는 것이다. 인간이 갖는 이런 실존적 슬픔, 거리에 비 내리듯 비가 오면 내 마음에 비가 내리는, 가슴 속을 파고드는, 누구도 대신할 수 없는 슬픔을 주어 il을 사용해서 베를렌은 표현한다. 존재가 이렇게 생긴 것을 감당할 수 없다, 나는 이에 대해서 감당할 수 없다, 무기력하다는 사실을 il을 통해 시적으로 형상해 놓은 시이다.

베를렌이 표현한 소외, 내가 내가 아니고 타자라는 사실, 그리고 소외가 알려주는 실존적 슬픔을 그의 시에서 엿볼 수가 있었다. 이렇게 시를 통해서 예술적 깊이, 영혼의 깊이를 살펴볼 수 있었다.

De deuil est sans raison.

C'est bien la pire peine
De ne savoir pourquoi,
Sans amour et sans haine,
Mon coeur a tant de peine!

– 문학 속의 삼각관계: 테니슨의 『이녹 아든』과 유진 오닐의 『지평선을 넘어서』를 통한 기다림과 사랑

영국 낭만주의 계관시인, 테니슨(Alfred Tennyson, 1809-1892)의 『이녹 아든』(Enoch Arden)이라는 아름다운 소설이 있다. 소설의 배경은 아름다운 바닷가 마을이었고, 뱃사람의 아들 이녹, 방앗간 집 아들 필립, 그리고 사랑스런 소녀 애니가 서로 사이좋게 놀았다. 그런데 소꿉놀이를 할 때면 이녹이 아빠를 하고 애니는 엄마가 되었고, 필립은 늘 아기나 개 역할을 하곤 했다. 이녹과 필립이 모두 애니를 좋아했지만, 필립은 입이 무거워 사랑을 표현하지 못했다.[34] 개암이 열리는 어느 날, 개암을 따러 간 장소에서 이녹과 애니는 사랑에 빠졌고, 뒤늦게 출발한 필립은 사랑을 향한 희생의 눈빛을 한 이녹과 그것을 바라보는 애니를 보고 충격을 받아 덤풀 숲에 자신의 몸을 숨긴다. 필립은 운명이 그와 그녀를 영원히 갈라놓았다고 느끼면서 어두운 시간을 보낸다. 이 장면을 테니슨은 다음과 같이 아름답게 서술한다.

필립이 숲의 굽어진 끝이 시작하는 곳에 접근했을 때 그는 자신 앞에 애니

34 화학에서 비중이 Fe 8, He_2O 1, Au(금) 21이고, 이것보다 무거운 것이 잠 올 때의 눈꺼풀이지만, 이것보다 더 무거운 것은 사랑하는 사람 앞에서의 입술의 무게이다. 미국의 비평가 매튜 아놀드(Mattew Arnold)는 사랑하는 사람 앞에서의 입술의 무게가 이 세상의 그 어떤 것보다도 무겁다고 했다.

와 이녹이 손에 손을 잡고 앉아 있는 것을 보았다. 이녹의 큰 회색 눈과 햇빛에 그을린 얼굴은 애니를 향한 고요하고 희생적인 사랑에 의해 빛나고 있었다. 그들을 보면서 필립은 그들의 눈과 얼굴에서 자신의 운명을 읽었다. 그들이 즐겁게 소리치고 웃는 가운데 그는 신음하면서 옆으로 미끄러져서 숲의 구멍으로 기어 들어갔고 거기서 자신을 숨기고서 어두운 시간을 가졌다. 필립은 그의 전 생애를 채우지 못할 마음속의 허기를 참아내었다.[35]

그리곤 얼마 지나지 않아 이녹과 애니는 결혼을 하고 행복한 가정을 꾸린다. 그러나 그 행복도 잠시, 중국 상선을 탈 기회를 얻은 이녹은 가족의 미래를 위해 그 기회를 붙잡는다. 애니는 불길하다며 결혼 후 처음으로 반대를 했지만, 이녹은 자신이 없는 동안 애니가 살아갈 수 있도록 가게를 마련해 주는 등 자신의 부재를 커버할 수 있도록 만반의 준비를 한다. 그리고 이녹이 떠날 때 애니는 막내의 머리채를 징표로 주고, 이녹은 한 달에 한 번 상선이 바닷가 마을 근처를 지나므로 손을 흔들어 얼굴을 보자고 약속한다. 그렇게 몇 번

---

35 원문은 다음과 같다:
When he approached where the prone edge of wood began,
he saw before him Annie and Enoch sitting hand in hand.
Enoch's large gray eyes and weather-beaten face were kindled
by a still and sacred fire of love toward Annie.
Looking at them, Philip read his doom in their eyes and face.
He groaned and slipped aside and crept down into the hollows of the wood
and there hiding himself from their eyes he had dark hour, while the rest were making
merry shouting and laughing. In his heart Philip bore a hunger that would not be satisfied
all his life.

이녹의 상선이 지나갔고, 애니는 손을 흔들었으나 너무 반갑고 그리워 눈물이 앞을 가려 제대로 그를 보지 못했다. 그러다 어느덧 이녹의 배가 오질 않고 그의 소식도 끊긴다. 애니의 살림은 위축되고 이녹이 마련해준 가게도 망하고 만다. 사람들은 이녹의 배가 파산되어 실종되었다고 하고, 애니는 불안감 속에서 그를 기다린다. 그러다 몸이 약했던 막내마저 죽고 만다.

애니가 실의에 빠져 있을 때 때마침 필립이 애니를 돕는다. 필립은 남들 모르게 돕다가 나중에는 아이들이 "필립 아빠, 필립 아빠"라고 부르는 사이가 된다. 또다시 개암이 열리는 어느 날 아이들이 서둘러 필립과 함께 개암을 따러 간다. 그 옛날 필립이 어두운 시간을 보냈던 그 장소에서 필립은 애니에게 고백을 한다. "나는 네가 알기 오래전부터 너를 사랑해 왔어"[36]라고 하면서 청혼을 한다. 애니는 조금만 기다려 달라고 하면서 답변을 미룬다. 그렇게 일 년, 또 일 년, 또 6개월이 흐르고, 이녹의 안부를 기도하다 잠든 애니의 꿈에 이녹이 이슬람에서 천국에만 있는 나무에 앉아 웃고 있는 것이 보이지 않는가! 애니는 그것이 기도의 응답이라 생각해 이녹이 죽었다고 확신하고 필립의 청혼을 수락한다. 그렇게 애니는 필립과 결혼하여 아이도 낳고 단란한 가정을 꾸리게 된다.

그러는 사이 이녹이 탄 배는 난파되어 두 명의 동료와 함께 무인도에 불시착한다. 그는 구조를 기다렸으나 두 동료가 병들어서 죽는

---

36 원문은 이러하다: I have loved you longer than you know.

바람에 그들을 돌보느라 떠날 수 없었다. 어렵게 구조되어 귀향한 이녹의 몰골은 그간의 고초와 십 년이란 세월 때문에 예전의 이녹이 아니었고, 아무도 그를 알아보지 못했다. 부둣가 여관집 주인은 그가 없던 세월 동안의 마을 소식을 이녹에게 말해주었고, 이녹은 애니가 필립과 결혼했다는 걸 알게 된다. 그러던 어느 날 해질 무렵 이녹이 그들의 집으로 발걸음을 옮긴다. 사립문을 열고 들어섰으나 차마 들어가지 못하고 마당 풀숲에 몸을 낮추고 그 옛날 필립처럼 이번엔 이녹이 몸을 숨긴다. 창문 너머로 화로가 타고 애니 옆에는 애니를 닮은 그의 딸이 서 있고, 필립의 옆에는 이녹을 닮은 그의 아들이 서 있으며, 애니와 필립은 행복하게 이야기를 나누는 가운데 필립의 무릎에는 두 사람 사이에서 난 아이가 안겨 있었다. 이녹은 다리가 후들거려서 기다시피 사립문을 나와서는 신께 기도했다. 이들의 행복을 깨뜨리지 않을 용기를 달라고.

그렇게 이녹은 부둣가 마을에서 지냈고, 그러다 여관집 주인 앞에서 임종을 맞는다. 그리고 자신이 이녹임을 밝히자 여주인은 깜짝 놀란다. 이녹은 그녀에게 세 가지 부탁을 전한다. 하나는 아이들에게 너희들을 사랑하지 않아서 나타나지 않은 게 아니며, 또 하나는 애니에게 자신은 지금도 그녀를 처음 만났을 때와 똑같은 마음으로 그녀를 사랑하고 있음을 전해 달라고 한다. 마지막으로 필립에게는 "네가 우리에게 선(善) 이외에 다른 뜻이 없었다는 걸 안다"[37]라고

37 원문은 다음과 같다:

전해 달라면서 임종한다. 그리고 그를 위해서 마을에서 가장 성대한 장례식이 치러진다.

또 다른 삼각관계로 유진 오닐(Eugene O'Neill, 1888-1953)의 『지평선 너머』(Beyond the Horizon)라는 작품이 있다. 이 작품에서도 형과 동생이 한 여인을 두고 삼각관계에 빠진다. 처음에는 이 여인이 형의 애인이었다가 나중에는 대학생이고 지적인 동생과 결혼한다. 그렇게 현실적인 여건 때문에 이 여인은 양다리를 걸치는데, 여성이 갖는 사랑의 현실적인 면을 보여준다. 이 작품은 유진 오닐에게 노벨 문학상을 안겨 주었다.[38]

이 두 작품, 즉 『이녹 아든』과 『지평선을 넘어서』에는 '삼각관계'가 작품의 중요한 모티브로 등장한다. 그리고 이러한 삼각관계 속에서 각 주인공의 '기다림'이 작품 내용을 형성하고, 결국 기다림이 그들의 사랑이라는 것을 알 수 있다. 그래서 기다림 속에 등장하는 사랑의 의미에 관해 이야기해보려 한다.

기다림은 심리적인 형태인데 두 가지로 구분될 수 있다. 기다림에는 이미 사실로 형성된 뒤에 헤어짐이 복구되기를 기다리는 것과 아직도 이루어지지 않은 어떤 사실을 기다리는 것이 있다. 따라서 복구를 기다리는 '이미 알고 있는 기다림'과, '아직도'라 생각하는 '미

Say also to Philip that I blessed him too,
that I knew well he never meant us anything but good.

38 이 작품은 여기서 길게 해설하지 않을 테니 각자가 찾아서 읽어보길 바란다.

정의 기다림'이 있다. 미정의 기다림이란 영원한 세계를 기다리는 것이다. 학문과 예술과 종교는 이런 미정의 기다림을 내포한다. 그런데 우리가 보통 경험하는 기다림은 이미 알고 있는 기다림이다. 그 기다림이 복구되어 만남으로 연결되기를 기다리는 것이다.

이 기다림은 만남이라는 상관개념을 갖는다. 기다림은 심리적인 형태이고, 그것이 외적으로 이루어지는 것은 만남을 통해서이다. 기다림이 두 가지라 만남도 두 가지다. 이미 알고 있는 기다림은 재회를 통해서 이루어진다. 미정의 기다림은 영원한 기다림이다. 미정의 기다림에서 만남은 동경의 세계를 가리키고, 이상향을 향한 우리의 희망을 말한다. 이것은 이루어지지 않는 영원한 기다림이다. 다시 말해 영원한 만남을 바라는 것이다. 마르틴 부버(Martin Buber)는 『나와 너』(Ich und Du)에서 진정한 만남은 나와 그것이 만나는 것이 아니라 나와 너가 만나는 것이라고 한다.[39] 이 정해지지 않은 미정의 기다림에서 만남은 이상과 동경의 세계, 내가 너를 영원히 기다리는 그런 만남을 지향한다. 진정한 만남은 거기에 있다는 것이다.

우리는 누구나 기다릴 줄 안다. 약속에 늦게 오는 사람도 기다려준다. 보통 이미 알고 있는 인간적인 기다림은 만남을 통해 복구되므로 우리는 누구나 좀 더 기다려야 한다. 반면 미정의 기다림, 미정의 기다림에서의 만남은 인간이 정신적인 존재이기 때문에 갖는 본질적인 특성이다. 즉 기다림이란 인간의 본질이다. 인간은 미정의

---

39 M. 부버, 『나와 너』, 표재명 역, 문예출판사, 1994 참조.

기다림과 이런 미정의 기다림의 만남을 갖고 있기 때문에 이상세계, 동경의 세계를 가지고 있는 것이고, 그럼으로써 학문과 예술과 종교를 논하게 된다. 이것을 사무엘 베케트(Samuel B. Beckette)는 『고도를 기다리며』(En Attendant Godot)에서 고도를 끊임없이 기다리고, 결국 고도는 오지 않는 것으로 표현했다. 이는 만남을 예상해서 기다리는 것이 아니라 영원한 기다림이며 미정의 만남이다. 이것이 인간의 속성이고, 이상향을 추구하는 인간에게는 언제나 이러한 미정의 기다림과 만남이 존재하는 것이다.

브라우닝 부부의 "나를 사랑하시려거든 사랑의 영원을 통해 사랑해 주세요."라는 말처럼 사랑의 영원도 미정의 기다림에서의 만남이며 영원한 사랑을 말하는 것이다. 그것도 미정의 기다림에서의 만남으로 사랑하기를 바란다는 것을 표현하고 있다. 이것을 '무대상의 그리움'이라고 할 수 있다. 특정한 대상이 정해지지 않았는데도 그것을 그리워하고 기다리고, 그 만남을 생각하는 것을 무대상의 그리움이라고 한다. 인간은 본래 무대상의 그리움을 가지고 있다. 특정 대상으로 정해져 있지 않은 그런 동경과 이상과 희망을 그리워하는 것이 인간의 본질이다. 미정의 기다림과 미정의 만남을 갖고 싶은 것은 인간의 속성이다. 착하게 살고 싶다, 멋진 연애를 하고 싶다, 순수한 사랑을 하고 싶다는 말도 무대상의 그리움을 표현한 것이다. 이는 특정 인간에 대한 감정이 아니라 무대상의 동경과 이상과 희망에 대한 그리움의 감정이다.

이처럼 동경의 대상을 상상 속에서 투사시킨 것이 무대상의 그리움이다. 어린 시절에 총각 선생님을 좋아하고, 누군가를 짝사랑하는 행동은 모두 동경의 대상을 상상 속에서 투사시킨 무대상의 그리움이 현실적으로 표현된 것이다. 지금 생각하면 그러한 상대는 단순한 월급쟁이에 불과한데 내가 짝사랑했던 그 사람이 미남이거나 천재나 위대한 인격자여서가 아니라 나의 동경이 투사되어, 나의 무대상의 그리움이 현실에 있는 그 사람을 통해 투사되어 그 선생님을 내가 짝사랑하고 좋아하는 것이다. 초등학교 5학년 때 반장을 좋아했던 것도 특정한 그 사람을 사랑한다기보다는 그 사람을 통해서 나의 동경을, 즉 공부 잘하고, 반장이고, 남보다 앞서는 나의 동경을 그 대상을 통해서 투사해서 사랑하는 것이다. 그런 외형적 요소가 나의 동경과 일치하기 때문에, 내가 갖는 동경, 무대상의 그리움을 그 사람에게 투사해서 짝사랑을 하는 것이다. 인간에게는 누구나 이런 동경의 세계가 있고, 그런 동경은 무대상의 그리움의 성격을 갖는다.

이것은 현실에 바탕을 둔 가상의 세계이다. 대상을 이상화한 자기최면의 현상이다. 가장 가까운 곳에서 이상화한 것이다. 그런데 남성의 사랑과 여성의 사랑은 그 성격이 다르다. 인간은 누구나 동경의 세계와 무대상의 그리움을 갖고 있고, 그것을 현실에 투사해 자기 최면상태에서 이상화하는 현상이 일어나는데, 이것이 남성과 여성에서 각기 다르게 나타난다. 남성은 투쟁의 대상을 무의식적으로 만드는 경향이 있는데, 그러한 대상을 만들고 거기로 돌진하는 돈키호테 같은 면이 있다. 즉 무대상의 그리움을 하나의 투쟁 대상으로 설정해서 그것을 향해 돌진하는 경향이 남성들에게 있다. 게다가 살아있는 구체적인 형태가 아니라 추상적인 형태로 투쟁의 대상을 만들어서 그 대상을 향해서 돌진하는 것이 남성의 동경, 남성의 무대상의 그리움의 형태인데, 이것은 '추상적 대상을 향한 그리움'이라고 말할 수 있다. 반면에 여성의 경우는 구체적인 대상을 그리워한다. 남성처럼 이상화된 추상적인 사람, 즉 내가 이겨야 하는 투쟁 대상을 향해 돌진하기보다는 내가 알고 있는 구체적인 대상을 그리워하는 현실적인 면을 갖는다. 즉 여성은 '구체적 대상을 향한 그리움'을 갖는다.

무대상의 그리움도 남성과 여성 사이에 이렇게 차이가 난다. 따라서 모든 남성이 돈키호테 콤플렉스를 갖는다면 여성은 신데렐라 콤플렉스를 갖는다고 할 수 있다. 남성이 추상적 대상이나 투쟁 대상에 대해서 그리움과 사랑을 갖는다면, 여성은 내가 아는 구체적인 그 사람에 대한 그리움과 사랑을 갖는다. 남성은 사랑이 투쟁과 정복의 형태이고, 그런 투쟁의 대상을 계속 동경한다. 그래서 남성은 구체적인 대상과 사랑으로 결합하고 나면 다시 투쟁의 대상을 찾아 나서는 경향이 있다. 반면 여성은 구체적인 대상과 결합하고 나면 그때부터 바로 그 사람에 대해서 기다리는 형태의 사랑을 갖게 된다. 이것이 여성과 남성의 그리움과 사랑의 차이이며 기다림의 차이이다.

그런데 인간의 궁극적인 기다림은 성애와 종교적 구원으로 귀결된다. 성애는 개체가 소멸됨으로써 보편적인 집단이 번창하고, 자기 자신이 파멸됨으로써 보편자인 집단이 소생하는 구조를 갖는다. 종교적 구원도 동일한 형태를 갖는다. 즉 내 자아가 죽어야 하느님이 내 삶 속에서 역사하고 살아날 수 있다. 성애와 종교적 구원은 그 특징이 '자기소멸'에 있다. 특이하게도 인간의 기다림은 궁극적으로 자기소멸에 있는 것처럼 보인다. 인간은 무대상의 그리움을 가지고 있고, 그것이 남성과 여성 사이에서 추상적 대상의 그리움과 구체적 대상의 그리움으로 그 양상이 달라진다. 이러한 무대상의 그리움은 궁극적으로는 자기소멸을 통해서 자기가 사는 것이 아니라 자기를 통해서 보편자가 살아나는 기다림이라고 볼 수 있다. 이렇게 문학을 통해서 기다림과 사랑의 문제를 정리해 보았다.

– 텍스트 강독 2: 조동일, 『문학사와 철학사 둘인가 하나인가』

앞서 언급한 박이문 교수는 철학자이고 조동일 교수는 문학가인데, 이 두 분이 문학과 철학의 관계에 대해 서로 다른 입장에서 바라본다. 조동일 교수는 문학 계통에서 그 연구가 철학적 식견에 육박하는 분으로 평가된다. 즉 그는 국문학의 역사를 정리하는 연구로 유명한데, 거기서 그치지 않고 문학의 영역에서 철학을 논하는 데 이르고 있다.[40] 지금까지 우리는 해석학과 신비평을 통해 영혼의 깊이로서 문학과 철학의 관계를 해석했는데, 이제 조동일 교수의 텍스트 강독을 통해서 문학과 철학의 관계를 생각해 보자.

---

40 조동일, 『한국문학통사』 1~5권, 지식산업사, 2005.

조동일『한국문학통사』1~5

조동일『철학사와 문학사 둘인가 하나인가』

서술방식은 박이문 교수의 책을 다룰 때와 마찬가지로 텍스트 내용을 인용하면서 그것을 풀이하는 방식이다. 그것이 텍스트 내용을 정확히 이해하는 데 도움을 줄 거라고 보기 때문이다.

문학과 철학의 기본관계에 관한 서론

영역끼리의 관계

11쪽 철학과 문학의 기본관계에 관한 서론, 영역끼리의 관계, 문학과 철학의 관계를 한 마디로 규정하면 "철학은 쉬운 말을 어렵게 하지만 문학은 어려운 말을 쉽게 한다. … 문학이 형상화된 체험이라면 철학은 개념화된 논리이다." 철학은 쉬운 말을 어렵게 하고 문학은 어려운 말을 쉽게 한다는 표현, 웃음이 난다. 처음에는 이렇게 쉽게 글을 풀어가야 한다. 철학 전공자들은 글을 너무 어렵고 현학적으로 쓰는 경향이 있는데, 이러한 문학적 글쓰기를 배워야 하지 않을까 한다. 그다음으로 "문학이 형상화된 체험이라면 철학은 개념화된 논리이다."라고 규정한다. 이것이 문학과 철학의 관계에 대한 첫 번째 규정이다. 문학은 형상화한다. 이미지화, 즉 이런 캐릭터나 저런 줄거리로 우리의 내적 체험을 구체적인 것으로 형상화한다. 철학은 그렇지 않다. 철학은 추상적인 개념의 논리적 구성이다. 그런 점에서 문학과 철학은 다르다. 철학은 개념적인 작업, 즉 개념의 논리적 작업이다. 문학은 개념과 논리의 수준이 아니다. 그것은 눈에 보이게, 즉 어떤 체험을 형상화한다. 이것이 문학과 철학의 차이점이다.

12쪽 "문학과 철학은 상반되므로 화합하고, 화합하므로 상반되는 관계에 있다." 앞으로 이 명제가 계속 논의를 풀어가는 실마리이다. 문학과 철학은 상반된다. 그러나 반대되지만 합치되는 면이 있다는 것이다. 즉 둘은 합쳐졌다가, 또 그렇게 화합하다가도 상반되는 그런 관계이다. 역사적으로 문학과 철학이 처음에는 합쳐져 있다가 차이가 나니까 서로 독자성을 주장하면서 분리된다. 분리되었다가도 원래 처음에 같이 시작했기 때문에, 합쳐져 있었기 때문에 합쳐진다. 역사적으로 볼 때 문학과 철학이 그렇다는 사실을 위의 문장으로 나타냈다. 분리된다는 것, 합치된다는 것을 나중에는 분(分), 합(合)이라는 개념을 사용해서 표현한다.

"형상화된 체험은 개념화된 논리를 배격해 무력하게 만들려고 하고, 개념화된 논리는 형상화된 체험을 굴복시켜 지배하려고 한다. … 다른 한편에서는, 형상화된 체험은 개념화된 논리를 지니지 않으면 공허하고, 개념화된 논리는 형상화된 체험을 갖추지 않으면 경색된다. 그래서 문학과 철학은 서로를 필요로 하며 하나가 되고자 한다." 문학은 철학이 없으면 공허하고, 철학은 문학이 없으면 경색되므로 서로서로 필요로 한다. 이것이 문학과 철학의 관계에 대한 두 번째 규정이다. 가령 프랑스 철학은 매우 문학적인 성격이 짙다. 즉 철학적인 글도 단순히 추상적이지 않고 문학적인 향취를 갖는 경향이 있다. 반면에 문학이 철학적 심도나 알맹이 없이 그냥 재미있는 이야기라면 읽고 나서 하나도 남는 게 없을 수 있다. 그러나 명작은 재미있는 이야기의 이면에 철학적 깊이나 종교적 깊이가 있다.

13쪽 "문학과 철학 사이의 두 가지 관계는 시대에 따라서 변해왔다는 사실을 주목해야 한다." "지금은 문학과 철학 사이의 상반이 극도에 이르렀다. 그래서 둘 다 망하게 되어 있으므로 다시 화합하지 않을 수 없는 전환점에 놓여 있다. 물질이 정신을, 기술이 학문을, 자연 학문이 인문·사회 학문을, 사회학문이 인문 학문을 일방적으로 압도해 세계사의 위기가 조성된 지금의 시기에, 문학과 철학은 근시안적인 경쟁과 소모적인 내분으로 세월을 헛되이 보내지 말아야 한다. 학문의 바른길을 열어 역사 창조의 방향 전환을 선도하는 과업을 철학과 문학이 협력해서 수행해야 한다." 오늘날에는 문학과 철학이 상반되어 극단적으로 대립한다. 하지만 너무 경쟁만 해서는 안 되고 서로 협력하여 화합해야 할 시점이라는 것이다.

"문학을 배제한 엄밀한 철학, 철학과의 얽힘에서 벗어난 순수한 문학을 하겠다고 하는 것은 망상이다. 자기 영역을 다른 것들과 애써 구획해 고유하고 배타적인 특징을 명시하는 데 힘써온 근대인의 작업은 이제 반성과 청산의 대상이 되지 않을 수 없다. … 근대인의 편향된 사고방식 …" 근대에 와서 학문영역 간의 구분이 명확해졌다. 이에 따라 문학과 철학의 영역 사이의 구분도 명확해졌다. 하지만 오늘날에는 이 구분이 무너지고 있다. 그것은 근대의 성과이지 원래는 문학이 철학을 배제하고, 철학이 문학을 배제할 수 없기 때문이다. 그래서 이를 "근대인의 편향된 사고방식"이라고 쓴 것이다.

14쪽 "분(分)에 치우친 근대학문을 넘어서서 합(合)을 다시 이룩하는, 다음 시대의 새로운 학문을 시작하는 것이 이제부터의 과제이다. 미래를 새롭게 창조하기 위해서 과거를 재검토해야 한다. 근대학문이 폄하하고 왜곡한 중세를 재인식하고, 고대까지도 되돌아봐야 한다." 근대는 분(分)의 시대이고, 오늘날에는 합(合)의 시대로 가고 있다. 이러한 역사적인 상황을 생각하면서 문학과 철학의 관계를 고려해야 한다는 것이다.[41]

얽힘과 나누어짐

문학과 철학의 관계에 대해 지금까지 조동일 교수가 이야기한 내용을 정리하면 다음과 같다. 첫째, 문학이 형상화된 체험이라면 철학은 개념화된 논리이다. 둘째, 문학은 철학이 없으면 공허하고, 철학은 문학이 없으면 경색된다. 그리고 역사적으로 문학과 철학은 상

41 조동일 교수의 글은 박이문 교수의 글에 비해 쉽다. 글은 일단 쉬워야 하고, 그다음으로 내용이 중요하다고 본다. 철학은 대개 어렵지 않게 써도 되는 것을 너무 어렵게 쓰는 경향이 있다. 이 두 분의 글쓰기를 보면서 자신을 돌아볼 수 있어야 한다.

반되면서도 합쳐진다. 즉 분(分)하면서도 합(合)하는 성격을 갖는데, 이를 고려하여 문학과 철학의 관계를 생각해야 한다는 주장이다.

좀 더 구체적으로 이야기해 보자. 14쪽 "문학과 철학은 사람 사이에 견주어 말하면 동업자인가, 형제인가, 부부인가? 이 가운데 어느 것이 정답인가?" "연구작업에서는 문학과 철학이 동업자의 관계라고 하는 것이 적절한 대답이다. 문학과 철학이 동업자이면, 서로 도움을 주어야 한다." 이는 쉬운 비유를 들어서 문학과 철학이 비슷하면서도 어떻게 차이 나는지를 보여준다. 연구의 측면에서 문학과 철학은 동업자라는 것이다. "문학은 연구·비평·창작을 바로 연결시키면서 … 철학은 이치를 엄정하게 따져 … 문학 연구란 문학에서 철학을 찾는 작업이고, 철학 연구란 철학에서 문학을 찾는 작업이어야 한다." 문학을 연구할 때는 철학을 찾는 작업이고, 철학을 연구할 때는 문학을 찾는 작업이라 할 수 있다. 그렇다면 이것은 구체적으로 어떤 작업이라는 것인가?

15쪽 "형상화된 체험인 문학이 주는 구체적인 감동을 그 자체로 받아들이기만 하면 문학을 연구한다고 할 수 없다. … 문학작품이나 문학 행위가 지니는 의미나 의의를 찾아내 논리화된 개념으로 진술해야 문학 연구가 이루어진다." 문학 연구는 그냥 감동하고 내버리는 것이 아니라 그것을 논리적으로 진술해야 한다. 여기서 논리적으로 진술하려면 철학이 필요하다. 문학을 읽고 감상하고 감동하며 치워버리면 그것은 연구가 아니다. 문학 연구란 감상하고 감동한 것의 의미를 논리적으로 개념화해야 하므로 바로 철학을 찾는 작업이 된다. 따라서 문학 연구란 문학적 감동의 의미를 철학적으로 진술하는 행위이다.

반면에 "철학 저술에 나타나 있는 논리화된 개념을 그냥 읽고 받아들이는 것이 철학 연구일 수도 없다. … 철학 저술에 내포되어 있는 구체적인 체험을 찾아내는 것이 철학 연구에서 우선 할 일이다." 그냥 읽고 받아들이는 것이 철학 연구가 아니라 논리적인 표현 속에 그 표현을 가능하게 하는 본질적인 체험을 찾아내는 것이 철학 연구이다. "개별적인 사실에 매여 있는 구체성을 최대한 집약한 보편적인 의미를 난해할 수밖에 없는 논리의 구조물로 구현한 것을 납득할 수 있게 해야 한다. 그런 사실을 명확히 해야 절실한 내용을 갖춘 철학 연구가 이루어진다." 전혀 구체성이 없는 보편적인 의미를 갖는 저술이 철학 저술이다. 보편적이고 추상적이며 논리적으로 구성된 구조물을 이해시키려면 그런 논리를 가능하게 하는 체험을 찾아야 한다. 그런 체험을 찾는 과정이 곧 문학을 찾는 작업이 된다. 따라서 철학 연구도 개념적이고 논리적인 철학 구조물을 이해하게 하는 체험을 찾는 작업, 즉 문학을 찾는 작업이라 할 수 있다.

요컨대 문학 연구는 철학을 찾아야 문학 속에 담겨 있는 감동을 논리적으로 풀어낼 수 있고, 철학 연구는 논리적 구조물을 가능하게 하는 기본 아이디어가 되는 체험을 찾아야 그 의미가 밝혀지기 때문에 문학과 철학 연구에서 양쪽은 모두 상대편을 찾는 동업자의 관계라고 할 수 있다.

"역사적 유래를 따져보면 문학과 철학은 형제라고 할 수 있다."

16쪽 "철학과 문학 두 형제를 낳은 부모는 말하기와 글쓰기라고 할 수 있다. 말하기가 어머니라면 글쓰기는 아버지이다." 문학과 철학은 말하기와 글쓰기라는 부모에게 나왔기 때문에 형제이다. "말하고 글쓰는 일을 그 내용이나 성격에 따라 나누지 않고 한꺼번에 해오다가, 고대에 철학 쪽과 문학 쪽이 상대적으로 나누어지기 시작했다. 중세 전기에 둘 사이의 거리가 좀 더 벌어지고, 중세 후기에 이르면 철학은 체계를 뚜렷하게 갖추어 문학과 갈라졌다." 문학과 철학 연구는 처음에는 같이 하다가 나누어지기 시작했다. 중세 전기에는 거리가 벌어지고, 중세 후기에는 철학이 체계를 갖추어 문학으로부터 갈라졌다.

"그렇게 하는 동안에 철학은 아버지 쪽에서 글쓰기의 형질을 물려받는 데 치우치고, 글을 말에서 분리시켰다. … 그렇지만 철학에서도 글쓰기가 말하기를 일방적으로 압도한 것은 아니다. 철학자는 수강생을 모아놓고 강학을 일삼으며 살아왔다." 철학은 글쓰기에 강하다. 그러나 철학도 강학을 하기 때문에 말하기도 중요하므로 글쓰기만 압도적인 것은 아니다. 물론 철학은 글쓰기 중심이다. "그러나 철학에서는 생각을 글로 다듬어내 말의 흔적을 남기지 않는 점이, 말을 전면에 내세우는 문학의 경우와 달랐다." 철학은 사유이다. 사유이기 때문에 글이 강하고, 문학은 사유가 아니라 상상력과 체험이다. 그래서 문학은 그 체험을 그대로 말로 표현하려는 성격이 강하다.

17쪽에는 역사적으로 문학과 철학이 어떻게 합쳐졌다가 분리되었는지에 대해 나온다. "문학과 철학의 상반된 관계가 언제나 같은 양상으로 지속된 것은 아니다. 중세 후기에 이르러서 공동문어를 사용하는 논설을 확립하고, 문학에서는 민족구어로 창작하는 작품이 늘어나자, 철학과 문학 사이에 존재하는 외형의 이질성이 내질의 동질성을 압도했다. 그래서 둘 사이의 合의 시대가 가고 分의 시대가 왔다. … 그 점에 관해 자세히 살피는 것이 이 책에서 감당하고자 하는 긴요한 과제이다." 처음에는 문학과 철학이 합해져 있었는데, 이미 중세 후기에 들어서면 점차 분리되기 시작한다. 조동일 교수는 이 책에서 이러한 合과 分으로 나누어지는 문학과 철학의 관계를 밝히려고 한다. "중세 후기에 철학과 문학이 그렇게 나누어지면서 그 둘의 관계가 分으로 귀결된 것은 아니다." 그때 나누어졌다고 완전히 分이 된 것은 아니다. 철학이 문학에 대해 독립성을 갖고, 문학이 철학에 대해 독립성을 가지려고 分으로 됐지만, 그것들은 원래 형제이기 때문에 分으로 됐더라도 合해질 가능성이 남아 있다는 것이다.

18쪽 "체계화된 철학의 추상적인 논리에 대한 반성과 불신이 일어나 그 권위가 추락하고 해체작업이 진행되는 한편, 철학의 문제를 문학창작을 통해서 자유롭게 다루는 풍조가 나타나고 있다. … 어떻게 해야 할 것인가 하는 물음에 대한 대답을 스스로 마련해야 한다. 그렇게 하기 위해 이 책을 쓴다." 오늘날에는 分이 돼 있으면서도 철학이 가진 논리에 대한 불신이 생기고, 문학이 철학을 창작의 소재로 사용하는 분위기가 있다는 것이다. 19쪽 "지금까지 편 논의를 구체화하려면 철학에서 사용한 글쓰기 방법을 고찰하는 데 힘써야 한다. 철학이 줄곧 철학 특유의 논설을 사용해서 논리적인 진술을 해온 것은 아니다. … 글쓰기의 내력을 살피는 작업은 문학사 연구에서 먼저 진척되었으나, 문학사와 철학사를 합쳐 하나로 만들 수 있는 공동의 영역이다. … 그 작업을 체계적인 범위에서 시도하는 것이 여기서 하고자 하는 일이다." 문학과 철학이 어떻게 分과 合을 왔다 갔다 하면서 변화되었는가, 그리고 오늘날에 分이 되면서도 合이 이루어지고 있는 이런 분위기는 어떻게 진행되었는가를 밝히려는 것이 이 책의 의도라고 설명한다.

19쪽 "철학과 문학은 왜 합쳐졌다가 나누어지고 나누어졌다가 합쳐지는가 하는 의문은, 合과 分은 한쪽이 지나치면 다른 쪽으로 넘어가게 마련이라는 이치를 들어 원칙론의 차원에서 해결할 수 있다." 철학과 문학은 처음에 합쳐졌다가 나중에 分이 되고, 分이 되었다가도 合이 되고, 合이 됐다가도 分이 되는 측면이 있다. 그 이유는 한쪽이 지나치면 다른 쪽으로 넘어가기 때문이다. "分의 시대는 중세이고, 근대이다. 合의 시대는 중세에서 근대로의 이행기였다. 그렇다면 分에서 合으로 나아가고 있는 지금은 어느 시대인가? 지금은 근대에서 다음 시대로 나아가는 이행기여서 合이 나타난다는 것이 적절한 해답이다." 중세에서 근대로 갈 때도 合이 나타나고, 근대에서 현대로 갈 때도 合이 나타난다. 중세나 근대 자체는 分이다. "이념이 확립되어 있는 안정기에는 이념의 구현체인 철학이 문학을 멀리하고, 기존의 이념을 불신하고 새로운 이념을 찾아 나서는 이행기에는 철학의 반역을 문학을 통해서 일으켜야 하기 때문에 合이 나타난다고 하면 그동안의 경과를 총괄해서 설명하는 이론을 마련할 수 있다.” 이념이 확립될 때는 分이 되고, 이념이 흐릿해져서 새로운 이념을 찾아가는 이행기에는 合이 나타난다는 것이다.

“그러나 分으로 갔다가 合으로 갔다가 순서대로 순환한다고 하는 것은 사태의 일면, 그 표면에 대한 인식이다. 分의 시대에도 合이 있고, 合의 시대에도 分이 있어, 표면과는 다른 이면의 작업을 진행했다는 것이 더욱 심층적인 이해이다.” 겉으로 보면 중세와 근대는 分이고, 중세에서 근대로 갈 때와 근대에서 현대로 갈 때는 合이다. 그것은 표면적인 시각이고, 分의 시대에도 合이 있고, 合의 시대에도 分이 있다는 것이 심층적인 이해라는 것이다.

20쪽 “창조 활동에서는 문학과 철학이 부부관계이다. 문학은 철학을 자기 것으로 하고, 철학은 문학을 자기 것으로 해야 가치 있는 창조물을 풍성하게 산출할 수 있다. … 문학창작과 철학창작, 철학창작과 문학창작을 합쳐서 하나로 하는 것을 목표로 삼아야 한다.” 철학과 문학이 서로를 자기 것으로 해야 가치 있는 창조물이 나온다는 것이다. 결론적으로 “둘이 함께 작용해서 창조를 이룩하기 위해서는 合分論에서 生克論으로 나아가야 한다.” 창조가 잘 되기 위해서는 合分論에서 生克論으로 나아가야 한다는 것이다. “合에서는 生이, 分에서는 克이 이루어지므로 合分論이 生克論일 것 같으나 그렇지 않다.” 合에서는 生이 나오고 分에서는 克이 이루어지기 때문에 合分論이 生克論일 것 같으나 그렇지 않다. 合分은 겉으로 드러나는 현상이고, 生克은 안에서 진행되는 현상이다. 문학과 철학이 合分하는 것은 겉에서 보는 현상이고, 사실 合에서도 分이 있고, 分에서 合

이 있기 때문에 내면적으로는 生克論이다. 合일 때도 서로를 克하려 하고, 分일 때도 서로를 生하려 하므로 合分論은 生克論으로 나아가야 문학과 철학의 본질을 제대로 보는 것이 된다는 것이다.

21쪽 "分의 시대에는 철학이 상위에 있다고 자부하고 문학은 하위에 있다고 자기를 비하해서, 철학은 문학을 경쟁자로 삼지 않지만, 문학은 철학을 이기기 위해서 극의 창조를 힘써야 한다." 分의 시대에는 내부적으로는 문학이 철학을 克하려 한다. "그렇게 해서 촉발되는 克의 창조는 상대방을 자기 것으로 해야 뜻하는 바를 이루기 때문에 生의 창조가 되어야 한다." 克은 반드시 타자를 生한다는 것이다. "열세가 우세에게 이기는 과정을 거쳐 양쪽이 하나가 되어 克의 창조가 生의 창조가 된다." 서로 克하려다 보면 상대편을 生하게 만들게 되는 것이다. "克의 창조가 아닌 生의 창조가 없고, 生의 창조가 아닌 克의 창조도 없다." 둘이 같이 간다. 克을 하게 되면 生하게 되고, 生을 하게 되면 또다시 克하게 된다. "生과 克은 둘이면서 하나이고, … 그런 내밀한 작용이 경우에 따라서 어느 한쪽으로 치우친 것처럼 보여 合의 시대가 있고, 分의 시대가 있다고 하게 된다." 한쪽으로 치우쳐 合이 된 것처럼 보이고, 또 한쪽으로 치우쳐 分이 된 것처럼 보이는 것이다.

"合과 分의 관계는 겉으로 나타나 있으므로 파악하기 쉽다. 生과 克의 관계는 내밀하게 전개되어, … 과거에서 현재까지의 경과를 合分論에 의해서 서술한 성과를 토대로 미래를 창조하기 위한 작업을 해야 生克論으로 나아갈 수 있다." 표면적인 것은 合分論인데, 그 속에서 이루어지는 生과 克의 관계를 봐야 문학과 철학의 미래 관계를 어떻게 설정할 수 있는지 알 수 있다는 것이다.

다음은 앞으로의 논의를 예고하는 부분이다. 22쪽 "문학사 연구를 통해 얻은 성과를 이용해서 철학사를 새롭게 해명한다. 철학과 문학이 어떻게 생겨나 분화되고, … 대표적인 예증을 들어 구체적으로 고찰한다. 문학의 철학적 측면에 관한 철학적 연구, 철학의 문학적 측면에 관한 문학적 연구를 서로 관련시켜 진행한다. 철학사와 문학사는 둘이 아니고, … 그 둘을 하나로 합쳐서 고찰한다." "원시에서 고대까지, 중세 전기, 중세 후기, 중세에서 근대로의 이행기의 경우를 각기 고찰하면서, 중세 후기의 철학에 대한 시인의 대응을 다루는 데 특히 많은 비중을 두었다. 근대에 관해서는 별도로 고찰하지 않고, 근대를 넘어서는 철학과 문학의 새로운 관계를 밝히는 것을 마지막의 과제로 삼았다."

이처럼 조동일 교수에 따르면 문학과 철학은 다음과 같은 관계에 있다. 1) 문학은 형상화된 체험이고, 철학은 개념화된 논리이다. 2) 철학 없는 문학은 공허하고, 문학 없는 철학은 경색된다. 3) 문학과 철학은 역사적으로 分과 合을 왔다 갔다 하지만, 分 속에서도 合이 있고, 合 속에서도 分이 있음을 이해하는 것이 양자에 대한 심층적 이해이다. 4) 문학과 철학은 역사적으로 合分論이지만 내면적으로는 生克論이다. 즉 克은 반드시 상대편을 生하는데, 克 없는 生이 없고, 生 없는 克은 없다. 그 이유는 내면적으로는 合 속에서도 서로를 克하고, 分 속에서도 서로를 生하기 때문이다.

소설과 철학

시가 사유의 근원으로서 시적 포에지를 통해 깊이를 함의하고 있다면 소설은 서사, 즉 이야기로서 픽션을 통해 깊이를 드러낸다. 소설이 픽션으로 만들어내는 이야기는 허구이지만 그것은 진실을 담은 실재이고, 그러한 진실한 실재에 다가가면 갈수록 소설은 깊이를 드러내게 된다. 이렇게 깊이를 드러내는 소설 가운데 대표적인 작품들을 중심으로 서술하되, 특기할 만한 점은 아울러 언급할 것이다.

근대 소설의 기원은 세르반테스(Miguel de Cervantes, 1547-1616)의 『돈키호테』(Don Quixote)이다. 이 작품이 문체를 문제 삼은 최초의 근대 소설이기 때문이다.[42] 즉 근대 르네상스에 이르러서야 민족과 민족어에 대한 각성이 일어나고, 그로 인해 기독교로 통일돼 있던 중세 유럽에서 민족을 중심으로 한 근대국가가 탄생하는데, 이때 국가개념에 대한 논의에 불을 지핀 것이 사회계약론이라면 여러 민족어에 대한 각성으로 중세를 타파하고 고대 그리스나 로마의 인문주의적 이상을 노래하는 문학작품이 탄생했다. 이렇게 세르반테스의 『돈키호테』는 민족어로 르네상스적 이상을 담아낸 최초의 소설이기에 근대 소설의 기원이라는 칭호를 붙일 수 있다.

오르테가 이 가세트(José Ortega y Gasette, 1883-1955)에 따르면 이 소설은 스페인 민족이 배워야 하는 이른바 '돈키호테주의'를 표방

---

42 호세 오르테가 이 가세트, 『돈키호테 성찰』, 신정환 역, 을유문화사, 2017, 353쪽 참조.

하고 있다. 돈키호테주의란 고독한 그리스도의 슬픈 패러디로서 근대적 영웅의 모습을 묘사하고 있다는 의미이다.[43] 즉 고대 서사시에 등장하는 영웅은 비극적 운명을 초극하는 고결한 자인 데 반해 근대적 영웅은 피상적인 일상의 속물성 속에서 이상을 찾고 미래를 향해 투쟁함으로써 자신을 찾는 자이다.[44] 다시 말해서 오이디푸스 왕이 자신의 비극적 운명 때문에 파멸되는 고결한 자라면 돈키호테는 산초와 같은 피상적인 일상적 속물성 속에서도 이상을 향해 투쟁해 나아감으로써 자신을 찾는 자이다. 물론 그것이 풍차를 향해 돌격하거나 마에세 페드로의 인형들과 싸우는 식으로 우스꽝스럽고 비극적인 삶이지만, 그렇기 때문에 돈키호테는 더 고독하고 더 정열에 불타는, 정열의 고독자 혹은 불타는 고독자라는 것이다. 따라서 돈키호테는 예수 그리스도처럼 고독하고 슬픈 그러한 근대적 영웅이라고 가세트는 말한다.

돈키호테의 이러한 고독한 그리스도의 모습은 산초와 비교하면 더욱 두드러진다. 돈키호테가 라만차 언덕에서 로시난테를 타고 둘시네아를 흠모하면서 미쳐서 풍차를 향해 돌진할 때 산초는 그렇게 광기에 사로잡힌 인간의 시종으로 등장하여 타인의 불행을 이용하여 자신의 이득을 챙기는 일반인의 모습을 보인다. 즉 그는 돈키호테 앞에서는 yes man이지만 돈키호테 뒤에서는 그를 속이고 이용하

43 호세 오르테가 이 가세트, 『돈키호테 성찰』, 신정환 역, 37쪽, 353-354쪽 참조.

44 호세 오르테가 이 가세트, 『돈키호테 성찰』, 신정환 역, 137쪽, 353-354쪽 참조.

는, 힘 앞에 굴복하면서도 바로 위에 있는 상사에게 덤비는 현실의 보통 인간의 표상을 보여준다. 현실에서 약삭빠르게 융통성 있게 살아가는 것 같지만 산초는 결국 순수성을 잃고 타락하는 "인간의 죄성과 타락의 모습"이다. 이에 반해 돈키호테는 Saudade에 사는 사람, 즉 대상 없는 그리움을 향해 영원히 나아가는 정열의 고독자, 불타는 고독자이다. 그는 미친놈이 아니라 세속에 물들어 타락하지 않고 순수한 이상을 향해 나아가는 "인간의 양심과 구원의 모습"인 것이다. 이런 점에서『돈키호테』는 진정한 인간을 그린 최초의, 최고의 소설이라 할 수 있다.

이렇게 돈키호테가 광기로부터 이상을 통해 평정으로 나아가는 인간 구원의 모습이라면 산초는 평정에서 타락해서 광기로 떨어지는 인간의 죄성의 모습을 보여준다. 이에 현실의 타협을 거부하고 고독하게 자신의 이상을 추구하는 돈키호테야말로 고독한 그리스도의 슬픈 패러디이며 영성의 땅 스페인에서 부활시켜야 할 영웅이라고 오르테가 이 가세트는 말한다.[45] 나아가 돈키호테는 스페인 사람이 삼삼오오 모일 때 강림할 뿐만 아니라 자기 자신이 되고자 하는 자, 자기 내면에 영웅을 가지고 있는 모든 인간이 있는 거기에 있다는 것이다.[46] 이에 오르테가는 돈키호테에게서 그리스도의 희망을 보았듯이 우리 모두는 현실에 안주하지 말고 설령 비극일지언정 자

---

45 호세 오르테가 이 가세트,『돈키호테 성찰』, 신정환 역, 105쪽 참조.

46 호세 오르테가 이 가세트,『돈키호테 성찰』, 신정환 역, 37쪽 참조.

신의 이상을 좇는 돈키호테의 희망으로 나아가야 한다고 말한다.

이런 점에서 세르반테스가 제시한 돈키호테는, 모든 인간에게 보편적으로 내재된 실존에의 길, 즉 현실의 타협이 아니라 이상을 통한 자기 찾기의 가능성을 의미한다. 이는 비본래성이 아니라 본래성으로 자신을 던짐으로써 진정한 자아를 찾고자 하는 실존의 기투(Entwurf)라고 할 수 있다. 즉 세르반테스의 돈키호테를 통해서 드러난 고독한 영웅 혹은 고독한 그리스도는 바로 인간의 실존적 투쟁의 모습에 다름 아니고, 그로써 깊이의 세계를 노정한다고 할 수 있다. 다시 말해서 세르반테스가 그려낸 돈키호테는 인간의 보편적인 실존의 모습을 보여줌으로써 그러한 방식으로 깊이를 드러낸다. 따라서 깊이는 세르반테스의 돈키호테를 통해서 인간의 실존적 투쟁의 보편적 지평으로서 제시되고 있다.

한편 동양 문학의 백미는 단연 소설 『삼국지』이다. 『삼국지』는 천여 명의 캐릭터가 서로 충돌하지 않고 등장하는 방대한 서사를 가진, 서양 문학이 흉내 낼 수 없는 동양적 문화 파워의 위용을 보여준다. 이런 의미에서 『삼국지』는 인류가 영원히 연구해야 할 고전이자 21세기의 미래 텍스트이다.

잘 알려져 있다시피 『삼국지』는 원래 진수(陳壽, 233-297)가 쓴 역사서로서 우리에게는 『위서』(魏書) 「동이전」(東夷伝)을 통해 고구려, 부여, 옥저, 동예 등 한국의 고대사를 엿볼 수 있는 귀중한 문헌이다. 위·촉·오의 삼국이 천하의 패권을 두고 벌이는 흥미진진한 이야기가 야담(野談)으로, 전문 이야기꾼의 화본(話本)으로 전승되다가 원대(元

代)에 소설로 정착하여 많은 희곡이 공연되었다.[47] 이를 바탕으로 14세기 원명 교체기에 나관중(羅貫中, 1330?-1400)이 진수의 『삼국지』와 사마광의 『자치통감』를 통해 역사적인 부분을 바로잡아 재구성한 것이 『삼국지연의』, 즉 소설 『삼국지』이다.[48] 즉 나관중의 소설 『삼국지』는 후한(後漢) 말에서 위·촉·오의 삼국이 진(晉)으로 통일되기까지의 역사적 사실에 유비(劉備), 관우(關羽), 장비(張飛)와 제갈량(諸葛亮)이라는 픽션이 가미되어 중국인들 사이에서 오랫동안 애독되었다.[49]

이러한 『삼국지』의 이야기는 잘 알려진 것처럼 유비 현덕(玄德), 관운장(雲長), 장비 익덕(益德)이 "도원결의"(桃園結義)를 맺으면서 시작된다. 때는 후한 말 황건적의 난으로 나라가 몰락해 갈 때였다. 한 황실의 후예였지만 부친을 일찍 여의고 모친을 모시고 미투리를 짜고 자리를 치는 것으로 가난하게 살아가던 유비는, 어느 날 마을에 나붙은 방문(榜文)을 보게 된다. 그것은 조정에서 황건적을 토벌할 의병을 모집한다는 내용이었는데, 거기서 누군가 유비를 부른다. 부르는 사람은 장비였는데, 장비는 차고 있던 보검을 건네며 자신이 수년 전 유비를 구해 준 장본인임을 밝히고 지금의 난세(亂世)를 타개할 대사를 도모하자고 제안한다. 그 자신도 군사를 모아 황건적 토벌을 시도했으나 실패하여 도적이 더 창궐하게 되었다면서 치국안민(治

47 네이버 두산백과(검색항목: 삼국지연의).

48 네이버 두산백과(검색항목: 삼국지연의, 도원결의).

49 네이버 두산백과(검색항목: 삼국지연의, 도원결의).

國安民)의 보검을 자신과 같이 미천한 고기 장수가 지녀야 겠냐고 하자 유비가 감복한다. 이에 장비는 관우를 찾아가 한 황실의 후손인 유비에 대해 이야기하고, 둘은 다음날 유비의 집을 방문하여 인사하고, 반도하(蟠桃河) 마을 도원(桃園)에서 제를 지내기로 한다. 즉 천하를 편안케 할 대사를 도모하기 위해 의형제를 맺기로 한 것이다. 그리고 세 사람이 제단 앞으로 나아가 천지신명께 맹세하는데, 그 결의문은 이러하다.[50]

> 유비, 관우, 장비 세 사람이 성은 각각 다르나 이제 의리로써 형제를 맺음에 있어 서로 마음을 합해서 위로 나라를 돕고 아래로 백성을 편안케 하려하니, 이에 바라옵기는 동년 동월 동일에 살기를 원하지 않고 오직 세 사람이 동년 동월 동일에 똑같이 죽기를 원하오니, 천지신명은 이 마음을 굽어살피사 만일 이에 배반하는 자가 있으면 하늘과 사람이 똑같이 벌주소서.[51]

이것이 도원결의를 담은 그 유명한 문장이다. 이는 맹세의 전형으로서 맹세하는 사람들 사이에서 오늘날까지 회자되고 있다.

그리고 『삼국지』는 수십여 개의 전투로 이루어져 있다고 해도 과언이 아닌데, 그 가운데 백미는 단연 "적벽대전"(赤壁大戰)이다. 적벽

50 나관중, 『대 삼국지1』, 방기환 역, 도서출판 청화, 1994, 65-97쪽 참조.

51 나관중, 『대 삼국지1』, 방기환 역, 95-96쪽 참조.

대전은 관도대전(官渡大戰)과 이릉대전(夷陵大戰)과 함께 삼국시대의 흐름을 결정짓는 중요한 전투이다. 즉 관도대전이 조조(曹操)가 원소(袁超)를 물리치고 당대 최대 세력으로서 등극하는 전투라면 적벽대전은 유비가 손권(孫權)과 손잡고 조조의 대군을 대파하는 전투이고, 이릉대전은 적벽대전 이후 형주 지배를 둘러싸고 손권의 손에 관우가 죽자 유비와 장비가 손권을 쳤지만 결국 세 의형제의 죽음으로 끝나 제갈량에게 후사를 맡기는 계기가 되는 전투이다.

그 유명한 적벽대전의 이야기는 이러하다. 위나라 조조는 형주를 차지하기 위해 80만 대군을 거느리고 장강(양쯔강)을 타고 남하했는데, 장강 적벽에서 오나라 손권과 촉나라 유비의 연합군과 마주친다. 전쟁 초반에 북서풍이 불었고, 이는 순풍인지라 황개(黃蓋)의 제안에 따라 — 그는 오나라 첩자였다 — 배를 묶어 순조롭게 순항하도록 하였다. 그런데 제갈량이 바람의 방향을 바꾸는 제사를 지낸 후 갑자기 동남풍이 불었고, 이때 연합군은 제갈량의 제안에 따라 화공계(火攻計)로 위군의 갑판에 불화살을 쏟아부은 것이다. 조조의 참모 정욱(程昱)이 우려했던 대로 배를 묶어놓았기 때문에 화공계는 적중하여 조조의 위군은 크게 참패하게 된다. 이에 달아나는 조조를 마지막에 관우가 형주로 들어가는 화용도 산길에서 베기로 하였는데, 공명과 유비가 우려했던 대로 관우는 과거 조조와의 인연에 이끌려 그를 놓아주고 만다.[52]

---

52 나관중, 『대 삼국지3』, 방기환 역, 도서출판 청화, 1994, 262-298쪽 참조.

무엇보다 적벽대전에서는 북서풍을 동남풍으로 바꾸는 제갈공명의 제사와 주문이 압권이다. 이는 정사에 없는 소설적 픽션이고 적벽대전 자체에 대한 이견도 분분하지만[53] 이것을 통해서 조조의 80만 대군이 적벽에서 대패하게 되는 이유가 더욱 흥미로워진다. 그리고 처음에 제갈량은 관우의 출정을 반대했는데, 그것은 관우가 인정에 이끌려 조조를 놓아주리라 예상했기 때문이다. 그러나 유비의 제안에 따라 관우를 출정하도록 하는데, 그것은 조조가 병법에 있는 표리와 허실 중 허실에 밝은 사람이라 화용산에 화톳불을 피우면 적의 위계(僞計)로 알고 걸려들 것이고, 또한 조조의 명수가 아직 남아 있어서 관운장이 그를 돕도록 하는 것도 양책은 아니지만 도움이 될 수 있다고 판단했기 때문이다.[54]

제갈량은『삼국지』에 등장하는 많은 매력적인 캐릭터 가운데 단연 으뜸이다. 그는 유비가 삼고초려 해서 영입한 인물이고, 적벽대전의 승리도 제갈량의 도술이 없었다면 가능하지 않았을 것이다. 제갈량이 출사표를 냈을 때는 바야흐로 유비가 죽고 그의 아들 유선(劉禪)을 보필하던 때였다. 각지에서 반란이 일어났고, 그 때문에 출사표가 표방하는 북벌, 즉 한나라의 부흥을 위해 위(魏)를 치는 북벌을 진행할 수 없었고 우선 내란부터 수습해야 했다. 제갈량은 어린 유선이 군대를 동원하기 어렵다고 판단하여 적진에 유언비어를 퍼뜨

53 네이버 두산백과(검색항목: 적벽대전).

54 나관중,『대 삼국지3』, 방기환 역, 281-282쪽 참조.

려서 자중지란을 일으키는 전략을 구사하였다. 그때 마지막으로 등장한 반란군의 장수가 맹획(孟獲)이었다. 제갈량은 맹획을 노강 깊숙이 들어가 생포하였다가 놓아주기를 일곱 번 하는데, 이는 오랑캐의 마음을 얻는 것이 북벌에 인적으로나 물적으로 용이하다고 판단했기 때문이다. 이때 제갈량의 심복이었던 마속(馬謖)도 심리전을 펴서 적의 마음을 사는 것이 최상책이라고 조언하였다. 이렇게 일곱 번 잡았다가 일곱 번 놓아줄 만큼 적의 마음을 사는 것이 중요하다는 "칠종칠금"(七縱七擒)이라는 고사성어는, 『삼국지』의 제갈량과 맹획의 일화에서 나온 것이다.[55]

이렇게 내란을 정비하고 나서 제갈량은 출사표를 올리고 북벌에 나선다. 마침 가장 경계의 대상이었던 위(魏)의 정치가 사마의(司馬懿)가 제갈량이 뿌린 유언비어에 의해 황제의 신임을 잃고 고향으로 쫓겨난 상황이었다. 그런데 위군이 연전연패하자 제갈량에게 맞설 수 있는 사마의에게 군대의 지휘를 맡겨야 한다는 여론이 일었고, 황제 조예는 사마의에게 신하를 보내 지난날을 사과하고 군대를 이끌도록 했다. 이때 제갈량은 유비를 섬기다 위나라에 항복한 장수 맹달을 포섭하여 한달음에 중원으로 나아갈 계책을 세웠는데, 사마의가 눈치채고 맹달을 습격하는 바람에 그의 계획이 수포로 돌아가고 말았다. 이에 제갈량은 20만 대군을 보유한 훌륭한 전략가 사마의에 대비하기 위해 만반의 준비를 했는데, 하나 걸리는 것이 가정(街亭)의

55 네이버 두산백과(검색항목: 칠종칠금); 네이버 지식백과(검색항목: 맹획).

땅이었다.[56]

가정의 땅은 보급의 요충지였다. 전투에는 전략 전술뿐만 아니라 식량 보급 또한 중요하고, 아무리 훌륭한 군대라도 충분한 식량 보급이 되어야 제대로 싸울 수 있다는 것은 전투의 상식에 속한다. 이에 제갈량은 가정을 잃으면 북벌에 성공할 수 없다고 고심하고 있었는데, 그때 마속이 나섰다. 마속은 백미(白眉)[57]라는 고사로 알려진 마량의 아우로서 맹획의 사례에서도 심리전을 추천할 만큼 병법에 밝았다. 목숨을 걸겠다며 나서는 마속에게 제갈량은 계략을 알려준다. 가정은 삼면이 절벽이니 기슭에 진을 쳐서 위나라의 접근을 막고 절대로 움직이지 말라고 신신당부하였다. 그러나 마속은 제갈량의 명을 어기고 산기슭이 아닌 산 정상에 진을 쳤다. 가정의 지형지물로 볼 때 기슭에서 적의 진입로를 막는 것보다는 정상으로 유인하여 역공하는 것이 실효성이 있다고 판단했기 때문이다.[58]

이윽고 마속은 후회했다. 적들이 산기슭을 포위하여 시간을 끌었기에 식수와 식량이 동이 나서 고초를 겪었기 때문이다. 후회와 자책 속에서 결사의 각오로 적의 포위망을 뚫었지만 병사들은 대부분 죽고 말았다. 이렇게 마속이 참패하고 가정을 내어줌으로써 중원 진출은 물거품이 되었고, 이 여세를 틈타 사마의는 총공세를 취함으로써

---

56 네이버 지식백과(검색항목: 제갈량).

57 중국 촉한(蜀漢)의 마량(馬良)의 다섯 형제가 다 재주가 있었는데, 그중 눈썹이 흰 마량이 가장 재주가 있어서 여럿 가운데 가장 뛰어난 사람이나 물건을 일컬을 때 백미라고 한다.

58 네이버 고사성어 따라잡기, 학생백과(검색항목: 읍참마속).

촉군은 수세에 몰리게 되었다. 이에 제갈량은 15만 대군이 몰려오는데도 텅 빈 성에서 가야금을 타고 있었는데, 이로써 매복이 있을지도 모른다고 생각한 사마의는 제갈량이 무슨 일을 꾸미는지 알 수 없다며 철수한다. 이는 공성계(空城計)라는 적진을 교란시키는 고도의 심리 전술로서 이를 통해 촉군은 간신히 퇴각할 수 있었다. 그리고 마속의 책임을 물어 그 목을 베게 되는데, 이를 "읍참마속"(泣斬馬謖)이라고 한다. 주위의 만류에도 불구하고 제갈량은 기강을 세워야 한다고, 명을 어긴 마속의 목을 눈물을 머금고 베었다는 이야기이다.[59]

이렇게 『삼국지』는 다수의 매력적인 캐릭터가 만들어내는 드라마틱한 이야기들로 가득하고, 따라서 언급한 바와 같이 고사성어의 보고라고 할 수 있다. 이러한 캐릭터와 드라마 속에서 『삼국지』가 드러내는 깊이는 아직 고찰하지 않았다. 왜냐하면 그것은 문학 속의 철학이 아니라 『삼국지』 속의 철학에서 다루어야 할 내용이라고 생각되기 때문이다. 즉 『삼국지』가 그 자체로 문학에 필적할 만한 세계를 갖고 있기 때문에 『삼국지』는 여타의 문학 작품들과 비교해서 다루어질 것이 아니라 그것 자체가 하나의 문학세계로서 다루어져야 한다고 본다. 따라서 문학의 깊이, 즉 개별 이야기가 보편적 이념을 노정시키는 깊이의 국면을 『삼국지』를 통해 논하는 것은 다음으로 미루기로 한다.

---

59 네이버 고사성어 따라잡기, 학생백과, 삼국지 사이언스(검색항목: 읍참마속); 네이버 두산백과, 위키백과, 무경십서(검색항목: 공성계).

끝으로 문학의 깊이를 노정하는 아름다운 현대소설, 로맹 가리의 『벽』과 앙드레 지드의 『전원 교향악』을 살펴보려 한다. 우선 로맹 가리(Rmain Gary, 1914-1980)는 『자기 앞의 생』과 『새들은 페루에 가서 죽다』라는 작품으로 알려져 있는데, 에밀 아자르(Emile Ajar)라는 필명으로 더욱 유명하다. 그는 두 개의 필명 때문에 한 작가에게 평생 한 번 수여되는 콩쿠르상을 두 번 수상한 유일한 작가이다. 그의 작품 가운데 『벽』은 단편이라기보다는 콩트인데, 그럼에도 불구하고 이 짧은 작품은 "벽"이라는 말이 제시하는 상징성을 통해 깊이를 드러낸다. 벽은 보호이자 장애를 나타내고, 이러한 이중성 때문에 많은 작가들, 예컨대 사르트르나 카뮈, 심지어 이문열(李文烈)에게도 『벽』이라는 작품이 있다. 특히 로맹 가리의 『벽』에서 벽은 "심리적 벽"으로 작용하여 오해를 낳고, 결국 "실존적 벽", 즉 고독을 드러내면서 끝난다. 다시 말해 작품은 인간의 인식과 언어가 오해를 동반함으로써 근원적으로 상호 이해될 수 없고, 따라서 인간 각자는 본래 고독하고 소외된 존재임을 보여준다.

『벽』(Le mur)은 크리스마스 날 어느 스무 살 청년이 남긴 유서로부터 시작된다. 화자인 나는, 풋내기 의사 시절 법의(法醫)로 일할 때 있었던 사건을 회상한다. 그날도 꼭두새벽에 런던의 어느 사글셋방에 가서 사망진단을 하도록 호출받았다. 가스통에 실링을 넣어야 난방이 되는 사글셋방에는 탁자 위에 신경질적으로 휘갈겨 쓴 종이 몇 장이 있었고, 거기에는 청년이 왜 목을 매고 자살했는지 적혀 있었다. 성탄절, 온통 그리운 것은 따뜻한 손길·사랑·행복… 그러나 가족도 친구도 돈도 없는 그는, 갑자기 옆방의 어떤 처녀에 대해 이야기한다. 잘 알지 못했지만 종종 층계에서 마주쳤던 "천사 같은 아름다움"에 그는 깊은 인상을 받았다. 그런데 그때 벽을 통해서 옆방에서 무슨 소리가 들렸다. 그것은 뭔가 삐걱거리는 소리, 한숨 소리 같은 것이었는데, 누구나 알 만한 어지간히 속세의 냄새가 나는 신음소리를 그는 '특징적인 것'이라고 했다. 그 관능의 신음소리는 계속 들렸고, 적어도 1시간 동안 들었다고 그는 적는다.

천사 같은 옆방 여자의 관능적인 신음소리, 너무나 아름다워서 자신은 감히 말도 걸어보지 못했던 그 신비한 천사, 청년은 다시는 그녀를 상대하지 않겠다고 그 추악한 세계에 대해 쓰디쓴 저주를 퍼붓는다. 과민하고 순수하며 더 없이 고독하고 애정결핍으로 가슴 저리는 그에게 벽을 통해 들려오는 누구나 알 만한 그 소리는 여간 가슴 쓰린 것이 아니었을 것이다. 흠모가 저주로 변한 것이다. 화자인 나는 이를 다음과 같이 쓴다.

> "천사 같은 옆방 여자"의 관능적인 신음소리는 특히 그가 처하고 있었던 고독과 절망과 모든 것이 역겹게 느껴지는 상태에서는 여간 가슴 쓰린 것이 아니었습니다. 그는 남몰래 그 여자에게 연정을 느끼고 있었던 터라고 고백하고 있으니까요. "그 여자는 너무나 아름다워서 나는 감히 말도 걸어보지 못했다"고 그는 썼어요. 그는 "내 가슴을 뒤집어놓는 듯하고 다시는 상대하고 싶지 않은 그 추악한 세계"에 대하여, … 쓰디쓴 저주를 퍼부었습니다. 요컨대 틀림없이 과민하고 매우 순수하며 더할 수 없이 고독하고 애정

의 결핍으로 가슴 저리는 그 청년의 머릿속에서, 자기는 소심해서 감히 말도 못 걸었던 그 신비한 "천사", 그런데 지금은 벽을 통하여 당신도 충분히 알 만한 형태로 어지간히도 속세의 냄새가 나는 신음소리를 내고 있는 그 "천사"에 대하여 어떤 생각이 오갔을지는 짐작이 가고도 남을 겁니다.[60]

청년이 쓸쓸함과 절망에 몸부림치며 싸우는 그 시간에 벽을 통해 들려온 아름다운 천사의 추잡한 몸부림 소리, 그것은 그의 흠모를 저주로 바꾸는 데서 멈추지 않고 급기야 그를 커튼 줄을 뜯어서 다시는 돌이킬 수 없는 행동을 저지르는 데까지 이르게 한다. 나는 종이의 글을 다 읽고 진단서에 서명하고 나온다. 그러다 호기심에 방을 나오기 전에 벽에 귀를 대어본다. 조용하다. 사랑의 몸부림이 끝난 후 기분 좋은 잠이 찾아온 모양이다. 이 비극적인 사건이 일어난 방과 겨우 벽 하나를 사이에 두고 나지막한 비명과 한숨 소리를 낸 천사 같은 존재가 궁금해진 것이다. 노크해 보았지만 아무 대답이 없자 그녀의 품에 안겨 있을 공모자를 상상하며 나는 내려갔다.

그때 "미스 존슨! 미스 존슨!" 하며 집주인 여자가 문을 두드리다 열쇠뭉치로 문을 연다. 드러난 것은 비소 음독 사체였다. 모든 고통의 흔적이 있었고, 금발 머리, 어여쁜 모습, 사망한 지 여러 시간 되었고, 죽기 전에 오랫동안 몸부림친 것으로 보였다. 완전한 오해였다. 벽을 통해 들려온 그 신음소리는 쾌락과 향락의 소리가 아니라 죽

60 로맹 가리, 「벽」 『새들은 페루에 가서 죽다』, 김화영 역, 현대문학, 1997, 188-189쪽 참조.

음 직전의 경련과 비명의 한숨 소리였다. 탁자 위에 놓인 편지로 보아 자살 동기는 대강만 보아도 고독, 인생에 대한 전반적인 싫증이었다. 아이러니하게도 벽을 통해 들려오는 바람에 청년을 죽음으로 내몬 그 소리는 실은 인생에 대한 싫증이 불러온 고독에 몸부림친 절망의 소리였다. 이렇게 벽은 심리적 벽이 되어 오해를 낳았고, 그것은 결국 인간존재의 근원적인 상황, 즉 그 실존적 고독을 드러내어 보여주었다.

인간은 이해를 추구하지만 그것은 끊임없이 오해를 낳는다. 이해와 오해의 해석학적 순환을 전제하지 않고서는 인간은 어떤 것도 인식할 수 없다. 근본적으로 인간의 인식은 이렇게 부조리하다. 즉 그것은 근원적인 이해 불능, 상호 이해될 수 없음을 가지고 있다. 다시 말해서 이는 이해가 언제나 선이해(Vorverständnis)에 의한 이해라는 데서 기인한다. 즉 이해는 언제나 자기 나름의 이해, 자신만의 편견에 의해 형성되는 것이고, 그로 인해 이해는 백지가 아니라 늘 색깔이 있는 도화지에서 만들어지는 것이다. 따라서 이해는 자의적이라고 할 수는 없지만 어느 정도 주관적이고 상대적인 이해, 자기 입장에서 바라본 이해인 셈이다. 그리고 이해의 기반이 되는 선이해, 이해의 지평으로서의 선이해는 한 공동체의 전통에 속하고, 그 전통과 문화 속에서 역사적으로 형성되는 것이다. 이에 따라 이해는 언제나 전통과 문화에 따라 상대적이고 동시에 선이해의 매개를 통해 끊임없이 변화하며, 따라서 완전한 이해 혹은 모순 없는 이해는 가능하지 않은 것이다.

인간 이해의 이러한 미묘한 성격을 카뮈는 희곡 『오해』에서 더욱 극적으로 잘 보여준다. 『오해』(Le Malentendu)는 그 제목이 암시하듯 '잘못 들었음'(Mal-Entendu) 혹은 '오해'라는 중의적인 의미를 갖는다. 그리고 그것을 통해 불소통의 세계, 즉 인간 이해와 언어의 의사소통 불가능성을 내비친다. 이야기는 어느 바닷가 마을에서 여인숙을 운영하는 가난한 모녀에게서 시작된다. 어머니와 딸은 아들이 이십 년 전에 돈 벌러 떠난 뒤 줄곧 여인숙을 운영하며 생계를 유지하고 있었다. 단, 돈 많은 투숙객이 묵게 될 때는 수면제를 먹인 뒤 지갑과 돈을 갈취하고선 근처 바닷가에 버리는 방식으로 말이다.

그날도 마찬가지였다. 한 가지 차이는 이 돈 많은 투숙객이 20년 전에 집을 떠났던 그 아들이라는 점이다. 그리고 그는 자신이 아들임을 내보이기 전에 어머니와 여동생의 형편을 살피고 그들을 행복하게 해줄 방법을 찾고 있었고, 무엇보다도 그 상황에 "적합한 말"을 찾고 있었다. 약혼녀 마리아는 "저예요"하는 말 한마디면 충분하다고 했지만 그에게 그것은 아무래도 부족해 보였다. 투숙하던 날, 아들은 여동생의 형편을 알기 위해 이것저것 물어보았는데, 여동생은 그에게 '손님의 말'(langage des clients)[61]로 응대한다. 어머니는 웬일인지 오늘 밤은 안 했으면 좋겠다, 내일까지 기다리자고 말했고, 그런데도 여동생은 시키지 않은 홍차를 들고 아들의 방에 갔으며, 그때 아들은 그가 살고 있는 나라의 봄에 대해 이야기한다. 거기는 봄이

61 채숙희, 「알베르 까뮈와 언어의 어려움」, 『프랑스 현대소설 연구』, 하서출판사, 1987, 252쪽 참조.

오면 하얀 담장에 수천수만 가지의 꽃이 피어 목이 멜 정도여서 언덕을 한번 돌고 오면 노란 장미꽃의 꿀 향기를 옷에 잔뜩 묻혀 온다는 것이다. 게다가 두 번째 봄도 오는데, 그것은 나뭇잎이란 나뭇잎은 모두 꽃이 되는 가을의 봄이라고 하며 참고 기다리면 그런 봄이 오지 않겠냐고 말한다.

얀　　(갈등하는 마르타에게) 저쪽나라의 봄은 목이 컥 멜 정도랍니다.
하얀 담장 위에 수천 수만 송이의 꽃들이 활짝 피어나요.
우리가 살고 있는 도시를 에워싸고 있는 언덕 위를 한 시간만
돌아다니고 나면,
노란 장미꽃의 꿀 향기를 옷에 잔뜩 묻혀 가지고 돌아오게 되요.

마르타　(이 고장의 봄에 대한 불평)
…

얀　　두 번째 봄, 나뭇잎이란 나뭇잎이 모두 꽃이 되는 가을의 봄,
만약 참을성 있게 기다린다면, 그처럼 꽃을 피우지 않을까요.[62]

그럼에도 아들은 홍차를 마시고 스러지고, 그들은 여느 때처럼 그를 해치운다. 다음 날 아침 하인이 주워놓았던 아들의 여권을 건넨다. 어머니는 어미가 제 자식을 못 알아봤다고, 그 애를 자신이 죽

---

62 A. Camus, *Caligula suivi de Le Malentendu*, Gallimard, 1958, pp. 210-211 참조; A. 카뮈, 『칼리굴라 · 오해』, 김화영 역, 책세상, 1999, 199-200쪽 참조.

였다며 자책하고, 딸은 어머니가 아직 딸을 행복하게 할 일이 남았다고, 모든 좋은 걸 다 누리고 산 오빠에겐 죽음은 별것 아니라고, 자신은 아무것도 못 누려 봤는데 그가 어머니의 사랑까지 빼어 가냐고 외친다. 그리곤 어머니마저 아들을 따라 물에 빠져 죽는다. 그리고 여동생은 혼자 남겨진다. 그러한 그녀에게 오빠의 약혼녀가 찾아온다. 약혼녀는 당신들에게 행복을 가져다주려 한 사람에게 무슨 짓을 했는지 아느냐고, 그가 당신들에게 행복을 주기 위해 궁리하던 그 시간에 당신들은 그를 죽일 준비를 했다는 걸 아느냐고 항의한다.

그에 대해 여동생이 내뱉는 말은 한낱 말이라기보다 피맺힌 절규이다. 당신은 남편을 잃었지만 나는 어머니를 잃었고, 당신은 남편에게 버림받은 건 아니지만 나는 어머니에게 버림받았다고 말한다. 죄를 통해 엄마와 영원히 한데 묶여 있는 줄 알았는데 아니었고, 이제 완전히 혼자가 되고 말았다고 한다. 그리고 오빠는 소원을 다 풀었는데 그녀는 아무것도 누려 보지 못하고 저지른 죄만 낭자한 가운데 홀로 남겨졌으니 이 불공정한 처사에 무릎 꿇지 않겠다고, 결코 화해하지 않은 가운데 이 세상을 떠날 거라고 외친다.

마르타 … 이제 오빠는 소원을 풀었는데, 나는 결국 이렇게 혼자가 되고 말았어요.
그토록 소원했던 바다는 멀기만 하고, 아, 나는 오빠가 미워요!
… 나는 오빠가 미워! 갖고 싶은 것은 다 가질 수 있었던 오빠가 미워!

내게 고향이라곤 어두운 감옥 같은 곳, 지평선도 보이지 않는
하늘뿐, 배고프면 먹을 것이라곤 떫은 살구 몇 알뿐,
목마르면 마실 것이라곤 내가 뿌린 피밖에 아무것도 없지!
… 이 불공정한 처사에 … 나는 무릎 꿇지 않을 거야.
… 이 세상 천지에 설 곳을 잃고, 내 어머니에게도 버림받고
스스로 저지른 죄만 가득한 가운데 홀로 남으니,
나는 결코 화해하지 않은 채 이 세상을 떠날 거야.[63]

여동생의 절규 사이로 우리는 그녀를 그렇게 쉽게 비난하지 못한다. 차라리 그녀가 안쓰럽고 가엾다. 심지어 우리가 그녀에게 공감하게 되는 것은, 어쩌면 이것이 인간의 본질적인 외침일지도 모른다는 점이다. 즉 인간은 이 희곡 속의 아들처럼 어머니와 여동생에게 줄 언어를 발견하지 못해서 죽게 되는 존재일지도 모르고, 그러한 궁극의 언어가 부재한 속에서 혼자 남겨지게 되는 여동생과 같은 존재일지도 모른다는 것이다. 이러한 궁극의 언어의 부재 혹은 투명한 언어의 부재[64]는 오해를 낳고, 오해는 불소통과 고독으로 귀결된다. 결국 인간은 언어가 모자라서 오해하고, 그렇게 서로 소통하지 못해서 본래 고독한 존재라는 것이다.

---

63 A. Camus, *Caligula suivi de Le Malentendu*, pp. 240-241 참조; A. 카뮈, 『칼리굴라 · 오해』, 김화영 역, 228-230쪽 참조.

64 채숙희, 「알베르 까뮈와 언어의 어려움」, 『프랑스 현대소설 연구』, 247쪽, 255쪽 참조.

아들이 어머니와 여동생을 향해 그 언어를 발견하지 못하는 바람에 그것이 오해를 낳았고, 그 오해는 살해라는 비극으로 귀착되면서 인간의 불소통과 고독한 실존을 적나라하게 드러낸다. 이에 카뮈는 아들이 궁극의 언어, 투명한 언어를 발견할 수 있었다면 이 어두운 비극은 없었을 거라고 말하는데,[65] 불소통 속에서 죽는 아들의 모습이나 불소통 속에서 절규하는 여동생의 모습이 모두 인간의 실존적 고독을 대변한다고 생각된다. 이것이 『벽』과 『오해』에서 보여주는 문학의 깊이라고 할 수 있다.

그리고 앙드레 지드(André Gide, 1869-1951)의 『전원 교향악』(La Symphonie pastorale) 또한 눈먼 소녀의 눈뜸의 의미에 질문을 던지면서 문학의 깊이를 아름답고 섬세하게 그려내는 소설이다. 이미 『좁은 문』(La Porte étroite)에서 '좁은 문'이 갖는 기독교적 상징성을 통해서 플라토닉 러브의 비현실성과 잔인성을 잔잔하게 그렸던, 노벨 문학상 수상자 지드는 『전원 교향악』에서도 잔잔한 필치로 깊이의 세계를 드러낸다. 눈먼 소녀가 눈뜨는 것처럼 우리가 진리에 눈뜨게 된다면 어떻게 될까? 진리를 보아도 보지 못하고 들어도 듣지 못한다면 우리도 눈먼 소녀와 같지 않은가? 눈먼 소녀는 보아도 보지 못하는 인간상을 상징한다. 눈먼 소녀가 개안수술을 하여 눈을 뜨는 이야기를 통해서 인간 정신의 눈뜸의 의미를 되묻는 작품이 『전원 교향악』이다.

---

65 A. 카뮈, 『칼리굴라 · 오해』, 김화영 역, 247-248쪽 참조.

이 소설은 깊은 산골에 사는 할머니의 임종을 맞으러 갔던 어느 목사로부터 시작된다. 거기서 목사는 구석에 짐짝처럼 웅크리고 있는 대여섯 살 된 어린 여아를 발견한다. 짐짓 그는 그 아이가 짐승처럼 방치된, 길 잃은 어린 양이라고 느낀다. 여느 직업 목사와 다르게 그리스도의 소명 의식에서 그는 그 아이를 자신의 집으로 데려갈 결심을 한다. 그것은 그 앞에서 아이의 운명을 마구 결정해 버리는 인정머리 없는 발언들로부터, 마차에 웅크리고 있는 영혼 없는, 그에게 기댄 체온으로나 살아있음을 알아챌 수 있는 이 살덩어리를 집으로 데리고 온 거라고 지드는 아름답게 표현하고 있다.

> 나는 그 충격적인 말이 아이에게 줄 슬픔을 걱정하며 그렇게 당사자 앞에서 한 아이의 운명을 결정해 버리는 말에 기분이 상했다.[66]

> 마차 안에 불을 켠 뒤 나는 내게 바짝 기댄 몸에서 느껴지는 어두운 온기가 아니었다면 살아 있다고도 믿기 힘든 이 영혼 없는 살덩어리와 함께 다시 출발했다. 돌아오는 내내 나는 이런 생각에 빠져 있었다. 이 아이는 자고 있는 걸까? 만일 그렇다면 어떤 캄캄한 잠을 …. 그런데 이 아이에게 잠을 자는 것과 깨어 있는 것이 무엇이 다를까?[67]

---

66 앙드레 지드, 『전원 교향악』, 김중현 역, 펭귄클래식 코리아, 2015, 12쪽 참조.

67 앙드레 지드, 『전원 교향악』, 김중현 역, 14-15쪽 참조.

아내 아멜리가 “당신은 이 애를 어떻게 할 작정인가요?”라고 불만스럽게 말하는 분위기 속에서 그는 소녀를 교육한다. 그의 교육방식은 소리를 통해 색을 가르치는 것인데, 예컨대 붉은색과 오렌지색은 호른과 트럼본의 음색과 비슷하고, 노랑과 초록은 바이올린, 첼로, 콘트라베이스의 음과 비슷하다는 식이다.[68] 이러한 교육에 대해 목사 또한 하나의 소설 같은 생각이라고 고백하는데,[69] 어쨌든 이를 통해 소녀는 세계를 이해하게 된다. 그런데 소녀는 새소리를 열과 빛의 작용인 줄 아는가 하면 색과 빛을 혼동하기도 하여 결국 음악 연주회를 통해서 이를 가르쳐 주려 한다. 그렇게 해서 이 소설 제목인 ‘전원 교향악’, 즉 베토벤의 6번 교향곡을 들으러 가게 되는 것이다.

목사는 아내의 반응이 일종의 모성적 질투의 충동이었다고 이해하면서도 소녀의 반응과 성장은 자신의 아이들 누구에게서도 느끼지 못했던 순결한 기쁨을 주었다고 말한다. 그리고 이것은 마치 캄캄한 우물에서 희망을 걸고 무턱대고 줄을 잡아당기는 사람과도 같은 거라고 말한다.

> 나는 깊고 캄캄한 우물의 테두리 돌에 기대어 종국에는 어떤 손 하나가 자신을 붙잡아 주리라는 희망 하나로 동아줄을 필사적으로 흔들어대는 사람

68 앙드레 지드, 『전원 교향악』, 김중현 역, 39-41쪽 참조.

69 앙드레 지드, 『전원 교향악』, 김중현 역, 24쪽 참조.

같았다.[70]

그렇지만 나는 모성애에서 비롯된 일종의 질투가 아내를 충동질했다고 생각한다.[71] … 진심으로 말하건대, 내 아이들 중 어느 누구의 모습도 그 조상(彫像) 같던 얼굴에 나타나기 시작한 그 미소, 그토록 오랜 시간 동안 내가 가르치기 위해 애써 온 것들에 드디어 관심을 보이고 무언가 이해한 듯한 느낌을 주던 어느 날 아침 그 얼굴에 나타난 그 미소만큼 내 가슴을 고결한 환희로 가득 채워준 적은 없었다.[72]

이러한 목사의 소리-색 교육을 통해서 소녀는 세계를 이해하게 되었고, 심지어 목사의 아들에게 피아노 레슨을 받을 정도로 이해의 수준이 발전한다. 그리고 소녀가 17세가 되면서 두 사람 사이에 사랑이 싹트는데, 그것은 목사가 그의 아들 자크에게 피아노 레슨을 받는 소녀 곁을 지날 때 (질투가 나서) 그 현실을 인정하고 싶지 않아 할 만큼 당혹스럽고 고통스러웠다고 표현된다.[73] 그러다가 소녀는 개안수술을 받게 되고, 그로써 소리-색의 상상력의 세계가 아니라 육안으로 실제 세계를 볼 수 있게 되는데, 그 후 얼마 지나지 않아서 소녀는 마차를 타고 가던 중 절벽에 떨어져 죽는다. 그것도 절벽에 피어 있는 보라색 꽃을 꺾는다는 것을 핑계로 몸을 던진 것이다.

---

70 앙드레 지드, 『전원 교향악』 김중현 역, 28쪽 참조.

71 앙드레 지드, 『전원 교향악』 김중현 역, 31쪽 참조.

72 앙드레 지드, 『전원 교향악』 김중현 역, 32쪽 참조.

73 앙드레 지드, 『전원 교향악』 김중현 역, 53쪽 참조.

소설은 이렇게 급반전하여 갑작스러운 소녀의 죽음으로 끝난다. 무엇이 이토록 갑자기 소녀를 죽음으로 몰았을까? 왜 눈먼 소녀는 눈을 뜨고 나서 죽음을 선택한 걸까? 여기서 "눈먼 소녀의 눈뜸의 의미"가 노정된다. 소설에서는 소녀가 개안수술 후 육안으로 본 세계가 마냥 기쁘거나 행복하지는 않았고, 오히려 그녀에게 충격을 주었다고 한다. 즉 눈먼 상태에서 상상의 세계는 아름다웠고, 눈뜨고 확인한 세계도 멋있었지만 거기서 더러운 그림자를 동시에 보게 되었던 것이다. 예컨대 눈뜨고 소녀가 처음 발견한 그림자는 목사의 부인 얼굴에 새겨진 소녀에 대한 불편한 마음이었고, 또한 그녀가 사랑했고 사랑해야 할 사람은 목사이지만 실제로 눈을 뜨고 봤을 때 그녀의 마음을 끄는 것은 피아노 레슨을 해준 목사의 아들이었던 것이다.

> 저에 대한 목사님의 사랑을 이미 잘 알고 있었으면서도 목사님이 저를 사랑하도록 그냥 내버려 두었다는 것부터 잘못된 일이었어요. 이제야 제 눈으로 직접 수심이 가득한 그분의 가엾은 얼굴을 볼 수 있게 되자 저는 그 슬픔이 저 때문이라는 생각에 더 이상 견딜 수가 없었어요.[74]

> 목사님이 제게 시력을 되찾아 주셨을 때 저의 눈은 상상했던 것보다 훨씬 더 아름다운 세상을 보았어요. … 그렇지만 사람들의 얼굴이 이토록 걱정으로 가득 찬 모습이리란 것 역시 상상하지 못했지요. 제가 목사님의 집에

---

74 앙드레 지드, 『전원 교향악』, 김중현 역, 105쪽 참조.

들어갔을 때 맨 처음 제게 보인 게 뭔지 목사님은 아세요? … 제가 처음 본 것은 우리의 과오, 우리의 죄였어요.[75]

자크를 보게 된 순간, 저는 제가 사랑하는 사람이 목사님이 아니라 바로 자크였다는 사실을 깨닫게 되었어요. 자크의 얼굴이 바로 목사님의 얼굴이었던 거예요. 제가 상상하던 목사님의 얼굴 말이에요.[76]

한두 가지로 좁힐 수 없는, 눈먼 상태와 눈뜬 상태의 두 세계 사이의 괴리에 적응하지 못한 채 괴로워하다가 소녀는 죽음을 택한 것 같다. 인간에게 세계란 무엇인가? 세계란 부분의 총합으로 이루어지는 것이 아니라 그보다 크고, 그것은 하나의 전체성 또는 총체성으로 이해되는 것이다. 이에 눈을 뜬 소녀는 한꺼번에 그 전체로서의 세계에 맞닥뜨렸고, 그것이 그녀를 압도했을 것이며, 심지어 한 번도 짐작하지 못했던 세계의 그림자에 봉착하고서는 그녀는 그 낯섦에 몸서리쳤을 것이다. 그녀에게는 진짜 세계를 받아들일 수 있는 심리적 기제가 없었고, 그 가운데 그녀를 압도해 오는 세계와 끊임없이 갈등하고 싸워나가는 것만이 그녀에게 남겨졌으니 오직 그러한 세계로부터 도피하는 것만이 그녀에겐 자신을 보존하는 방법이라고 여겨졌을 것이다. 따라서 일종의 자기보존을 위해서 세계로부터 도피하

---

75 앙드레 지드, 『전원 교향악』, 김중현 역, 106쪽 참조.

76 앙드레 지드, 『전원 교향악』, 김중현 역, 107쪽 참조.

는 방법으로서 죽음이 선택된 것이다.

혹시 표현주의의 원조 고야의 그림을 본다든가 입체파 화가 브라크의 그림을 볼 때, 혹은 왕희지, 우세남, 안진경, 조맹부 등의 명필의 글씨를 볼 때 보이는가? 안 보인다. 즉 그 미적 실재나 진실의 실체를 우리가 알아보지 못한다. 예술적 진리 앞에 우리는 보아도 보지 못하는, 우리 모두 까막눈이다. 물리적 세계를 볼 수 있을 뿐 진리의 세계에 대해서는 우리도 눈먼 소녀와 같이 보지 못한다. 가령 오일러의 공식 $e^{ix} = \cos x + i\sin x$($i=\sqrt{-1}$, $e=2.718$; 적분상수)에 대해서 우리는 그 의미를 알지 못한다. 그러나 수학자는 그 의미를 알고 있으며 감동도 받는다. 이와 마찬가지로 드뷔시의 〈목신의 오후의 전주곡〉이나 스트라빈스키의 〈불새〉는 어떤가? 이 곡들을 듣는 자는 극히 드물고, 오직 클래식 음악에 대해 깊은 소양을 가진 감상자만이 들을 수 있다. 이렇게 수학이든 음악이든 그 진리에 대해서 인식이 열린 사람은 드물고, 우리는 대부분 눈먼 자이다.

그렇다면 우리가 진리에 눈뜬다면 어떻게 될까? 눈먼 소녀처럼 우리도 진실의 세계 앞에서 죽음을 택하게 될 것인가? 니코스 카잔차키스(Νίκος Καζαντζάκης)의 『희랍인 조르바』(Βίος και πολιτεία του Αλέξη Ζορμπά)에는 산투리 연주에 반해서 결혼 비용을 산투리 구입에 다 써버리는가 하면 도자기 만드는 데 미쳐서 자신의 손가락 하나를 잘라버리는 조르바라는 예인(藝人)이 나온다. 우리도 조르바처럼 예술적 진리에 눈뜬다면 거추장스러운 자신의 손가락을 잘라버리게 될까? 그러나 이 책은 화자인 내가 조르바와의 대화를 통해

이 세상에는 두 가지 종류의 인간이 있다고 말하는데, 그것은 나뭇잎 끝으로 가는 인간과 그렇지 않은 인간이다.

> 나는 알고 있었다. 인간이 성취할 수 있는 가장 위대한 것은 지식도 미덕도 선도 승리도 아닌 … 세계에 대한 신성한 경외감임을 … 나는 신성한 경외감의 의미를 설명해 보려고 애썼다.
>
> "조르바, 우리는 … 엄청나게 큰 나무의 조그만 잎사귀에 붙은 아주 작은 벌레지요. 이 조그만 잎이 바로 우리가 사는 지구입니다. … 우리는 이 조그만 잎 위에서 우리에게 놓인 길을 조심스럽게 시험해 보고 있는 것입니다. … 어떤 사람은—겁이 없는 사람들이겠지요—잎 가장자리까지 이릅니다. 거기서 머리를 빼고 엄청난 혼돈을 내려다봅니다. … 우리의 몸도 마음도 공포로 얼어붙고 맙니다. 그 순간 시작되는 게 …" 나는 말을 멈추었다. 나는 '그 순간에 시작되는 게 시(詩)'라고 말하고 싶었지만 조르바가 그것을 이해할 수 없을 것 같아 말을 멈춰 버린 것이었다.[77]

물론 진리는 신성하고 우리에게 경외감을 불러일으킨다. 그러나 누구나 진리 앞으로 나아가는 건 아니다. 즉 나뭇잎 끝으로 가는 인간과 그렇지 않은 인간이 있는 것이다. 눈먼 소녀나 조르바는 어떤 의미에서 진리 앞에 세워진, 즉 진리 앞으로 나아간 인간이고, 그럼으로써 진리 앞에서 인간이 어떻게 되는지를 보여준다. 진리 앞에서

---

77 니코스 카잔차키스, 『희랍인 조르바』, 김종철 역, 청목, 1994, 356-357쪽 참조.

인간은 엄청난 공포에 휩싸이고, 그래서 눈먼 소녀나 조르바처럼 극단적인 선택을 하는데, 그럼에도 불구하고 다른 한편으로 그 공포로 얼어붙는 속에서 '시'(詩)가 시작된다는 것이다. 즉 진리 앞에서 엄습하는 공포 속에서 무화(無化)되는 존재를 발견할 수 있다면 바로 그것이 시라고 하이데거(M. Heidegger)는 말한다.[78]

이렇게 시는 본래 진리가 자신을 드러내는 방식이고, 그러한 진리의 자기 개시로서 시는 문학 장르로서의 시가 아니라 예술의 본질이라고 서구 낭만주의 전통 속에서 하이데거는 그렇게 말한다. 즉 시는 예술적 진리가 스스로를 드러내는 방식이고, 따라서 예술은 근원적으로 진리의 자기 개시로서의 시라는 것이다. 그리고 예술이 자신을 드러내는 방식으로서의 진리가 근원적으로 시라는 것은, 모든 예술의 본질에 관계하는 보편적인 명제이고, 이러한 보편적 지평, 즉 개별적이고 구체적인 예술을 넘어선 초월적이고 보편적인 지평이 곧 예술적 깊이라고 할 수 있다. 깊이는 이렇게 작품을 통해 보편적이고 초월적인 지평을 드러냄으로써 자신을 노정한다.

이상과 같이 그 소설이 명작일수록 깊이를 비은폐시키고, 그러한 비은폐 사건 속에서 소설 속에 있는 실존적이고 보편적이며 초월적인 실재가 우리에게 전해져 온다. 그러한 깊이의 실재의 비은폐 사건을 만남으로써 우리는 감동을 받고, 그 감동은 삶의 체험이 되어

---

78 M. Heidegger, "Der Ursprung des Kunstwerkes", *Holzwege*, Frankfurt (M), 1977, S.59-63 참조; M. Heidegger, "Was ist Metaphysik?", *Wegmarken*, Frankfurt (M), 1976, S.113-115 참조.

우리의 인식과 신념을 바꿀 만큼 영향을 끼칠 수 있는 것이다. 이것이 소설 속에서 철학을 논하는 이유이다.

수필과 철학

수필은 隨筆, 즉 '붓을 따른다'는 의미로 붓 가는 대로 형식에 구애되지 않고 쓴 글을 말한다. 시와 소설을 제외한 모든 장르의 글, 예컨대 기행문, 전기 등도 수필이라고 할 수 있다. 그리고 가장 철학적이고 사색적인 글로서 저자의 역량에 따라 글의 품위와 수준이 결정된다. 따라서 세상의 유명한 명문(名文)은 거의 다 수필이라고 할 수 있다.

우리의 기억에 남아 있는 수필가로는 피천득(皮千得), 이양하(李揚河), 김진섭(金晉燮), 정목일(鄭木日), 윤재근(尹在根) 등이 있고, 그중 단연 으뜸은 피천득과 이양하의 문장이 아닐까 한다. 피천득(皮千得, 1910-2007)의 그 유명한 문장, 「오월」을 한번 보자.

> 오월은 금방 찬물로 세수를 한 스물한 살 청신한 얼굴이다. 하얀 손가락에 끼여 있는 비취가락지다. 오월은 앵두와 어린 딸기의 달이요, 오월은 모란의 달이다. 그러나 오월은 무엇보다도 신록의 달이다. 전나무의 바늘잎도 연한 살결같이 보드랍다. … 신록을 바라다보면 내가 살아 있다는 사실이 참으로 즐겁다. 내 나이를 세어 무엇하리. 나는 지금 오월 속에 있다. 연한

녹색은 나날이 번져가고 있다. 어느덧 짙어지고 말 것이다. 머문 듯 가는 것이 세월인 것을. 유월이 되면 '원숙한 여인' 같이 녹음이 우거지리라. 그리고 태양은 정열을 퍼붓기 시작할 것이다. 밝고 맑고 순결한 오월은 지금 가고 있다.[79]

산문이라기보다 차라리 시라고 느껴질 정도로 오월이 갖는 청신한 이미지를 잘 그려낸 탁월한 문장이다. 우리의 입에 자주 머물면서 저절로 외워져 기억되는 이 문장은 노천명의 시 〈푸른 오월〉만큼이나 아름답다. 오월이 되면 저절로 입에서 입으로 흥얼거려지는 노래와도 같은 명문, 이것이 피천득의 수필이 선사하는 아름다움이다. 이양하(李揚河, 1904-1963)의 수필은 어떨까?「신록예찬」을 보자.

눈을 들어 하늘을 우러러보고 먼 산을 바라보라. 어린애의 웃음같이 깨끗하고 명랑한 5월의 하늘, … 하늘을 달리고 녹음을 스쳐 오는 맑고 향기로운 바람—우리가 비록 빈한하여 가진 것이 없다 할지라도 우리는 이러한 때 모든 것을 가진 듯하고, 우리의 마음이 비록 가난하여 바라는 바 기대하는 바 없다 할지라도, 하늘을 달리고 녹음을 스쳐 오는 바람은 다음 순간에라도 모든 것을 가진 듯하지 아니한가. … 그러나 이러한 때 … 그들의 기쁨의 노래가 금시에라도 우렁차게 터져 나와 산과 들을 흔들 듯한 이러한 때를 당하면, 나는 곁에 비록 친한 동무가 있고 그의 아름다운 이야기가 있

79 피천득,『수필』, 범우사, 1992, 58-59쪽 참조.

다 할지라도 이러한 자연에 곁눈을 팔지 아니할 수 있으며, … 될 수 있으면 이러한 때를 타 잠깐 동안이나마 사람을 떠나 사람의 일을 잊고, 풀과 나무와 하늘과 바람과 한가지로 숨 쉬고 느끼고 노래하고 싶은 마음을 억제할 수가 없다.[80]

이 글은 마치 금방이라도 신록이 내 눈앞에서 펼쳐지는 듯한, 그러한 대자연의 햇빛과 푸른 수풀 속에 내가 들어앉아 있는 듯한 느낌을 주는 아름다운 명문이다. 이렇게 수필 문학은 작가의 개성과 역량에 따라 독특한 내적 세계를 드러냄으로써 그 작품성이 결정되는 문학세계이다. 우리에게 피천득과 이양하가 있다면 영국에는 찰스 램(Charles Lamb, 1775-1834)이 있고, 프랑스에는 몽테뉴(M. E. de Montaigne)의 『수상록』(Essais)로부터 내려오는 모랄리스트 전통(Moraliste)이 있다. 모랄리스트 전통은 인간성에 대한 성찰을 담은 수필 문학의 전통으로서 문학과 철학의 경계를 넘나들며 글쓰기 일반에서 통용되는 프랑스적 글쓰기 전통이다. 이는 시니컬한 풍자가 라로슈푸코(F. de La Rochefoucauld)의 『잠언집』(Réflexions ou sentences et maximes morales)으로부터 장세니즘(Jansénisme)의 대변자이자 철학자였던 파스칼(Blaise Pascal)의 『팡세』(Pensées), 그리고 철학자 데카르트(René Descartes), 우화시인 라퐁텐(J. de La Fontaine), 극작가 몰리에르(Molière)에 이르는 광범위한 산문적 전

---

80 이양하, 『신록예찬』, 범우사, 2010, 25-28쪽 참조.

통이다. 여기서는 알랭의 『행복론』, 아미엘의 『아미엘 일기』, 그리고 보나르의 『우정론』을 통해서 이러한 수필 전통을 확인하고, 나아가 현대 프랑스 테마비평가이며 이른바 문학철학자인 바슐라르를 통해 수필 속의 철학, 즉 그 깊이의 세계를 가늠해 보려 한다.

우선 알랭(Alain Chartier, 1868-1951)은 소설가이자 전기 작가인 앙드레 모루아(André Maurois)의 스승이자 대표적인 모랄리스트이다. 그리고 그의 야심은 철학을 문학으로 바꾸고, 문학을 철학으로 바꾸는 일에 있었고, 그 근간이 된 작품이 그의 『행복론』(Propos sur le Bonheur)이다.[81] 『행복론』에서 그는 이렇게 말한다.

> 불행해지는 일은 어려운 일이 아니다. 어려운 일은 행복해지는 일, 그것이다. 그렇다고 해서 그것이 행복해지려고 노력하지 않아도 되는 이유는 되지 못한다. 오히려 그와는 반대라 하겠다. 속담에도 말하였지만 아름다운 일이란 모두 다 어려운 것이다.[82]

그의 글은 이런 식인데, 어떤 대상이나 사태에 대해서, 특히 감정에 대해서 사색적이고 분석적이지만 사변으로 흐르지 않고, 많은 경우에 처세나 통찰을 제시하는 격언과 같은 문장으로 끝난다. 이처럼 어떤 논변이나 논증보다는 격언이나 경구와 같은 문장으로 이루어

---

81 알랭, 『행복론』, 정붕구 역, 을유문화사, 1983, 5쪽 참조.

82 알랭, 『행복론』, 정붕구 역, 192쪽 참조.

진 것이 모랄리스트 글쓰기의 전형이라 하겠다. 이런 까닭에 알랭의 『행복론』은 "행복론"(What)이라기보다는 "행복해지는 법"(How)을 제시하고 있는 다수의 문장으로 가득하다. 이를테면 다음과 같다.

> 내 생각으로는, 행복의 비결의 하나는 자기 자신의 언짢은 기분에 대하여 무관심(無關心)하게 되는 일인 줄 안다. 상관치 않고 있으면 언짢은 기분 따위는 개가 개집으로 돌아가듯이 동물적인 생활 속으로 떨어져가게 마련이다. 내 의견으로는 이것이야말로 현실적인 윤리의 가장 중요한 장(章)의 하나라 하겠다. 자기의 과실, 자기의 회한, 반성에 의한 모든 가련함에서 몸을 분리하는 일이다. "이 분노는 내버려두면 마침내 사라지리라"고 말할 일이다. 상대해주지 아니하자 우는 소리가 들리지 않는 어린애와 마찬가지로 분노도 어느새 사라질 것이다.[83]

> 첫째 규칙은, 현재의 것이건 과거의 것이건 자기 자신의 불행을 남에게 절대로 얘기하지 않는 일일 것이다. 가령 그것을 조심스러운 말로 가려서 하였을 때라 할지라도 남에게 두통이니 구토니 언짢은 심사니 복통이니 하는 것들을 얘기하는 것은, 실례되는 일로 볼 일이다. … 즉 자신의 괴로운 일을 늘어놓는 것은 남을 우울하게 할 뿐이라는 것이다. 가령 그들이 그와 같은 신세한탄을 듣고자 할 때일지라도, 또 사람을 위로해주는 일을 좋아하는 것 같이 보일지라도 결국은 그들을 불유쾌하게 할 뿐이라는 얘기다.

83 알랭, 『행복론』, 정붕구 역, 232쪽 참조.

> 왜냐하면 슬픔이란 독(毒)과 같은 것이어서, 그것을 좋아할 수는 있겠지만 슬픔에서 편안을 찾을 수는 없기 때문이다.[84]

물론 이 책에는 번뜩이는 통찰들도 엿보인다. 행복에 관한 통찰들, 예컨대 "하나의 불평은 무수한 불평을 자아내며, 하나의 공포가 무수한 공포로 줄달음치게 한다. 한 마리의 양이 뛰면 무리 전체가 달음질친다"[85], "감수성이 예민한 사람이 언제나 약간의 인간혐오에 빠지는 이유가 바로 여기에 있다. … 사람들의 입 사이에 오를 것을 염려하고 조심하여 고독을 구하는 민감한 사람을 에고이스트라 일컫는 일은 너무나 지나친 속단일 것이다"[86], "현자가 말한 바와 같이, 우선 행복하라. 행복이란 평화의 열매가 아니고, 평화 그 자체이다"[87]와 같은 문장이 그러하다. 결국 이러한 통찰들로 인해 위에서 본 것 같은 처세에 대한 제안이 나오기도 하고, 때로는 그런 처방을 넘어선 사색적 담론이 전개되기도 한다.

아미엘의 『아미엘 일기』(Journal Intime) 또한 알랭 식의 통찰과 사색으로 구성된 수필 문학이다. 사실 사람들에게 필요한 것은 이러한 처세적 처방, 즉 모랄리스트적 철학이지 어떤 형이상학적 논변이나 사변적인 철학이 아닐지도 모른다. 아미엘의 『아미엘 일기』는 일

---

84 알랭, 『행복론』, 정붕구 역, 309-310쪽 참조.

85 알랭, 『행복론』, 정붕구 역, 209쪽 참조.

86 알랭, 『행복론』, 정붕구 역, 209쪽 참조.

87 알랭, 『행복론』, 정붕구 역, 226쪽 참조.

기인 만큼 더욱 모랄리스트적으로, 즉 알랭 식의 통찰과 사색이 어떠한 형식도 없이 뿜어져 나온다.

아미엘(Henri-Frédéric Amiel, 1821-1881)은 루소와 같은 제네바인이었지만 그처럼 알려지지 않았고, 평생 철학 교수였지만 철학 이론으로서가 아니라 사후에 일기로서 그나마 알려졌다. 소설가 이문열(李文烈)도 『아미엘 일기』를 추천할 만큼 그의 일기는 내밀한 내면세계를 솔직하게 드러내고, 특히 인간과 세계 및 문화 전반에 대해 성찰하는 비평적 문체를 갖고 있다. 가령 모차르트와 베토벤의 음악세계를 비교 분석하는 다음과 같은 문장에서 그 비평적 문체를 읽을 수 있다.

> 모차르트인가 베토벤인가? … 한쪽은 완성된 것이고 다른 쪽은 거대한 것이다. 전자는 완전한 예술의 평화, 직접적인 아름다움이다. 후자는 숭고, 공포와 연민, 반동에 의한 아름다움이다. 후자가 바라는 것을 전자가 부여한다. 모차르트는 빛과 푸른 바다에 고전적인 순수성을 갖고 베토벤은 하늘과 바다와 폭풍의 낭만적인 위대성을 갖는다. 모차르트의 마음은 올림포스의 성스러운 정기에 넘치는 언덕에 살고 있는 것 같고 베토벤의 마음은 질풍처럼 불어대는 시나이의 산모퉁이를 떨면서 기어 올라가는 그것이다.[88]

이렇게 비평적 문체를 가지고 제반 문화에 대해 논하면서도 그는

88 H. F. 아미엘, 『아미엘 일기』, 민희식 역, 범우사, 2003, 64쪽 참조.

평생 독신으로 살았던 자신의 삶에 대한 연민 그리고 사랑과 연애 및 결혼에 대한 미련과 후회를 감추지 않고 드러낸다. 그때는 그녀를 안아줬어야 했다는 식의 넋두리가 자주 나오고, 그러한 신변잡기 같은 기술 속에서도 니체나 쇼펜하우어를 연상하게 하는 여성과 연애에 대한 비판적인 비평이 보인다. 그는 독신생활과 사랑이라는 개인적 신변잡기에서조차 비평적 문체를 엿보인다. 대략 다음과 같은 방식이다.

> 사랑은 자기중심적이고 아무리 보아도 영원한 것이라고 생각되지 않는다면 참된 사랑은 아니다. 영원한 것은 성장하고 발전하며 점점 커가는 것 이외에는 없다. … 무한한 향상이 없는 결혼, 시간적 결혼은 행복을 가져오지 않는다. 그보다는 독립이 낫다.[89]

> 여자가 바라는 것은 이유 없이, 왜라고 할 것 없이 사랑받는 것이다. 자기가 예쁘다든가 사람이 좋다든가 가정이 좋다든가 애교가 있다든가 재치가 있기 때문이 아니고 자기이기 때문인 것이다.[90]

> 여자의 영혼에는 어딘지 애매하고 신비적인 데가 있어서 온갖 미신에 걸리기 쉽고 남자의 정력을 약하게 하기 때문이다. … 여자를 존경하면서도

89 H. F. 아미엘, 『아미엘 일기』, 민희식 역, 30-31쪽 참조.

90 H. F. 아미엘, 『아미엘 일기』, 민희식 역, 71쪽 참조.

여자를 제어하는 일이 오랫동안 가장 좋은 해결이 될 것이다. 교육이 강하고 고귀하고 성실한 여성을 만드는 날에는 그녀의 밑에서는 양심과 이성이 그녀들의 변덕이나 감정의 폭발 등을 제어하기 때문에 그때야말로 '여자를 존경하고 그 마음을 사로잡으라'하고 말할 것이다.[91]

사랑은 따라서 여자에게 지상의 권위이며 그것이 다른 모든 것을 재판하고 선을 결정하는 것이다. 그런데 남자에게 사랑은 선의 다음이요, 위대한 정열이긴 하지만 결코 출세의 원천이거나 이성의 동의어이거나 우수의 표준은 아니다. 고로 여자는 사랑의 완성을 이상으로 삼고 남자 쪽은 정의의 완성을 이상으로 한다고 생각해도 좋을 것 같다.[92] … 진정으로 사랑하는 여자는 자신이 선택한 남자의 영광 속에 몸을 바치기를 원하며, 자신의 애정이 남자를 더욱 위대하고 더욱 강하고 더욱 활동적인 사람으로 만들기를 바란다.[93]

질투는 사랑과 닮았지만 실은 그 반대이다. 질투는 자기가 사랑하는 것의 선을 원치 않고 그 사랑하는 것의 종속과 자기의 승리를 원한다. … 질투는 이기심의 가장 정열적인 형식, 자기를 잊고 자기를 종속시킬 수 없는 전제적이고 까다로운 허영심이 강한 자아의 양상이다.[94]

---

91 H. F. 아미엘, 『아미엘 일기』, 민희식 역, 84-85쪽 참조.

92 H. F. 아미엘, 『아미엘 일기』, 민희식 역, 86쪽 참조.

93 H. F. 아미엘, 『아미엘 일기』, 민희식 역, 87쪽 참조.

94 H. F. 아미엘, 『아미엘 일기』, 민희식 역, 134-135쪽 참조.

이러한 모랄리스트적인 비평에서 한 걸음 더 나아가 그것이 일정한 담론을 형성하고 있는 것이 보나르의『우정론』이다.『우정론』에는 우정의 본질에 관한 통찰과 그로부터 도출되는 사랑의 본질에 관한 사색적 담론이 펼쳐진다. 이 책에서는 그 통찰이 금언이나 격언 혹은 처세에 그쳤던 알랭의『행복론』보다 시간적으로 길고 내용적으로 구성적인 논변과 사색적 담론을 만날 수 있다.

보나르(Abel Bonnard, 1883-1968)의『우정론』(L'Amour et L'Amitié)에 따르면 우정이란 공리(功利)를 초월한 것이다. 즉 우정은 습관이나 이해관계를 초월하여 상대의 성격에 호감을 갖고 그를 절대적으로 신뢰하는 것이다. 반면 사람들은 보통 남을 사랑하지 않고도 잘 살아갈 수 있지만 외톨이가 되는 것을 두려워하기 때문에 습관적으로 동맹을 맺거나 혹은 이해관계에 의한 일종의 거래, 즉 받을 친절과 제공할 친절을 은밀하고도 면밀하게 계산한 후에 우정이라는 깃발을 내건다는 것이다. 이렇게 사람들이 보통 우정이라고 하는 것은 스스로 자신의 감정을 예민하게 분별할 힘이 없기 때문에 착각하여 맺어진 허영심이나 기대에 지나지 않는다. 그러나 이러한 습관적 동맹이나 이해관계를 초월하여 서로의 성격에 대해 절대적인 신뢰를 갖는 정신적인 사귐이 우정이라고 보나르는 말한다.

> 사람들이 보통 우정이라고 부르는 것은, 실제로는 습관이나 동맹에 지나지 않는 것이다. 대부분의 사람들은 남을 사랑하지 않고도 충분히 살아갈

수 있다. 그러나 그들은 외돌토리가 되는 것을 몹시 두려워한다.[95] … 그러나 인간은 습관에 의해서만이 아니라 이해(利害)에 의해서도 결합하게 된다. … 우리는 받을 만한 친절과 제공할 친절을 몰래 그러나 면밀히 계산한다. 자기가 손해를 볼 것 같으면 곧 계약을 파기할 셈인 것이다. … 희미한 어둠 속에서 이러한 거래가 성립되면 두 사람은 밝은 곳으로 나와 우정의 깃발을 내건다.[96] … 대부분의 사람들은 자기가 느끼는 감정의 성질을 잘못 알고 있다. 이와 같은 잘못은 허영심에서 비롯된 것이기도 하지만 정신이 잘못을 분별할 만큼 예민하지 않기 때문인 것이다.[97] … 진정한 우정은 공리(功利)를 훨씬 초월한 것이다.[98] … 사실 우정이란 어떤 상대의 성격을 분명히 파악하고, 선택하기로 한 상대에 대해 절대적인 신뢰를 가지는 것이다.[99]

그리고 우정은 이렇게 습관과 이해를 초월한 정신적인 사귐이기 때문에 현재에 종속되어 환경에 끌려다니지 않고 그것을 초월할 수 있는 교양 있는 사람, 자신을 반성할 여가가 있는 사람 사이에서 성립한다는 것이다. 즉 대부분의 사람들에게 인간이란 그 정도의 차이가 있을 뿐 모두 엇비슷하지만, 세상 사람을 보고도 인간이 싫어지지

95 A.보나르, 『우정론』, 이정림 역, 범우사, 2006, 15쪽 참조.

96 A.보나르, 『우정론』, 이정림 역, 17쪽 참조.

97 A.보나르, 『우정론』, 이정림 역, 17-18쪽 참조.

98 A.보나르, 『우정론』, 이정림 역, 19쪽 참조.

99 A.보나르, 『우정론』, 이정림 역, 20쪽 참조.

않는 사람, 인간 혐오자도 박애주의자도 아닌 사람, 현재에 종속되어 환경에 끌려다니지 않고 그것을 초월하여 자기 자신으로부터 떠날 수 있는 사람, 한 구절의 시구(詩句)로도 조용히 비탄을 이길 수 있는 교양 있는 사람만이 속사(俗事)를 초월하여 각자의 개성을 아낌없이 나누는 친구를 가질 수 있다는 것이다. 이런 사람들이야말로 우정에 알맞은 사람이라고 보나르는 말한다.

이러한 사람들 사이에서는 서로 인정받으려는 것이 아니라 서로 이해하는 즐거움이 있고, 상대에 대한 우월감이 아니라 상대를 발견하는 정신 활동이 있다. 그들은 언제나 이해받을 것으로 깊이 믿기 때문에 어떤 말이라도 할 수가 있는, 무한한 신뢰의 기쁨을 느끼면서 진실을 찾고자 하는 사심 없는 정신 활동을 나누는데, 우정은 이렇게 정신의 궁전에서 열리는 마음의 향연이다. 따라서 "한 친구를 발견한다는 것은 한마디로 인간을 찾아내는 것이고, 우리에게 이 이상 행복한 일도 이 이상 중요한 일도 없다"[100]라고 보나르는 말한다.

이에 반해 연애는 대조된다. 우정이 세속을 초월할 수 있는 교양 속에서 나누는 정신의 활동인 데 비해 연애는 우리 속의 가장 고귀한 것과 가장 미천한 것에 번갈아 관계한다는 것이다. 즉 우정이 정신의 고귀한 사귐이라면 연애는 그런 고귀한 사귐만으로는 빈약해질 위험이 있어서 그런 상승 욕구만큼 타락 욕구와 관련된다는 것이다. 연애는 이렇게 정신적 사귐만이 아니고, 주로 정신의 승낙 없이 시작하며,

---

100 A.보나르, 『우정론』, 이정림 역, 21쪽 참조.

그것은 관계가 힘을 얻고 난 후에 정신의 추후 승인을 받는다. 이런 까닭에 연애는 갑자기 영락(零落)한 애인의 모습 때문에 애정이 식을 수 있을 만큼 겉보기가 중요하고, 무엇이든지 말할 만큼 솔직하다고 자신하지만 실은 늘 감출 필요가 있으며, 진실보다 과장이 필요하다.

> 거의 언제나 정신의 승낙 없이 시작된다는 것이 연애가 내포하는 약점이다. 연애가 이미 힘을 얻은 상태가 된 뒤에야, 우리는 비로소 정신에 대해 그 선택의 추후 승인을 강요하는 것이다.[101] … 연인들은 서로 아무리 성실하다고 생각하더라도, 실제의 모습에 의해서만이 아니라 겉보기의 모습에 의해서도 사랑하는 것이다. 그러므로 여자는 언제까지나 아름다울 필요가 있고 남자는 언제나 강할 필요가 있다. … 자기에게 가장 다정하고 달콤한 말을 걸어 주던 사람을 갑자기 영락(零落)한 바로 그 모습 때문에 잃게 된다는 사실을 명심해야 한다. 연인들은 서로 무슨 말이든지 털어놓을 수 있다고 자부하지만, 대체로는 항상 무엇인가를 서로 감출 필요가 있다.[102]

연애의 이러한 양가성 때문에 우정이 정신과 진리의 나라에서 발전하는 데 반해 그것은 사기성(詐欺性)이 없으면 존속될 수 없다고 보나르는 말한다. 이에 연애는 아무리 걸작이라도 무수한 모방자들이 있고, 연애 감정은 누구에게나 다소간 존재하지만, 우정의 걸작은

---

101 A.보나르, 『우정론』, 이정림 역, 62-63쪽 참조.

102 A.보나르, 『우정론』, 이정림 역, 63쪽 참조.

보통 사람이 생각해 본 적 없는 놀라운 것이므로 특정한 사람에게만 존재한다고 말한다. 또한 연애는 좋아하는 여자가 다른 남자에게 호의를 갖고, 그 남자가 자신보다 더 나은 남자라고 생각되면 그는 사랑의 고뇌에 시달리는데, 우정은 친구가 저열한 사람과 어울리는 것만 경계할 뿐 그가 아끼는 사람의 수가 늘면 기뻐한다. 이렇게 우정은 개방적이지만 연애는 배타성과 폐쇄성을 갖는다고 보나르는 말한다.

따라서 우정은 정신적인 사귐을 할 수 있는 사람, 정신을 통해 진실을 추구할 수 있는 사람, 즉 "고독한 사람"에게만 향유될 수 있는 사귐이라는 것이다. 이때 고독한 자는 결과적으로 고독하게 외따로 떨어진 자가 아니라 내적으로 고독에 처할 수 있는 자이다. 이러한 고독은 하나의 세계를 잃어버림을 통해서가 아니라 하나의 세계를 발견함으로써 만들어진다고 보나르는 규정한다. 즉 그는 외톨이가 아니라 그의 마음이 정신의 별들로 가득 차 있어서 오로지 숭고한 우정만 맺을 수 있다는 것이다.

끝으로 바슐라르를 통해 수필 속의 철학, 즉 수필 문학에서 드러나는 깊이의 세계를 살펴보려 한다. 물론 바슐라르는 수필가가 아니라 프랑스 현대 테마비평가이자 이른바 문학철학이라는 새로운 철학을 제시한 현대 철학자이다. 그러나 그의 글쓰기 방식은 논증적인 철학적 글쓰기가 아니라 모랄리스트 전통을 내포하는 자유로운 글쓰기, 즉 수필 문학이라고 할 수 있다. 또한 그의 철학은 문학철학이라고 불릴 만큼 문학비평과 철학이 융합된 개성적이고 독창적인 내용성을 갖는다. 이는 서구의 주류-비주류 철학의 구도로 파악되지 않고 그것과 궤를 달리하는, 전혀 새로운 형태의 철학이다. 이러한 그의 독창적인 철학은 특이한 그의 삶의 이력에서 비롯된다고 생각된다.

바슐라르(Gaston Bashelard, 1884-1962)는 프랑스 샹파뉴 지방의 작은 마을의 우체국에 근무하며 독학으로 공부하여 급기야 철학박사와 문학박사를 받고, 소르본대학 교수가 되어 끝내 프랑스 최고의 영예인 레지옹 도뇌르(Legion d'Honneur) 훈장을 받는다. 어떻게 보면 입지전적인 인물이지만, 그의 철학 이론이나 문체는 어떤 경직성도 없이 자유롭고 동시에 풍부한 미적 향취를 풍겨 사람을 매혹시킨다. 그 매력은 노벨 문학상을 받았던 프랑스 철학의 대부 베르그송을 능가하는 듯하고, 아마도 계몽주의와 낭만주의 시대를 풍미했던 루소에 비길 만하다. 이처럼 정규교육을 받지 않은 아웃사이더들이 태어나고, 이들을 사회적으로 인정하는 프랑스라는 나라의 인문학적 전통에 존경심마저 든다.

특히나 바슐라르의 문학철학에서 그 매력을 여실히 느낄 수 있는데, 그 핵심 키워드는 '몽상'(Rêverie)이다. 바슐라르에게 몽상은 두 종류이다. 하나는 '형식적 상상력'(l'imagination formelle)이고, 다른 하나는 '물질적 상상력'(l'imagination matérielle)이다.[103] 그는『물과 꿈』(L'Eau et les Rêves)에서 우리가 보통 상상력이라고 하는 것은

---

103 G. Bachelard, *L'Eau et les Rêves*, Librairie José Corti, 1942, p. 2 참조; 가스통 바슐라르,『물과 꿈』, 이가림 역, 문예출판사, 1996, 6쪽 참조.

형식적 상상력이고, 이 외에 물질적 상상력이 있는데, 그것은 물질적 이미지에 의해 환기되어 형식적 상상력에 생명을 부여하는 상상력으로서 보다 내면적인 상상력이라고 말한다. 즉 두 몽상은 완전히 분리하는 것이 불가능하지만, 물질적 상상력은 물, 불, 흙, 공기의 고대 4원소와 같은 물질이 환기시키는 이미지에 의해 움직이는 몽상이고, 그로 인해 형식적 상상력이 갖는 가변적 형식이나 공허한 이미지가 그 내적 실체와 무게를 갖게 하는 근본적인 몽상이라는 것이다.

> 우리의 정신이 갖는 상상적 힘은 매우 다른 두 개의 축 위에서 전개된다. … 바로 이것을 철학적으로 표현한다면 형식적 요인에 생명을 부여하는 상상력, 또는 더 간단히 말한다면, '형식적 상상력'과 '물질적 상상력' 두 가지로 구별할 수 있다.[104] … 그러나 상상력의 심리학자들에 의해서 빈번히 환기되는 형식의 이미지 이외에 물질의 이미지, 즉 "물질의 직접적" 이미지가 있다. … 이러한 물질의 이미지가 형식, 즉 소멸하기 쉬운 형식, 공허한 이미지, 변화하는 표면에서 멀어짐에 따라 사람들은 본질과 내면의 깊은 곳에서 꿈을 꾼다.[105] … 아마도 두 개의 상상적 능력이 … 양자를 완전히 분리하는 것은 불가능하기까지 하다.[106]

---

104 G. Bachelard, *L'Eau et les Rêves*, p. 1-2; 가스통 바슐라르, 『물과 꿈』 이가림 역, 6쪽 참조.

105 G. Bachelard, *L'Eau et les Rêves*, p. 2; 가스통 바슐라르, 『물과 꿈』 이가림 역, 6-7쪽 참조.

106 G. Bachelard, *L'Eau et les Rêves*, p. 2; 가스통 바슐라르, 『물과 꿈』 이가림 역, 7쪽 참조.

그래서 바슐라르는 "깊이 꿈꾸기 위해서는 '물질'(matière)과 함께 꿈꾸지 않으면 안 된다"[107]라고 말한다. 즉 인간은 개념적인 사유 이전에 상상력을 통해 세계를 꿈꾸고,[108] 사유 이전의 이러한 존재 세계에 대한 몽상은 곧 물질의 이미지에 의해 이루어지는 상상력, 즉 물질적 상상력이라는 것이다. 예컨대 강가에서 태어난 사람은 그의 몽상이 물의 이미지에 의해 지배되는데, 그로써 그에게 고향이란 다름 아니라 물이라는 물질이 불러일으키는 이미지에 의해 파악된 것이자 그 인상에 의해 각성된 것이다. 이에 바슐라르는 고향이 공간의 넓이가 아니라 물질, 즉 화강암이나 흙, 바람이나 건조함, 물이나 빛이고, 이렇게 존재는 물질이 의식에 새긴 인상에 대한 각성이자 눈뜸이고, 따라서 개인은 일반적인 인상이 아니라 특수한 인상의 총체라고 말한다.[109]

그리고 이러한 물질적 이미지에 의한 존재 세계에 대한 몽상은 인간의 의식을 지배하는데, 그것은 이 몽상으로 인해 무의식적으로 편애하는 하나의 이미지와 원시적인 감정이 생기기 때문이다.[110] 이는 물질적 상상력이 물질과 그 이미지를 통해 인간 무의식에 관여한다는 의미이다. 가령 일찍이 뱃사람들이 먼 뱃길을 떠날 때 그것은

---

107 G. Bachelard, *L'Eau et les Rêves*, p. 33; 가스통 바슐라르, 『물과 꿈』, 이가림 역, 38쪽 참조.

108 G. Bachelard, *La poétique et l'espace*, Presses Universitaires de France, 1992, p.4 참조; 가스통 바슐라르, 『공간의 시학』, 곽광수 역, 민음사, 1995, 86쪽 참조.

109 G. Bachelard, *L'Eau et les Rêves*, p. 10, p. 11 참조; 가스통바슐라르, 『물과 꿈』, 이가림 역, 15쪽, 16쪽 참조.

110 가스통 바슐라르, 『촛불의 미학』, 이가림 역, 문예출판사, 1997, 11쪽 참조.

단순히 만선(滿船)이라는 목적, 그런 합리적인 이유 때문에 그렇게 하는 것이 아니라고 바슐라르는 말한다. 그렇게 항해를 나갈 수 있는 근본적인 이유는 항해가 갖는 갖가지 불안을 상쇄시킬 만큼 강력한 무의식적 동기가 작용하기에 가능한 것이고, 마찬가지로 켈트인들의 풍습 속에서 발견되는 '죽음의 나무'(Todtenbaum)도 동일한 방식으로 이해될 수 있다는 것이다. 즉 죽음의 나무는 망자가 태어났을 때 심은 나무로 그의 관을 만들어 그를 물에 띄워 보내는 장례 풍습인데, 하필 물에 띄워 보내는 것은 바다가 태양을 잠기게 하지만 그로부터 태양이 다시 떠오르는 것처럼 물은 죽음의 차디찬 포옹을 삶의 포옹으로 바꾸어 놓을 것이라는 무의식적인 믿음, 삶은 죽음을 믿을 수 없기 때문에 그렇게 한다는 것이다. 이렇게 바슐라르는 물질이 그 이미지를 통해 인간 무의식에서 발현되는 상상력을 열어 밝힌다고 본다.

바슐라르는 물질적 상상력과 무의식의 이러한 관계를 근거로 물, 불, 흙, 공기의 몽상과 그것을 형상화한 작품과 작가에 대해 논한다. 이것이 바로 그의 '문학철학'이라 할 수 있는데, 그 가운데 우리는 물의 작가 알베르 카뮈, 에드거 앨런 포의 물의 몽상, 그리고 공기의 작가 니체를 떠올리게 된다. 먼저 알베르 카뮈(Albert Camus)는 바슐라르가 직접 분석하는 작가는 아니지만 그의 몽상론을 근거로 볼 때 물의 작가로 분류될 수 있다. 특히 카뮈의 자전적인 작품인『안과 겉』(L'Envers et L'Endroit)은 그에 대한 단서를 보여주는데, 그것은 제1차 세계대전에서 남편을 잃고 노동자로서 살았고 반벙어리인 까닭에 아들을 사랑하지만 사랑을 잘 표현할 줄 몰랐던 그의 어머니와, 그러한 어머니의 동물적 침묵이 무서워서 짐짓 달려가던 걸음을 멈추고 많은 것을 느껴야 했던 어린 카뮈의 일화에서 드러난다.[111] 여기서 이 "이상한 침묵의 어머니"의 이미지는 곧 그의 문학의 핵심인 부조리 개념을 드러내는 실마리이다.[112]

또한 카뮈는 한 작가의 작품은 그의 마음을 처음으로 열게 했던 몇 가지 이미지를 찾는 긴 여정에 불과하다고 말하는데,[113] 그에게서 이 이미지는 바로 "한 어머니의 감탄할 만한 침묵"[114]이요, "그것은 말 없고 무관심한 어머니와 그것이 대변하는 세계의 투명한 단순성"[115]이다. 그는 그가 세계의 심오한 뜻을 느낄 때마다 그를 흔들어 놓는 것은 이 단순성이고, 그리고 어머니의 이상한 무관심이라고 고백한다.[116] 즉 카뮈의 문학과 사상의 근저를 이루는 '부조리'를 이해하는 데 매우 중요한 실마리는 바로 이 이상한 침묵하는 어머니의 이미지에 있고, 이 침묵의 어머니는 바로 부조리한 세계의 단순함(la simplicité absurde du monde)을 나타내는 상징적 이미지라는 것이

---

111 A. 카뮈, 『안과 겉』, 김화영 역, 책세상, 1995, 66-67쪽 참조.

112 채숙희, 「알베르 까뮈와 언어의 어려움」, 241-244쪽 참조.

113 A. 카뮈, 『안과 겉』, 김화영 역, 19쪽, 39-40쪽 참조.

114 A. 카뮈, 『안과 겉』, 김화영 역, 39쪽 참조; 채숙희, 「알베르 까뮈와 언어의 어려움」, 242쪽 참조.

115 채숙희, 「알베르 까뮈와 언어의 어려움」, 242쪽 참조.

116 A. 카뮈, 『안과 겉』, 김화영 역, 71-72쪽 참조; 채숙희, 「알베르 까뮈와 언어의 어려움」, 242쪽 참조.

다.[117] 이렇게 카뮈의 문학을 규정하는 부조리 개념은 그의 침묵의 무관심한 어머니의 이미지에서 유래하고, 바로 이 어머니의 이미지는 바슐라르에 따르면 물의 이미지이다.

바슐라르는 정신분석학자 보나파르트 부인의 연구를 통해 융의 무의식 개념에 입각하여 물질적 상상력이 갖는 물질의 이미지를 설명한다. 융의 정신분석학에서 무의식은 아니무스와 아니마와 같은 '원형상'(l'archétype)을 갖는데, "물이라는 물질"은 인간의 심층심리에서 그 무의식적 원형상이 "어머니의 이미지"라는 것이다. 그로써 앞서 언급한 켈트인의 죽음의 나무는 이러한 모성적 이미지를 통해 차가운 죽음이 어머니의 품속으로 들어가는 가장 모성적인 것이 되었다고 해석한다. 즉 망자를 죽음의 나무로 만든 관에 실어 물에 띄워 보냄으로써 망자는 다시 태어나기 위해서 어머니에게 보내지는, 죽음의 차디찬 포옹이 어머니의 포옹이 되는, 죽음의 어두운 물이 삶의 물이 되었다는 것이다. 왜냐하면 인간의 무의식은 죽음을 믿을 수 없기 때문에 바다가 태양을 잠기게 하지만 그로부터 태양이 떠오르는 것처럼 물은 죽음을 다시 소생시키는 어머니의 품이 될 거라는 무의식적인 믿음에서 그렇게 한다는 것이다.

> '죽음의 나무'를 바르게 해석하기 위해서는 융과 더불어 나무는 무엇보다도 모성적 상징이라는 것을 상기하지 않으면 안 되며, 물도 또한 모성적 상

117 채숙희, 「알베르 까뮈와 언어의 어려움」, 242쪽 참조.

징이므로 죽음의 나무 속에 싹을 끼워넣는 것이라는 기묘한 이미지를 붙잡을 수가 있는 것이다. 죽음을 나무의 중심에 놓고, 또 나무를 물의 중심에 위탁함으로써 얼마만큼 모성적 기능이 배가 되어, 융이 말하고 있는 바 "망자는 다시 태어나기 위해서 어머니에게 되돌려졌다"고 상상할 수 있는 매장의 저 신화를 두 번 체험할 수 있게 되는 것이다. 이와 같은 몽상에 있어서 물속의 죽음은 망자로서는 가장 모성적인 것이 되는 것이리라. 융이 다른 데서 말한 것처럼 인간의 욕망이란 "죽음의 어두운 물이 삶의 물이 되는 것, 죽음의 차디찬 포옹이 어머니의 포옹이 되는 것, 나아가서 바다가 태양을 잠기게 하지만 다시 그 깊이에서 탄생되는 그러한 것이다. 결코 삶은 죽음을 믿을 수가 없었던 것이다."[118]

이런 까닭에 카뮈의 작품을 관통하는 부조리 개념은 그의 이상한 침묵하는 어머니의 이미지가 그 무의식적 욕동에 의해 표출된 것이고, 따라서 그의 작품은 이러한 어머니를 의미하는 물의 이미지에 바쳐져 있다고 해석될 수 있다. 예컨대 카뮈의 『이방인』(L'Étranger)은 어머니의 부고를 받는 것으로 작품이 시작되지만 그 날짜가 언제인지 정확히 모르겠다는 주인공 뫼르소의 이야기로부터, 살인 혐의로 기소되었지만 햇빛이 따가워서 아랍인을 쏘았다는 뫼르소의 자기 변론의 절정에 이르기까지 그야말로 부조리 문학이다. 그러나 마치

---

118 G. Bachelard, *L'Eau et les Rêves*, pp. 99-100 참조; 가스통 바슐라르, 『물과 꿈』, 이가림 역, 106쪽 참조.

그가 어머니의 장례식에서 무례하고 장례 직후 여자랑 바닷가에 놀러 가는 등 어머니에게 잘못했기 때문에 재판을 받고 감옥에 가는 것 같은 인상을 강하게 준다. 즉『이방인』에서 드러나는 부조리는 어머니의 이미지에 의해 지배되고 있고, 그것은 물의 이미지로서 마리와의 외유나 살인사건이 모두 바닷가에서 벌어지는 식으로 물의 이미지로 가득 차 있다.

이렇게 해서 카뮈가 그의 작품에서 진심으로 하고 싶었던 말은 물의 이미지를 통해 형상화되고, 작품 속에 형상화되는 이 물의 이미지, 즉 그 물질적 상상력을 비평함으로써 우리는 세계의 부조리라는 단순성이 그의 실제 삶을 인상 지웠던 무관심한 침묵의 어머니에게서 기인함을 발견할 수 있는 것이다. 이는 작가의 전기적 삶을 실증적으로 비평하면서는 발견할 수 없는 작품 속의 심층적 자아 혹은 깊은 나를 드러내는데, 이로써 구비평이 접근하지 못하는 작품의 본질을 밝힐 수 있었다. 이러한 20세기 신비평의 소신은 바슐라르가 물질적 상상력을 통해서 무의식적 자아를 열어 밝힘으로써 테마비평이라는 새로운 논의의 장으로 계승된다고 할 수 있다.

다음으로 카뮈와는 다른 방식의 물의 작가, 즉 에드거 앨런 포(Edgar Allen Poe, 1809-1849)를 보자. 바슐라르는 포야말로 상상력의 통일성이라는 매우 드문 천부적 재능의 혜택을 입은 천재 시인이라고 말하는데,[119] 이는 하이데거(M. Heidegger)가 존재의 부름을

---

119 G. Bachelard, *L'Eau et les Rêves*, p. 63 참조; 가스통 바슐라르,『물과 꿈』 이가림 역, 70쪽 참조.

맨머리로 받아 알린 시인 중의 시인으로 횔덜린(F. Hölderlin)을 거명한 것을 떠오르게 한다. 바슐라르에 따르면 포는 "무거운 물"(eau lourde)의 몽상가이다. 이는 자연에서 발견되는 잠자는 물이나 죽어 있는 물 혹은 깊은 물보다 더 잠에 빠져 있고 죽어 있는 깊은 물로서 특수한 물이다.[120] 여기서 물은 앞서 이야기한 것처럼 어머니의 이미지를 상징하고, "무겁다"는 것은 죽음을 상징한다. 즉 "에드거 포의 시학을 지배하는 이미지는 죽어가는 어머니의 이미지"[121]라고 바슐라르는 보나파르트 부인의 언급을 덧붙인다.

에드거 포의 무거운 물은 곧 죽어가는 어머니의 이미지라는 것, 그것은 포에게 인간적인 것이란 죽음이고, 삶은 죽음을 통해 그려진다는 의미라고 바슐라르는 말한다.[122] 즉 그것은 단적으로 삶의 색깔로 분장된 죽음이다.[123] 누가 어셔 가(家)에 살고 싶어 하겠는가? 라고 바슐라르는 반문한다.[124] 다시 말해서 포의 작품 속에 드러난 물의 이미지는 무거운 물이고, 그것은 죽어가는 어머니를 다시 만난다는 근원적인 몽상이며,[125] 따라서 젊고 아름다운 여성일지라도 시체일 뿐이고, 포에게 나타나는 풍경은 아주 활짝 핀 꽃이라 할지라도

---

120 G. Bachelard, *L'Eau et les Rêves*, p. 64 참조; 가스통 바슐라르, 『물과 꿈』, 이가림 역, 71쪽 참조.

121 G. Bachelard, *L'Eau et les Rêves*, p. 65 참조; 가스통 바슐라르, 『물과 꿈』, 이가림 역, 71쪽 참조.

122 G. Bachelard, *L'Eau et les Rêves*, p. 65 참조; 가스통 바슐라르, 『물과 꿈』, 이가림 역, 71쪽 참조.

123 G. Bachelard, *L'Eau et les Rêves*, p. 88 참조; 가스통 바슐라르, 『물과 꿈』, 이가림 역, 93쪽 참조.

124 G. Bachelard, *L'Eau et les Rêves*, p. 87 참조; 가스통 바슐라르, 『물과 꿈』, 이가림 역, 93쪽 참조.

125 G. Bachelard, *L'Eau et les Rêves*, p. 65 참조; 가스통 바슐라르, 『물과 꿈』, 이가림 역, 71쪽 참조.

분장된 시체와 같은 것임을 말한다.[126] 왜냐하면 무거운 물은 잠자는 물이기 때문에 부동의 물은 죽은 자들을 환기시키고,[127] 포를 이해하려면 미와 죽음과 물의 종합을 꾀하지 않으면 안 된다고 바슐라르는 말한다.[128]

가령 포의 대표작이라고 할 수 있는 『어셔 가(家)의 몰락』을 거론하지 않더라도 그의 단편들, 즉 『검은 고양이』 혹은 『계란형 얼굴의 초상』만 보더라도 금방 작품 속에 그려진 삶이 죽음임을 확인할 수 있다.[129] 『검은 고양이』(The Black Cat)는 섬뜩한 추리소설의 느낌까지 더해져서 문예적 소양이 없는 일반인이라도 삶 속에 그려진 끔찍한 죽음의 그림자를 어렵지 않게 발견할 수 있다. 또한 『계란형 얼굴의 초상』(The Oval Portrait)도 마찬가지인데, 이 작품은 화자인 내가 사냥을 나갔다가 부상을 당하여 숲속에서 "우연히" 발견한 집에서 접한 그림에 관한 이야기이다. 계란형 얼굴을 한 아름다운 부인을 묘사한 이 그림은, 아내보다 그림을 더 사랑했던 한 화가가 아름답고 너무 행복했던 소녀, 즉 그의 아내를 그린 것이다. 어느 날 남편으로부터 초상화 제안을 받고 소녀는 수 주 동안 크고 어두운 방에서 미소 짓고 앉아 있었는데, 그는 작업의 비밀스러운 꿈에 도취되어 그

---

126 G. Bachelard, *L'Eau et les Rêves*, p. 88 참조; 가스통 바슐라르, 『물과 꿈』, 이가림 역, 94쪽 참조.

127 G. Bachelard, *L'Eau et les Rêves*, p.90 참조; 가스통 바슐라르, 『물과 꿈』, 이가림 역, 96쪽 참조.

128 G. Bachelard, *L'Eau et les Rêves*, p.92 참조; 가스통 바슐라르, 『물과 꿈』, 이가림 역, 97쪽 참조.

129 물론 포의 작품 가운데는 그의 아내를 잃고 썼던 「애너벨 리」라는 아름다운 시가 있고, 뒤팽이라는 인물을 통해 탐정소설의 새로운 지평을 제시한 『모르그 가(家)의 살인사건』과 라캉이 자신의 정신분석학 이론을 전개하기 위해 중요하게 분석하는 『도둑맞은 편지』도 있다.

녀가 점점 쇠약해져서 이제 더 이상 아름답지도 않고 행복하지도 않다는 것을 알아챌 수 없었다. 그림이 반쯤 완성되었을 때 사람들은 찬사를 보냈지만 그녀는 아무것도 듣지도 보지도 못한 채 앉아 있었고, 그는 미쳐서 그녀를 볼 때조차도 그의 눈이 그림을 떠나지 않았다. 마침내 그림의 마지막 터치를 하고서 그가 사색이 되어 '이건 살아 있어'라고 외치면서 부인을 돌아보았을 때 그녀는 죽어 있었다는 내용이다.[130]

이렇게 아름답지만 죽어 있는 여인, 그녀를 담은 그림과 그것에 얽힌 이야기가 작품이 진행되는 드라마 속에서 전개되고 마침내 충격적으로 그 모습을 드러내는 것으로 끝난다. 이 작품에서 우리에게 감지되는 것은 내용의 이러저러한 서사보다도 우연히 발견한 그림 속의 아름다운 여인이 곧 죽어 있는 여인이라는 이미지이고, 오직 이것만이 강한 인상을 주며 심지어 우리에게 충격을 준다. 이것이 포가 작품에서 말하려는 몽상의 세계이자 그 무거운 물이 드러내는 죽어가는 아름다운 여인의 이미지이고, 이는 삶은 곧 죽음이며 인간적인 것은 곧 죽음이라는 그의 무의식을 밝혀 준다. 이러한 포의 몽상의 세계 내지 무의식은 온전하지 못했던 실제 그의 삶을 통해서도 증명된다. 즉 보들레르가 발견하기 전까지 포가 오랫동안 작가로서 제대로 인정받지 못한 것도 도박과 술에 빠진 알콜 중독자로 상식적인

130 Philip Van Doren Stern ed., *Edgar Allen Poe*, Penguin Books, 1973, pp. 103-106 참조; E. A. 포, 『우울과 몽상』, 홍성영 역, 하늘연못, 2002, 91-94쪽 참조.

삶을 영위하지 못했던 그의 인생과 그의 가계의 내력 때문이었다.

랭보의 『지옥에서 보낸 한철』이나 보들레르의 『악의 꽃』보다 어떤 의미에서 더 불행하고 더 절망적이며, 도저히 구원의 소망이 없는 나락을 보여주는 작가가 포가 아닐까? 그는 무거운 물이라는 몽상을 통해 끔찍한 죽음으로 점철된 삶의 단면을 작품을 통해 선사한다. 이는 존재의 끝을 걸었던 사람이 온몸으로 자신의 비명을 절규하면서 토해냈을 때만 가능한 서사가 아닐까?

끝으로 공기의 몽상가로서 니체를 보자. 니체(Friedrich Wilhelm Nietzsche, 1844-1900)와 같은 천재는 온갖 원소들의 메타포를 다 사용하지만[131] 그는 물질의 시인이 아니라 행동의 시인이고,[132] 그 때문에 물, 불, 흙 등은 그에게서 일시적일 뿐 물질적 몽상을 불러일으키지 않는다고 바슐라르는 말한다.[133] 즉 흙은 물렁물렁한 땅으로서 니체가 혐오하지만 대지를 열렬히 사랑하는 자로서 그는 그것을 극복하여 지하의 삶을 지하의 행동으로 고쳐 말하고 있고,[134] 물은 너무 쉽게 굴종적이고 축축하고 우수에 가득 차기에 니체 같은 투사가 단호히 거부하며, 심지어 바그너의 음악조차 아침의 맑은 공기와 같

---

131 G. Bachelard, *L'Air et Les Songes*, Librairie José Corti, 1943, p. 153 참조; 가스통 바슐라르, 『공기와 꿈』, 정영란 역, 이학사, 2003, 241쪽 참조.

132 G. Bachelard, *L'Air et Les Songes*, p. 148 참조; 가스통 바슐라르, 『공기와 꿈』, 정영란 역, 234쪽 참조.

133 G. Bachelard, *L'Air et Les Songes*, p. 149 참조; 가스통 바슐라르, 『공기와 꿈』, 정영란 역, 235쪽 참조.

134 G. Bachelard, *L'Air et Les Songes*, pp. 147-148 참조; 가스통 바슐라르, 『공기와 꿈』, 정영란 역, 233-234쪽 참조.

은 음악이 아니라 물결이나 파동의 메타포를 가진, 청중이 헤엄치고 떠다니게 하는 선율이라고 비판한다.[135] 불은 니체적 이미지 속에서 질료가 아니라 힘으로서 그의 역동적 상상력 속에서 역할을 하는데, 그것은 순식간의 벼락이자 진노이고 원한 없는 격앙된 결단이며 공기와 차가움의 변화로 이끄는 요인이라는 것이다.[136]

우선 공기는 질료적 성격이 없는 질료로서 우리를 물질적 예속으로부터 해방시키는 자유의 물질이자 생성의 철학에 적합한 존재라고 바슐라르는 말한다.[137] 니체에게 공기는 일차적으로 이러한 자유의 물질이고, 그것은 셸리에서와 같은 감미로운 향기를 풍기는 공기가 아니라 아무 향내도 없는, 아무것도 없고 단지 더할 나위 없이 깨끗한 공기, 즉 맑고 차갑고 비어 있는 공기이다.[138] 즉 향기는 추억과 욕망과 연결된 것인데, 니체적 공기는 그와 반대로 아무것도 없는 맑은 공기라는 것이다.[139] 그리고 이렇게 맑은 공기를 마신다는 것 속에는 힘의 약속이 들어 있고,[140] 이렇게 신선하고 차가운 공기는 공

135 G. Bachelard, *L'Air et Les Songes*, pp. 149-152 참조; 가스통 바슐라르, 『공기와 꿈』, 정영란 역, 235-241쪽 참조.

136 G. Bachelard, *L'Air et Les Songes*, p. 149 참조; 가스통 바슐라르, 『공기와 꿈』, 정영란 역, 2241-245쪽 참조.

137 G. Bachelard, *L'Air et Les Songes*, pp. 156-157 참조; 가스통 바슐라르, 『공기와 꿈』, 정영란 역, 246쪽 참조.

138 G. Bachelard, *L'Air et Les Songes*, pp. 157-158 참조; 가스통 바슐라르, 『공기와 꿈』, 정영란 역, 247-248쪽 참조.

139 G. Bachelard, *L'Air et Les Songes*, p. 158 참조; 가스통 바슐라르, 『공기와 꿈』, 정영란 역, 248쪽 참조.

140 G. Bachelard, *L'Air et Les Songes*, p. 159 참조; 가스통 바슐라르, 『공기와 꿈』, 정영란 역, 249쪽

격적 능력을 확보하고 있으며, 이는 곧 힘에의 의지를 일깨운다는 것이다.[141] 이렇게 니체에게 공기는 인간 자유의 질료이자 위버멘쉬적 환희의 질료 그 자체이다.[142]

이러한 니체적 공기는 비상의 꿈, 날개 달린 존재에 관한 몽상을 구현한다고 바슐라르는 말한다.[143] 이때의 비상은 서서히 유도된 완만한 이륙이 아니라 존재의 솟구침, 즉 하늘을 향하여 화살을 쏘듯, 번개가 심연으로부터 하늘을 향해 오르듯, 해가 떠오르는 듯 세계에 새롭게 일어남이라는 것이다.[144] 이러한 수직성, 이러한 공격성을 '니체적 해돋이'라고 부르면서 바슐라르는 이것이 니체의 역동적 상상력이라고 한다.[145] 니체 자신 또한 이러한 공기의 동역학을 자신의 정신의 알파요 오메가라고 자평한다.[146] 그리고 공기가 수직의 비상을 하는 역동적 상상력은 힘의 영원회귀이며 그것을 수용하는 운명

참조.

141 G. Bachelard, *L'Air et Les Songes*, pp. 159-160 참조; 가스통 바슐라르, 『공기와 꿈』, 정영란 역, 250-251쪽 참조.

142 G. Bachelard, *L'Air et Les Songes*, p. 156 참조; 가스통 바슐라르, 『공기와 꿈』, 정영란 역, 246쪽 참조.

143 G. Bachelard, *L'Air et Les Songes*, p. 162 참조; 가스통 바슐라르, 『공기와 꿈』, 정영란 역, 254쪽 참조.

144 G. Bachelard, *L'Air et Les Songes*, pp. 178-179 참조; 가스통 바슐라르, 『공기와 꿈』, 정영란 역, 277쪽 참조.

145 G. Bachelard, *L'Air et Les Songes*, pp. 179-180 참조; 가스통 바슐라르, 『공기와 꿈』, 정영란 역, 278-279쪽 참조.

146 G. Bachelard, *L'Air et Les Songes*, p. 176 참조; 가스통 바슐라르, 『공기와 꿈』, 정영란 역, 274쪽 참조.

애라고 바슐라르는 풀이한다.[147] 따라서 니체는 공기의 동역학, 즉 역동적 상상력을 구사한 특별한 시인으로서 "수직적 시인, 정상(頂上)의 시인, 상승적 시인의 전형 그 자체"[148]라고 정리될 수 있다.

이렇게 해서 바슐라르는 고대의 4원소인 물, 불, 흙, 공기의 물질적 상상력을 통해 텍스트 비평을 하고 그것을 통해서 텍스트의 심층적 자아를 보여주었다. 이러한 그의 비평을 현대 프랑스 테마비평 혹은 문학철학이라고 부르는데, 이러한 그의 논의를 통해 우리는 물의 작가인 카뮈의 텍스트에서 드러나는 침묵의 어머니와 그것이 보여주는 부조리 문학의 아우라를, 에드거 포의 무거운 물의 이미지에서 드러나는 죽음으로서의 삶과 그것이 보여주는 그의 실제 삶을, 그리고 니체의 텍스트에서 드러나는 공기의 몽상 속에서 수직적으로 상승하는 힘과 위버멘쉬의 역동적 상상력을 읽어낼 수 있었다. 이러한 물질적 상상력이 방법론적으로 드러내는 심층자아를 통해 우리는 텍스트의 오리진(Organic Unity)을 발견할 수 있고, 여기서 우리는 수필 문학을 통해서 깊이의 세계를 만났다고 말할 수 있다.

---

147 G. Bachelard, *L'Air et Les Songes*, p. 180 참조; 가스통 바슐라르, 『공기와 꿈』, 정영란 역, 279쪽 참조.

148 G. Bachelard, *L'Air et Les Songes*, p. 147 참조; 가스통 바슐라르, 『공기와 꿈』, 정영란 역, 232쪽 참조.

– 문학 속의 광기

누군가 "예술은 광기의 질서다"라고 말했다. 여기서 광기는 영어로 enthusiasm인데, 이 말은 en-thus-iasm으로 그 어원인 그리스어는 in-theos, 즉 god inspired zeal, 신이 지펴진 정열이라는 의미를 내포한다. 이렇게 광기가 단순히 미쳤다는 게 아니라 신이 지펴져서 신에 의해 영감이 부여된 정열이라면, 예술이 광기의 질서라는 것은 무슨 뜻인가?

카뮈의 희곡『칼리굴라』(Caligula)를 보면 미친 황제가 나온다. 칼리굴라는 미쳐서 로마 시내에 불을 질렀던 네로 황제처럼 신 아래, 제국 안에서 유일한 자유인이다. 자유란 일반적으로 자신의 행위에 책임을 지는 제한적 자유인데, 그에게서 자유는 불가능을 원하는 것, 그것을 가능하게 하는 것이다.[149] 이는 권력을 자유의 형태로 위장해서 표현한 것이라 할 수 있다. 그리고 아무리 시인이라고 하지만 네로 황제는 로마 시내에 불을 질러 놓고 구경을 했다고 하는데, 이는 그리스도교인들에게 죄를 뒤집어씌우려는 정치적 술책이었다고 하기도 한다. 또한 네로의 어머니는 네로의 아버지를 살해하고 아들을 황제로 만들어 섭정하려는 권력의 광기에 휩싸인 여자였다. 그런 어머니를 네로가 자궁을 파열시켜 살해했다고 하니 둘 다 권력의 광기에 사로잡힌 인간들이라 하지 않을 수 없다.

---

149 A. 카뮈, 『칼리굴라·오해』, 김화영 역, 책세상, 1999 참조.

앞서 이야기했던 카뮈의 희곡『오해』또한 광기에 휩싸인 모녀를 보여준다. 가난이 가져다준 세월의 고통으로 큰 죄의식 없이 투숙객을 살해해서 바다에 버리는 것으로 연명했고, 두 사람이 그 범죄로 인해 온전히 하나가 돼 있었다. 그로 인해 20년 만에 돌아온 아들마저 알아보지 못하고 살해하고, 어머니는 죄의식으로 아들을 따라 바다에 빠져 죽지만 여동생은 자신만 남겨두고 떠난 어머니를 원망하고 평생 호의호식한 오빠는 죽어도 괜찮다며 아무런 호사도 누리지 못한 자신은 어머니한테 버림받고 죄와 함께 남았다며 오빠가 밉다고 외친다. 광기 어린 외침이다. 그러나 어딘지 모르게 연민을 자아내는 측은한 광기이다. 그에 반해 앞서 이야기했던『돈키호테』는 오히려 광기에서 평정으로 나아가는 구원의 표상을 보여주었다.

그렇다면 인간은 왜 미치는 걸까? 광기는 의학적으로 말할 때 도파민, 아드레날린, 엔돌핀 같은 신경전달물질이 과다 분비된 상태이다. 사자가 말을 물 때 혹은 고양이가 쥐를 물 때 말이나 쥐는 고통 속에서 괴롭게 죽는 게 아니라고 한다. 그때 쥐는 고통 속에서도 엔돌핀이 분비되어 일종의 마취상태에서 죽게 된다는 것이다. 따라서 고통 속에서도 엔돌핀 때문에 고통의 형태로 죽는 게 아닌 것이다. 깨달음도 이와 유사하게 자연 상태에서 엔돌핀을 만드는 과정이라고 한다. 따라서 광기도 자연 상태에서 여러 신경전달물질이 만들어지는 상태, 즉 정신의 균형을 보완하기 위해 자연스럽게 여러 신경전달물질이 과도하게 분비된 상태라고 할 수 있다.

또한 광기는 "사유체계의 굴절"이자 "언어의 거부 현상"이다. 가령 정신질환자를 두고 말한다면 그는 방어기제가 작동하는 까닭에 일반적으로 주변 상황을 잘 모르고 자기 세계에 갇혀 일반적인 상식과 괴리된 사유의 형태를 띠는데, 이는 사유체계가 변형되거나 굴절된 것으로서 망상이라고 할 수 있다. 이러한 망상은 그 정도나 양상에 따라 환각이나 환청을 동반하고, 이러한 사유 굴절의 가장 큰 특징은 언어의 거부 현상이다. 즉 정신질환자는 일반적인 언어 사용을 거부하고 자신만의 망상 체계에 알맞은 언어를 사용하는데, 이러한 언어 사용의 양상은 정신질환의 여부나 그 종류를 판별하는 중요한 기준이 된다. 따라서 광기는 표면적으로는 과도한 신경전달물질의 분비라는 비정상적인 상황이고, 본질적으로는 인간 사유와 언어의 문제로서 그 일반성을 이탈한 상황이라고 할 수 있다.

이러한 광기는 현대 포스트모더니즘 속에서 탐구의 대상이 되고 있다. 푸코(M. P. Foucault, 1926-1984)는『광기의 역사』(Histoire de la folie à l'âge classique)에서 역사가 이성과 권력의 결탁의 역사라고 주장하면서[150] 이성의 가면과 폭력을 고발한다. 그는 이성이 권력과 결탁하여 광기를 어떻게 추방했는지를 역사적 자료를 통해 고발한다. 즉 16세기 종교개혁은 신앙의 자유를 획득한 것으로 역사적으로 기록되지만 실은 그것은 승자의 기록일 뿐 패자의 입장, 가령 마녀사냥을 당한 입장에서 보아야 한다는 것이다. 행성의 타원궤도의 법칙을 비롯한 3법칙을 발표하여, 스승 티코 브라헤가 모은 평생의 자료

150 M. 푸코,『광기의 역사』, 김부용 역, 인간사랑, 1999, 9쪽 참조.

를 근거로 코페르니쿠스의 지동설을 입증했던 천문학의 뉴턴이라 불리는 케플러도 그의 어머니가 마녀사냥으로 화형을 당했다. 이러한 입장에서 푸코는 광기에 대한 이성의 폭력을 방대한 역사적 자료를 토대로 고발하고 역사를 새로운 시각으로 바라볼 것을 주문한다.

이렇게 광기가 이성에 의해 추방된 것은 그것이 이성적으로 추론되는 것이 아니기 때문이지만, 사실 문학의 바탕은 이러한 광기의 표현이다. 그런데 여기서의 미침은 조금 다르다. 그것은 무조건 미친 게 아니라 절제된, 통제된 미침이다. 이를 일반적인 미침과 비교해서 '멋진 미침'이라고 부를 수 있다. 일반적인 미침은 지속성이 없어서 미친 사람은 지속적으로 어떤 활동을 할 수 없지만 멋진 미침은 지속성이 있어서 미쳤다고 알려진 예술가들이 작품활동을 훌륭하게 해내는 것을 볼 수 있다. 가령 젊은 나이에 미쳐서 완전히 격리된 삶을 살았던 횔덜린(J. C. F. Hölderlin, 1770-1843)도 시를 쓸 때만큼은 놀라울 정도로 정상적이었다고 전해진다.[151] 또한 일반적인 미침은 이해력이 없지만 멋진 미침은 이해의 포착력이 뛰어나고, 이에 따라 전자는 전달이 불가능해 무역사적이지만 후자는 전달이 가능해 역사성을 갖는다. 즉 일반적인 미침은 무역사적이어서 문화 패턴에 불일치하지만 멋진 미침은 역사성을 갖는 까닭에 문화 패턴, 즉 기성의 종교, 사회 습속, 도덕 감정에 일치한다는 것이다. 따라서 멋진 미

---

151 피에르 베르토, 『횔덜린 1. 천재와 광기의 시인』, 김선형 역, 책세상, 1997, 9-55쪽 참조.

일반적인 미침	멋진 미침
지속성 없다	지속성 있다
이해력 없다	이해의 포착력이 뛰어나다
전달 불가능	전달 가능
무역사성 ; 문화의 패턴에 불일치	역사성 ; 문화의 패턴에 일치, 전통으로 검증됨

침은 전통을 통해 검증된다.[152]

이에 신비가 스웨덴보리(E. Swedenborg)의 영향을 받았던 영국의 시인 윌리엄 브레이크(William Blake, 1757-1827)는 광기는 'imaginative power', 즉 상상력이라고 했다. 그는 아름다운 삽화를 담은 시 〈무구(無垢)의 노래〉(Songs of Innocence)로 우리에게 알려져 있는데, 그에게 광기는 미친 열광이 아니라 상상력의 형태로 진행되는 것이다. 이때의 상상력은 그냥 상상이나 헛된 망상 혹은 백일몽이 아니라 "의식 내부에서의 구조적 변혁"을 말한다. 가령 피카소의 그림이 기하학적으로 눈, 코, 입이 비뚤어지게 느껴지는데, 그 반대로 안 비뚤어지게 느껴지고 정상으로 느껴지는 것, 이러한 것이 상상력이다. 음악의 경우에 특히 소음과 구별이 안 되는 음악, 예컨대 드뷔시의 〈목신의 오후의 전주곡〉 혹은 스트라빈스키의 〈불새〉나 〈봄의 제전〉은 보통 사람에겐 악성 소음인데, 이것을 듣고 성적 흥분과 같은 오르가즘을 느끼는 사람도 있다. 또한 벨라 바르톡의 〈첼레스타

152 전통은 배격해야 할 고리타분한 봉건적 타파의 대상이 아니다. 그것은 현대에 재해석해야 할 문화의 원천이고, 없으면 안 되는 것이다. 여기에 위배 되면 종교도 사교(邪敎), 예술도 가짜예술이 되기 때문이다.

와 타악기를 위한 소나타〉와 같이 시끄러워서 못 듣는 음악이나 존 케이지의 전위음악에서 참으로 용하게 끝까지 들어내는 끈기가 아니라 그 음악들을 감동적으로 들을 수 있는 것이 바로 상상력이다.

이렇게 광기는 근원적으로 문학적 상상력의 세계이고, 문학은 근원적으로 그러한 광기의 표현이라 하겠다. 이에 니체의 『비극의 탄생』에서 나오는 디오니소스적인 것과 아폴론적인 것으로서의 예술을 말하지 않더라도 예술은 광기의 질서, 신 지펴진 정열의 질서라는 문장이 어느 정도 증명되었다고 생각된다.

시나리오와 철학

시나리오는 영화의 대본 혹은 각본이다. 대본이나 각본의 구분이 분명치 않은 경우도 많지만, 일반적으로 시나리오란 각본의 토대가 되는 대본을 말한다. 즉 각본은 장면의 세부 사항이 자세하게 명기된 반면에 대본은 그러한 각본의 토대가 되는 것으로서 비교적 문학성이 강조된 텍스트인데, 시나리오는 그러한 텍스트 대본을 말한다.[153] 한마디로 시나리오는 영화 제작에 관계된 모든 요소를 담고 있는 선텍스트(pre-text)라고 할 수 있다.[154] 따라서 시나리오에 관한

153 네이버 지식백과 영화사전 참조(검색항목: 시나리오).

154 네이버 지식백과 영화사전 참조(검색항목: 시나리오).

것은 곧 영화에 관한 것이며, 여기서는 영화에 관해 논의하려 한다.

영화라는 말은 cinématographe라는 프랑스어에서 왔는데, "움직이는 사진이나 그림"이라는 뜻이다. 여기서 cinéma라는 말은 '움직임' 혹은 '운동'을 뜻하는 그리스어 kinema(κίνεμα, κίνεσις)에서 유래했다. 그리고 극장을 뜻하는 theatre(theater)라는 말이 주로 연극을 상연(上演)하는 장소를 가리킨다면 영화를 상영(上映)하는 영화관은 cinéma theatre라고 하는데, 여기서 theatre는 그리스어 theathron(θέατρον)에서 기원하는 것으로서 그 동사형 theasthai(θεᾶσθαι)는 '보다'라는 뜻이다. 즉 영화관을 의미하는 cinéma theatre는 어원적으로 "영화를 본다"라는 의미를 지닌다.

영화를 본다는 것은 무엇인가? 그것은 우리에게 문제 되는 깊이와 어떤 관계를 갖는가? 일반적으로 영화는 대중 예술 혹은 통속 예술로 치부된다. 이것은 영화가 통속성을 통해서 대중을 선동하거나 혹은 오락성에 머무는 경향이 있는 예술이라는 의미이다. 이런 까닭에 철학자들은 영화를 꺼려 왔다. 가령 현대 수리철학의 논리주의자 버트런드 러셀(Bertrand Russell)이 평생 영화를 두 번 봤다고 말했듯이 영화는 형이상학을 추구하는 고상한 철학자들에게는 꺼려지는 것이었고, 그것은 금기인 성이 꺼려진 것처럼 폄하됐다. 그러나 포스트모던화된 현대에서 영화는 중요한 문화 콘텐츠로서 더 이상 꺼려지거나 폄하될 수 없는 장르가 되었다.

그렇다면 영화를 본다는 것, 즉 영화 보기는 일차적으로 1-2시간 동안 영상매체를 통해 이루어지는 커뮤니케이션, 즉 영상매체를 통한 일종의 의사소통이다. 다시 말해서 영화 보기는 시각적인 언어작용과 그 텍스트 읽기이다. 그리고 이때의 텍스트 읽기는 곧 문화 읽기이다. 마치 교향곡 작곡가가 다양한 악기의 성능, 즉 그 음색이나 기능 및 연주기법을 숙지하고서 음악의 향연을 펼치듯이 영화감독은 통속성을 지닌 시각적 교향곡 작곡가에 비견될 수 있고, 영화는 그러한 종합 예술로서 하나의 문화인 것이다. 따라서 영화 보기는 시각적 텍스트로 된 문화 읽기라고 할 수 있다.

이러한 시각적 텍스트로서의 문화 읽기인 영화 보기는 정신과 결합된 텍스트 읽기가 되어야 한다. 그래야 우리가 이야기했던 깊이를 포착할 수 있다. 만약 그렇지 않다면 영화 보기는 단지 심심풀이 오락이나 유흥 혹은 자기 파멸이 수반된 쾌락 이외의 아무것도 아닌 것이다. 가령 공자가 『논어』에서 시경에 있는 시에 대해 "생각에 삿됨이 없다"(子曰: 詩三百, 一言以蔽之, 曰: 思無邪)라고 했을 때 혹은 "즐거우나 음탕하지 않고, 슬프나 사람을 상하게 하지 않는다"(子曰: 關雎, 樂而不淫, 哀而不傷)라고 한 것은 바로 이러한 정신적 텍스트 읽기, 즉 텍스트에서 진리를 만나야 한다는 것을 가르쳐 준다.[155] 이는 다시 말해서 텍스트를 그것(Es)으로서 만나는 것이 아니라 너(Du)로서 만나야 한다는 마르틴 부버의 말에 다름 아니다. 즉 하느님의 부름을 담보하는 진리의 만남은 근원적 만남으로서 "나와 그것"이 아니라 "나와

155 공자, 『논어 한글 역주 1』, 김용옥 역, 통나무, 2010 참조.

너"의 만남이라는 것이다.[156]

영화 또한 문화 텍스트인 까닭에 그러한 진리의 만남 혹은 정신적 텍스트 읽기가 되어야 비로소 인간 정신의 깊이로서의 예술적 깊이가 밝혀지게 된다(Erschlossenheit). 영화를 통해 이러한 진리를 전달하려 했고 우리를 진리로 시집 장가 보내고자 했던 사람이 안드레이 타르코프스키(Андрей Арсеньевич Тарковский, 1932-1986) 감독이다. 그는 영화를 통해 진리를 말하는 자라 할 만하다. 1986년 그의 영화 〈희생〉(The Sacrifice)은 칸 영화제 그랑프리를 수상했는데, 이 영화는 암에 걸려 죽음을 선고받은 주인공이 마녀 마리아와 동침함으로써 기적적으로 치유되는 이야기이다. 이에 대해서 타르코프스키는 자신의 영화 제작과정과 영화예술관을 담은 그의 책『봉인된 시간』(Die Versiegelte Zeit)에서 다음과 같이 말한다.

> 형식적으로 볼 때 나의 새 영화는 우화의 수법을 쓰고 있다. … 첫 번째 구상은 〈마녀〉라는 제목을 갖고 있었으며, 사건의 중심으로, 주치의로부터 시한부 인생이라는 끔찍한 선고를 받은 불치의 병에 걸린 남자의 기이한 건강 회복의 이야기가 설정되어 있었다. 환자는 자신의 상황을 파악하고 있다: 그는 자신에게 죽음이 선고되었다는 사실을 절망적으로 인식하고 있는 것이다. 어느 날 누군가가 방문을 두드린다. 문밖에는 —우편 배달부 오토— 한 남자가 서 있으며 그는 환자 알렉산더에게 정상적인 사람에게

156 마르틴 부버,『나와 너』, 황문수 역, 문예출판사, 1994 참조.

는 부조리하기 짝이 없는 소식을 전해 준다. 알렉산더는 마녀로 알려졌으며, 기이하고 신비한 힘을 갖고 있는 여자에게로 가서 그녀와 동침을 하여야만 한다는 것이다. 환자는 그 말대로 따르고 나서 신의 은총으로 병이 치유되며 그의 친구인 의사는 곧 그의 병이 나았음을 놀랍게도 확인해 준다: 그는 완전히 나은 것이다.[157]

영화는 마녀를 통해 병이 치유된다는 우화적 수법을 통해 현대인이 잃어버린 기적의 세계를 상기시킨다. 즉 이 영화는 우리의 이성적이고 합리적인 법칙성 건너편에 있는, 예언과 희생과 기적에 가득 찬 세계와 그 중요성을 전하려 한다.[158] 그런데 병이 치유되는 기적이 발생하기 위해서, 즉 구원되기 위해서는 마녀와 동침한다는, 즉 정상적인 행동 논리를 벗어난 황당무계한 미친 짓을 체험해야 한다는 것이다. 이 점이 수수께끼이다. 이 무의미하고 부조리하며 미친 짓이 오직 삶에 꼭 필요하지 않은 것을 죄악시하고 물질세계와 그 법칙을 벗어나지 못하는 자들의 눈에만 그렇게 보일 뿐, 그것은 사실 희생을 가능하게 하는 실존의 세계라고 타르코프스키는 말한다.[159] 즉 우리가 경험적 체험 공간을 넘어서고 이기주의를 포기할 수 있다면 우리는 비로소 다른 이나 일을 위해 자신을 희생할 수 있는 능력

---

157 안드레이 타르코프스키, 『봉인된 시간—영화 예술의 미학과 시학』, 김창우 역, 분도출판사, 1995, 294-295쪽 참조.

158 안드레이 타르코프스키, 『봉인된 시간—영화 예술의 미학과 시학』, 김창우 역, 307쪽 참조.

159 안드레이 타르코프스키, 『봉인된 시간—영화 예술의 미학과 시학』, 김창우 역, 304쪽 참조.

을 갖게 되고, 그러한 희생을 스스로 경미하게라도 느끼지 않는 한 우리는 인간으로서 존재하기를 중단한 것이라는 실존적 진리를 영화는 전하고 있는 것이다.[160] 따라서 타르코프스키는 이 영화가 희생의 이야기이면서 동시에 구원의 이야기라고 한다.[161]

> 종교적 인간으로서의 내 흥미를 끄는 것은 … 자신을 희생할 수 있는 능력을 가진 사람이다. 이 같은 행위는 두말할 나위 없이 모든 이기주의적인 관계에 대한 전면적인 포기를 전제로 한다. 다시 말하면 희생자는 정상적 행동 논리를 벗어나 일종의 실존적 상태에서 행동한다. … 모든 것을 희생하고 자기 자신까지도 희생할 각오가 되어 있는 사람이 움직이는 공간은 우리들의 경험적 체험 공간에 대한 일종의 대조물을 형성하지만 그 때문에 덜 사실적이지는 않다.[162]

> 엄격한 의미에서 그리고 철저하게 희생의 개념에 일관하자면, 이는 남을 위하여 혹은 어떤 일을 위하여 자신을 희생할 수 있는 능력을, 스스로에게서 최소한 경미한 정도로도 느끼지 않는 한, 그 인간은 인간으로 존재하는 것을 중단한 사람이라는 말이다. 이 같은 인간은 자신의 삶을 기계적으로 움직이는 로봇과 바꿀 준비가 되어 있는 사람인 것이다.[163]

---

160 안드레이 타르코프스키, 『봉인된 시간—영화 예술의 미학과 시학』, 김창우 역, 291-293쪽 참조.

161 안드레이 타르코프스키, 『봉인된 시간—영화 예술의 미학과 시학』, 김창우 역, 205쪽 참조.

162 안드레이 타르코프스키, 『봉인된 시간—영화 예술의 미학과 시학』, 김창우 역, 291-293쪽 참조.

163 안드레이 타르코프스키, 『봉인된 시간—영화 예술의 미학과 시학』, 김창우 역, 293쪽 참조.

무의미하고 반합리적일 듯한 마녀와의 동침은 우리를 치유의 기적으로 안내하는 희생의 세계, 즉 실존적 결단의 세계인 것이다. 우리는 희생할 수 있을 때, 즉 그와 같은 실존적 진리를 수용할 때만 비로소 경험적 합리성과 실용적 물질세계를 넘어선 삶의 참된 실재에 도달할 수 있고, 그 실재의 세계는 인간이 스스로 자신의 존재를 정립하는 치유와 기적의 세계이다. 즉 희생할 수 있을 때 비로소 인간 실존의 구원이 가능하다는 것이다. 그리고 이러한 것을 상징하는 장면이 죽은 나무에 물을 주는 장면이다. 영화사를 통틀어 가장 긴 장면이라고 한 이 장면을 타르코프스키는 믿음의 상징이라고 했는데, 이는 한 수도승이 모든 이성에 반하여 메말라 시들어버린 나무에 참을성 있게, 어떤 유혹에도 굴하지 않고 신의 기적을 믿고 수년 동안 물통을 날랐더니 어느 날 앙상하게 메말랐던 가지가 푸른 잎으로 뒤덮였다는 전설처럼 우리도 그렇게 할 수 있어야 한다는 것이다.[164]

> 내가 처음부터 중요시한 것은 관객들을 … 이 무의미하고 부조리해 보이는 행동 속으로 감정적으로 끌고 들어가려는 것이었다. 관객들은 이 미친 짓이라고 하는 행위에 직접 참여하여야만 한다. 그렇다, 관객들은 말하자면 알렉산더의 병든 의식을 통해 왜곡되어 그의 미친 짓을 실제의 현실에서 체험하여야만 한다. 나의 전 작품 중에서 가장 긴 장면(쇼트), 아마도 영화사(史)를 통틀어 가장 긴 장면일 듯한 6분짜리 이 장면은 이런 연유에서

164 안드레이 타르코프스키, 『봉인된 시간—영화 예술의 미학과 시학』, 김창우 역, 308-309쪽 참조.

길어진 것이었다.[165]

즉 희생이라는 실존적 행위를 믿음을 가지고 해낼 수 있어야 하고, 그럴 수 있을 때 잃어버린 인간존재의 원천을 다시 찾을 수 있다는 것이다.[166] 현대인은 인간존재의 원천을 잃어버리고 말조차도 그것이 가졌던 신비한 역할을 상실한 채 잡담으로 변하고 있고, 그런 까닭에 질식할 정도로 많은 정보에 시달리면서도 정작 우리의 삶을 변화시킬 수 있는 소식은 우리에게 전달되지 않고 있다.[167] 이런 가운데 유일하게 예술만이 우리에게 실존과 구원의 가능성을, 그렇게 할 수 있는 재능을 보존하고 있다고 타르코프스키는 말한다.[168] 즉 그는 이미지를 위주로 하는 영상매체를 통해서 말이 가졌던 신비한 능력을 회복하고, 그것을 통해 희망할 줄 알고 삶에서 설명할 수 없는 신비와 기적을 신뢰하며 희생할 수 있는 도덕적 심성에 다가갈 수 있는 인간, 그리로 결단할 수 있는 실존적 진리를 전달하고 싶었다는 것이다.[169]

이렇게 실존적 결단을 촉구하여 인간의 본성으로 나아가게 하는 예술의 소명, 즉 하이데거적 의미의 예술의 근원을 타르코프스키

165 안드레이 타르코프스키, 『봉인된 시간—영화 예술의 미학과 시학』, 김창우 역, 304쪽 참조.

166 안드레이 타르코프스키, 『봉인된 시간—영화 예술의 미학과 시학』, 김창우 역, 308쪽 참조.

167 안드레이 타르코프스키, 『봉인된 시간—영화 예술의 미학과 시학』, 김창우 역, 308쪽 참조.

168 안드레이 타르코프스키, 『봉인된 시간—영화 예술의 미학과 시학』, 김창우 역, 307쪽 참조.

169 안드레이 타르코프스키, 『봉인된 시간—영화 예술의 미학과 시학』, 김창우 역, 307-308쪽 참조.

는 영화예술을 통해서 제시하고 있다. 이는 영화예술이 전하는 깊이의 세계라고 할 수 있다. 그런데 진리와 비진리는 등근원적이라는 하이데거의 말처럼 진리는 은폐로부터 알레테이아(탈은폐) 될 때 개시되는 까닭에 영화 보기는 그러한 진리 발견의 사건이라기보다는 진리 은폐 속으로 숨는 퇴락이 되기 쉽다.[170] 이러한 점을 신마르크스주의의 이데올로기 비판의 관점에서 지적한 사람이 아도르노(Th. W. Adorno, 1903-1969)이다. 아도르노는 그의 『계몽의 변증법』(Dialektik der Aufklärung)에서 프랑크푸르트학파의 문화산업론을 가지고 영화를 기만으로서의 문화산업으로 보고 비판이론을 전개하는데, 결국 이를 극복할 대안을 자율예술에서 찾고 『부정 변증법』(Negative Dialektik)과 『미학 이론』(Ästhetische Theorie)에서 그것을 제시한다.

문화산업(Kulturindustrie)은 20세기의 기술과 매스미디어의 발달로 탄생했다. 즉 그것은 TV, 라디오, 영화와 같은 미디어의 발달로 특권층의 전유물이었던 문화를 많은 사람들, 즉 대중이 누릴 수 있는 시스템이 마련되면서 생겨난 것이다. 이렇게 대중이 문화를 향유하는 이른바 대중문화는 문화의 민주화라고 할 수 있는 변화를 가져왔는데, 이에 대해서 비판적 시각을 드러내며 대중문화를 자본주의가 만들어낸 문화산업이라고 명명한 이들이 바로 신마르크스주의이다. 신마르크스주의는 마르크스주의 문화이론으로서 생산양식으로

---

170 M. Heidegger, *Sein und Zeit,* Frankfurt (M), 1977, §44 참조.

서의 토대와 정신문화로서의 상부구조의 관계를 결정론적인 것으로 보는 반영이론 혹은 경제 결정론의 정통 마르크스주의 해석에서 벗어나, 토대가 상부구조를 조건 지우는 준거틀로 보는 수정 마르크스주의이다.[171] 1930년대 독일의 프랑크푸르트 대학의 사회문화연구소에서 출발한 이른바 프랑크푸르트학파는 바로 이러한 마르크스주의 문화이론의 전형이었다.

아도르노는 호르크하이머(Max Horkheimer), 하버마스(Jürgen Habermas), 벤야민(Walter Benjamin), 마르쿠제(Herbert Marcuse), 에리히 프롬(Erich Fromm) 등과 더불어 프랑크푸르트학파의 중요 이론가로 19세에 음악평론가로 활동하며 쇤베르크(A. Schönberg)와 알반 베르크(Alban Berg) 등의 현대 무조음악에도 조예를 보였던 비판이론가이다. 그는 호르크하이머와 공저한 『계몽의 변증법』에서 "영화와 같은 문화산업은 하나의 기만"이라고 말한다. 왜냐하면 문화산업은 문화를 하나의 상품으로 만들어내고, 그 문화 상품은 필연적으로 규격화되고 획일화되기 때문이다. 가령 여러 유형의 인기 가요나 인기배우, 멜로물이 돌고 돌지만 실제로는 변화가 없고, 겉보기에 다른 것처럼 보이지만 사실은 전혀 변화 없는 반복일 뿐이며 세부 사항만 대체되는 것이 그러한 예이다.[172] 이로 인해 A 영화와 B 영

171 김창남, 『대중문화의 이해』, 한울 아카데미, 2002, 53-55쪽 참조.

172 M. 호르크하이머/Th. W. 아도르노, 『계몽의 변증법』, 김유동·주경식·이상훈 역, 문예출판사, 1996, 175쪽 참조.

화의 차이 혹은 클라이슬러의 모델과 제너럴 모터스의 모델의 차이란 근본적으로 환상일 뿐이고,[173] 가치의 유일한 척도는 오로지 상품이 이목을 끌 수 있게 포장이 잘 되었는가에 집중될 뿐이라는 것이다.[174]

문화 상품이 이렇게 차이가 없어지며 획일화되는 것은, 그것이 자본에 종속되어 있어서 결국 최고경영자의 의도 혹은 그의 비위를 맞추지 않으면 안 되기 때문이라고 아도르노는 말한다.[175] 가령 영화산업이 은행업에 매여 있고,[176] 배우의 연기는 기업의 연기지침이나 기업의 생리에 종속되며,[177] 심지어 대형영화 제작책임자는 여주인공의 치마를 어느 정도까지 올리느냐 하는 것까지 치밀하게 결정한다.[178] 이에 따라 사실은 합리적으로 보이지만 그것은 지배의 합리성 혹은 소외된 사회가 갖는 강압적 성격일 뿐이고,[179] 자본주의하에서 문화는 문화산업으로서 자본가의 입맛에 맞는, 그들의 이데올로기가 반영된 '이식문화'에 불과하다는 것이다.

---

173 M. 호르크하이머/Th. W. 아도르노, 『계몽의 변증법』, 김유동·주경식·이상훈 역, 172쪽, 173쪽 참조.

174 M. 호르크하이머/Th. W. 아도르노, 『계몽의 변증법』, 김유동·주경식·이상훈 역, 173쪽 참조.

175 M. 호르크하이머/Th. W. 아도르노, 『계몽의 변증법』, 김유동·주경식·이상훈 역, 172쪽 참조.

176 M. 호르크하이머/Th. W. 아도르노, 『계몽의 변증법』, 김유동·주경식·이상훈 역, 172쪽 참조.

177 M. 호르크하이머/Th. W. 아도르노, 『계몽의 변증법』, 김유동·주경식·이상훈 역, 171쪽 참조.

178 M. 호르크하이머/Th. W. 아도르노, 『계몽의 변증법』, 김유동·주경식·이상훈 역, 178쪽 참조.

179 M. 호르크하이머/Th. W. 아도르노, 『계몽의 변증법』, 김유동·주경식·이상훈 역, 170-171쪽 참조.

영화와 라디오와 잡지는 개개 분야에 있어서나 전체적으로나 획일화된 체계를 만들어내고 있다.[180] … 배우들의 연기는 기업이 연기의 지침을 내리기 전에 이미 기업의 생리에 종속된다.[181] … 우리 시대에서 사회의 객관적 경향은 최고경영자의 은밀한 주관적 의도 속에 새겨져 있다고 할 수 있는데, … 실질적인 권력 소유자들의 비위를 맞추지 않으면 안 된다.[182] … 여러 유형의 인기 가요나 인기배우, 멜로물들이 돌고 돌지만 실제로는 전혀 변화가 없는 것처럼, *오락물의 내용들도 겉보기에만 변하는 것 같지만 사실은 전혀 변화 없는 반복일 뿐이며, 세부 사항들만이 대체 가능하다.*[183]

이런 까닭에 문화산업이 갖는 유흥의 요소 또한 옛날부터 존재하는 것이지만 이제는 위로부터 조종되고 즉석요리처럼 바로바로 제공된다.[184] 진지한 예술, 진지한 것은 낯선 것이다.[185] 그리고 유흥은 기계화된 노동을 다시 감당할 수 있기 위해서 거기서 벗어나려는 사람들에게 필요한 것이다.[186] 이렇게 해서 사랑은 로맨스로 전락하고, 그런 한에서 음란물조차 시장성 있는 영역으로서 자신의 지분을

---

180 M. 호르크하이머/Th. W. 아도르노, 『계몽의 변증법』, 김유동·주경식·이상훈 역, 169쪽 참조.
181 M. 호르크하이머/Th. W. 아도르노, 『계몽의 변증법』, 김유동·주경식·이상훈 역, 171쪽 참조.
182 M. 호르크하이머/Th. W. 아도르노, 『계몽의 변증법』, 김유동·주경식·이상훈 역, 172쪽 참조.
183 M. 호르크하이머/Th. W. 아도르노, 『계몽의 변증법』, 김유동·주경식·이상훈 역, 175쪽 참조.
184 M. 호르크하이머/Th. W. 아도르노, 『계몽의 변증법』, 김유동·주경식·이상훈 역, 188쪽 참조.
185 M. 호르크하이머/Th. W. 아도르노, 『계몽의 변증법』, 김유동·주경식·이상훈 역, 189쪽 참조.
186 M. 호르크하이머/Th. W. 아도르노, 『계몽의 변증법』, 김유동·주경식·이상훈 역, 191쪽 참조.

얻어내며, 유흥산업은 끊임없이 재미와 웃음을 처방해 주는데, 이는 행복을 기만하기 위한 도구일 뿐이라고 아도르노는 말한다.[187] 사실 모든 속박으로부터 해방된 유흥은 예술과 대립되고 예술의 극단적 기능이며, 이는 타락이고 야만이 홍수처럼 밀려오는 것에 다름 아니라는 것이다.[188]

이러한 유흥과 오락의 근저에 있는 것은 무력감이라고 아도르노는 진단한다.[189] 이 체제 속에서 사람들은 자신이 무기력하다는 사실을 잘 알고 있다.[190] 가령 제작 스튜디오에서 혜성처럼 나타나는 인물이 중산층이 부러워하는 이상형이고, 관람석에 앉아 있는 소녀들은 자신이 스크린에 나타날 수 있다고 느끼지만, 곧 그들 사이의 거대한 심연, 극복 불가능한 분리를 실감한다.[191] 소비자가 문화산업의 객체로서, 영원한 소비자로서 느끼게 되는 것은 넘어설 수 없는 후기 자본주의 체계의 원리이다.[192] 이에 오락문화이자 이식문화를 생산해내는 문화산업 앞에서 근본적으로 자본주의의 노동소외는 퇴로를 차단당하고 무력감에 빠질 수밖에 없는 것이다.

이렇게 해서 결국 영화와 같은 문화산업이 자본주의 체제하에서

187 M. 호르크하이머/Th. W. 아도르노, 『계몽의 변증법』, 김유동·주경식·이상훈 역, 195쪽 참조.

188 M. 호르크하이머/Th. W. 아도르노, 『계몽의 변증법』, 김유동·주경식·이상훈 역, 196-198쪽 참조.

189 M. 호르크하이머/Th. W. 아도르노, 『계몽의 변증법』, 김유동·주경식·이상훈 역, 200쪽 참조.

190 M. 호르크하이머/Th. W. 아도르노, 『계몽의 변증법』, 김유동·주경식·이상훈 역, 208쪽 참조.

191 M. 호르크하이머/Th. W. 아도르노, 『계몽의 변증법』, 김유동·주경식·이상훈 역, 201쪽 참조.

192 M. 호르크하이머/Th. W. 아도르노, 『계몽의 변증법』, 김유동·주경식·이상훈 역, 197쪽 참조.

소외된 인간을 해방하는 것이 아니라 오히려 “그 소외를 완성한다” 라고 아도르노는 말한다.[193] 그것은 다음과 같은 형태를 띤다.

> 젊은 처녀가 의무적인 데이트를 수락하고 끝내는 방식, 전화를 받을 때나 가장 친밀할 상황에서 보여주는 억양, 대화에서의 단어 선택 등, 어느 정도 평가절하는 되었지만, 심층심리학에 따라 분류할 수 있는 *내면생활 전체는 자기 자신을 성공에 적합한 장치로 만들려고 노력하는데, 이러한 장치는 충동이 드러나는 방식에 이르기까지 깊숙이 문화산업이 제시하는 모델을 따르고 있다.* 인간의 가장 내밀한 반응들조차 스스로에게까지 철저히 물화되어 있기 때문에 고유한 개성이라는 이념조차 극도로 추상적인 것이 되고 말았다. … 이것은 *소비자들이 문화 상품을 꿰뚫어 보면서도 어쩔 수 없이 거기에 동화되지 않을 수 없다는 것을 의미한다.*[194]

문화산업이 소외를 완성한다는 것은, 한 인간의 개성을 말살할 정도로 문화산업이 인간의 무의식적인 심층 심리에까지 영향을 미치고 인간을 물상화한다는 것을 의미한다. 즉 자본주의 체제하에서 생산과정에서 노동소외를 느끼는 인간은 문화를 소비해 보지만, 자본주의하에서는 문화마저도 오락문화에 머물러 체제 순응을 위한 사회적 시멘트(social cement)로서의 역할을 하거나 혹은 자본가의

193 M. 호르크하이머/Th. W. 아도르노, 『계몽의 변증법』 김유동·주경식·이상훈 역, 220쪽 참조.

194 M. 호르크하이머/Th. W. 아도르노, 『계몽의 변증법』 김유동·주경식·이상훈 역, 227-228쪽 참조.

이데올로기를 반영한 이식문화에 머물러서 철저하게 인간의 내면 세계까지 물상화한다는 것이다.[195] 이에 따라 자본주의하에서 노동 소외로부터 시작된 소외가 결국 문화산업에서 인간의 전 존재의 소외로까지 이행하게 되므로 그 소외가 완성된다고 말하고 있다.

그러나 사람들이 예술작품으로부터 얻고 싶어 하는 것은 사물화되지 않은 가치, 즉 효용으로 포섭될 수 없는 존재 자체이다.[196] "라디오를 통해 흘러나오는 토스카니니는 팔릴 수 없는 것이다."[197] 그런데 문화산업 속에서 이 존재가 효용 속에 완전히 포섭됨으로써 폐기되고 말았고, 예술의 존재 혹은 예술의 사용가치는 물상화되어 '물신'(物神)으로 여겨진다.[198] 따라서 예술과 수용자 모두 물건 비슷하게 되고, 양자 사이의 거리가 없어지게 됨에 따라 또한 소외는 완성된다고 아도르노는 말한다.[199] 그래서 예술의 사용가치보다 예술 비평이 더 큰 영향력을 발휘하고, 그러한 비평마저 기계적 전문영역으로 대체되며, 예술에 대한 존경은 인기스타에 대한 숭배로 대체되는데, 이는 문화산업에서 소비자에게 아무것도 귀한 것이 없기 때문에 그렇게 된다는 것이다.[200]

---

195 김창남, 『대중문화의 이해』, 55-57쪽 참조.

196 M. 호르크하이머/Th. W. 아도르노, 『계몽의 변증법』, 김유동·주경식·이상훈 역, 217쪽 참조.

197 M. 호르크하이머/Th. W. 아도르노, 『계몽의 변증법』, 김유동·주경식·이상훈 역, 217쪽 참조.

198 M. 호르크하이머/Th. W. 아도르노, 『계몽의 변증법』, 김유동·주경식·이상훈 역, 217쪽 참조.

199 M. 호르크하이머/Th. W. 아도르노, 『계몽의 변증법』, 김유동·주경식·이상훈 역, 220쪽 참조.

200 M. 호르크하이머/Th. W. 아도르노, 『계몽의 변증법』, 김유동·주경식·이상훈 역, 220쪽 참조.

이렇게 자본주의는 토대로서의 생산양식뿐만 아니라 상부구조인 정신문화까지도 사물화하여 인간의 모든 질적 관계를 양적 관계로 환원하는 까닭에 인간은 규격화되고 획일화된 체제 속에서 출구를 찾지만 해방되지 못한다. 이에 다시 퇴락한 구조를 선택할 수밖에 없고, 그러한 악순환 속에서 그는 체제의 부품으로 전락한 자신에 대해 무력감을 느끼게 된다.

> 문화산업은 '유적 존재'로서의 인간을 고약한 방식으로 실현시켰다. 모든 사람은 다른 사람에 의해 대체 가능하다. 그는 교체 가능한 복제물에 불과하다. 하나의 개인으로서 각자는 절대적으로 대체 가능한 존재로서 절대적으로 '무'(無)다.[201] … 개인은 겉보기에는 자유를 갖고 있는 것 같지만 사실은 *사회라는 경제적·사회적 장치의 산물이다.*[202]

그런데 바로 이때 손을 뻗치는 것이 파시즘, 즉 전체주의라고 아도르노는 말한다. 즉 개인이 질식된 다음 백기를 든 개인에게 항구적 자비를 베푸는 것 같은 손길을 내미는 것이 파시즘의 본질이라는 것이다.[203] 왜냐하면 파시즘은 문화산업에 의해 훈련된 순종하는 집단을 조직하고 싶어 하기 때문이다.[204] 이것이 '계몽이 어떻게 아우

---

201 M. 호르크하이머/Th. W. 아도르노, 『계몽의 변증법』 김유동·주경식·이상훈 역, 202쪽 참조.

202 M. 호르크하이머/Th. W. 아도르노, 『계몽의 변증법』 김유동·주경식·이상훈 역, 213쪽 참조.

203 M. 호르크하이머/Th. W. 아도르노, 『계몽의 변증법』 김유동·주경식·이상훈 역, 212쪽 참조.

204 M. 호르크하이머/Th. W. 아도르노, 『계몽의 변증법』 김유동·주경식·이상훈 역, 221쪽 참조.

슈비츠와 같은 야만을 불러왔나'라는 『계몽의 변증법』 모두(冒頭)의 피맺힌 물음에 대한 답이다.

이렇게 아도르노는 문화산업론을 통해 영화예술이 갖는 그림자를 비판적으로 논하였다. 이는 존재가 숨으면서 탈은폐하는 까닭에 생겨나는 이면이라고 할 수 있다. 그는 이러한 존재의 이면을 자율적 예술을 통해 개인의 비판의식을 상기시킴으로써 넘어서려 했고, 그로써 비동일자로서의 타자를 창작하는 예술의 존재에 주목하고, 거기서 개인의 해방 가능성을 제시한다.[205] 여기서 우리는 들뢰즈의 영화론으로 넘어가려 한다. 왜냐하면 영화예술이 갖는 특수한 장치 용어들을 사용하면서 개념적으로 영화론을 철학적으로 구명한 철학자가 들뢰즈(G. Deleuze, 1925-1995)이기 때문이다.

들뢰즈의 『시네마』(Cinéma Ⅰ, Ⅱ)는 이른바 영화 철학을 담고 있는 저술로서 난해하기로 유명하다. 그러나 그것은 영화예술에 대한 철학적 구명이라는 측면에서 불세출의 역작이다. 이 저서는 영화이론을 말할 때 논하지 않을 수 없는 책으로, 험난한 산을 넘는 마음으로 다가가야 한다. 들뢰즈에 따르면 영화는 이미지의 예술 혹은 이미지의 사유이다. 즉 들뢰즈는 영화가 예술의 일부와 철학의 일부를 형성하고, 히치콕(Alfred Hitchcock)과 같은 감독에서 보듯이 위대

---

205 물론 아도르노가 영화에 관해 쓴 짧은 글도 있고(「영화 투시화(Filmtransparente)」, 『영화를 위한 음악』), 특히 그는 영화의 '몽타주'에서 해방의 가능성을 타진하기도 한다. 그러나 이 책에서는 이러한 세부 사항까지 논의를 전개하지 않고, 큰 틀에서 비판이론가로서 영화와 관련된 그의 면모를 제시하는 것으로 국한하려 한다.

한 영화감독들은 개념 대신 이미지를 가지고 사유하는 까닭에 그들을 화가나 음악가와 같은 예술가와 비교하는 것으로 충분하지 않고 사상가와 비교해야 한다고 말한다.[206] 이에 『시네마』에서 운동-이미지(L'image-Mouvement)로부터 시간-이미지(L'image-Temps)로 영화를 분석해 나가는 과정은, 궁극적으로 영화를 통한 새로운 사유의 시도이다. 그리고 이는 그의 철학적 기획과 관련되어 있는데, 그것은 한편으로는 동일성과 재현에 우위를 두는 서구의 전통 철학이 억압했던 차이와 환영 및 모사물을 복권하는 것이고, 다른 한편으로는 할리우드가 잘 대변하듯이 이미지의 코드화 혹은 영토화로 특징지어지는 현대성의 조건 속에서 코드로부터 빠져나가는 사유의 이미지, 즉 탈영토화 혹은 차이와 반복을 보여주려는 것이다.[207]

영화는 일 초에 24개의 이미지를 가지고 진행된다.[208] 들뢰즈에 따르면 영화는 우리에게 단편을 주는데, 움직이지 않는 단편이 아니라 움직일 수 있는 단편, 즉 '운동-이미지'(image-mouvement)를 준다.[209] 여기서 이미지란 일반적으로 개념적 사유 이전의 사유의 원초적 형태를 말하는데, 들뢰즈는 베르그송(H. Bergson)의 이미지 개념을 받아들여서 그것을 관념론의 표상과 실재론의 사물의 중간에 위

206 G. 들뢰즈, 『영화1』, 주은우·정원 역, 새길, 1996, 12쪽, 14-15쪽 참조.

207 G. 들뢰즈, 『영화1』, 주은우·정원 역, 5쪽 참조.

208 G. 들뢰즈, 『영화1』, 주은우·정원 역, 25쪽 참조.

209 G. 들뢰즈, 『영화1』, 주은우·정원 역, 25쪽 참조.

치한 존재로 바라본다.[210] 즉 이미지는 정신과 물질의 중간에 있는, 주체와 객체의 양극으로 구조화되기 이전에 의식에 주어지는 것이다.[211]

> 우리가 '이미지'로 의미하는 것은 관념론자가 표상이라고 부른 것 이상의, 그리고 실재론자가 사물이라고 부른 것보다 덜한 존재 — 즉 '사물'과 '표상' 사이의 중간 길에 위치한 존재 — 이다.[212]

그리고 운동-이미지는 쇼트, 즉 동적인 단면이라고 들뢰즈는 본다.[213] 쇼트는 세트의 프레임화와 전체의 몽타주 사이에서 그 매개라고 할 수 있는데, 그것은 이원적인 운동을 한다. 즉 세트의 부분들이 공간적으로 이전하면서도 동시에 전체가 지속 속에서 변화하는 것이다.[214]

> 쇼트는, 어떤 종류의 쇼트든 항상 이러한 두 가지 국면을 갖는다. … 따라서 세트의 프레임화와 전체의 몽타주 사이의 매개라고 추상적으로 정의될

---

210 진기행, 「들뢰즈의 영화철학에서의 이미지론」, 『철학연구』 117권, 대한철학회, 2011, 357쪽 참조.

211 박성수, 『들뢰즈와 영화』, 문화과학사, 1998, 97쪽 참조; 이지영, 「들뢰즈의 영화 철학: 이미지를 통한 사유」, 『미학예술학 연구』 52권, 한국미학예술학 연구, 2017, 100-101쪽 참조.

212 H. 베르그송, 『물질과 기억』, 박종원 역, 아카넷, 2005, 22쪽 참조.

213 G. 들뢰즈, 『영화 1』, 주은우·정원 역, 54쪽 참조; 진기행, 「들뢰즈의 영화철학에서의 이미지론」, 359쪽 참조.

214 G. 들뢰즈, 『영화 1』, 주은우·정원 역, 56쪽 참조.

> 수 있는 쇼트의 상황은, 때로는 프레임화의 극을 향하는 경향이 있으며, 때로는 몽타주라는 극을 향하는 경향이 있다. 쇼트란 이러한 이원적인 관점에서부터 고찰되는 운동이다. 즉, 그것은 공간 속에서 확산되어 나가는 세트의 부분들의 이전이고, 지속 속에서 변형되는 전체의 변화이다.[215]

쇼트는 이렇게 세트의 프레임화와 전체의 몽타주 사이에서 전자를 분할하고 재통합하면서 후자로 나아가는데, 인간의 의식이 분할과 재통합의 과정이라면 쇼트는 의식처럼 작용한다고 들뢰즈는 말한다. 그리고 이러한 영화적 의식은 바로 카메라이고, 쇼트는 의식처럼 작용하는 것으로서 또한 운동 그 자체라고 말한다. 왜냐하면 쇼트는 전체 속으로 재통합되면서 동시에 부분이 분할되는, 해체되고 재구성되는 과정이기 때문이다.[216]

> 그것은(쇼트) 세트를 구성하는 대상들에 따라 지속을 분할하고 재분할한다. … 이러한 분할과 재통합을 수행하는 것이 의식이라고 한다면, 우리는 쇼트에 대하여 그것이 의식처럼 작용한다고 말할 수 있다. 그러나 유일한 영화적 의식이란 우리들 관객도 아니고, 주인공도 아니다. 그것은 카메라이다.[217] … 쇼트, 말하자면 의식은 … 해체되고 재구성되는 것은 운동 그

215 G. 들뢰즈, 『영화 1』, 주은우·정원 역, 56쪽 참조.

216 G. 들뢰즈, 『영화 1』, 주은우·정원 역, 56-57쪽 참조.

217 G. 들뢰즈, 『영화 1』, 주은우·정원 역, 56쪽 참조.

자체이다.[218]

따라서 쇼트는 운동-이미지이고, 그것은 지속의 움직이는 단편이라고 들뢰즈는 말한다.[219]

쇼트와 인접한 다른 쇼트들이 연결되면 단순한 이미지의 집합을 넘어서 전체의 방향으로 진행되는데, 이러한 쇼트와 쇼트의 연결은 몽타주이다.[220] 철학에서 분리 불가능한 형태로 상호 중첩된 개념의 활동을 '내재성의 평면'(plan de l'immanence)이라고 하는데, 이는 쿤의 패러다임과 같은 것으로서 영화에서는 몽타주가 그에 해당한다고 할 수 있다.[221] 이에 들뢰즈는 몽타주가 영화 전체의 결정이자 그 이념이라고 말한다.[222] 즉 그것은 변화하는 전체이자 그 지속으로서 전체를 풀어주도록 운동-이미지들에 영향을 가하는 작용이고, 운동-이미지들과의 관계 속에서 간접적으로 이해되는 시간-이미지인 것이다.[223]

---

218 G. 들뢰즈, 『영화 1』, 주은우·정원 역, 57쪽 참조.

219 G. 들뢰즈, 『영화 1』, 주은우·정원 역, 59쪽 참조.

220 박성수, 『들뢰즈와 영화』, 99쪽 참조.

221 박성수, 『들뢰즈와 영화』, 94-96쪽, 99쪽 참조.

222 G. 들뢰즈, 『영화 1』, 주은우·정원 역, 74쪽 참조.

223 G. 들뢰즈, 『영화 1』, 주은우·정원 역, 74쪽 참조.

에이젠슈타인은 계속해서 우리에게 몽타주란 영화의 전체, 이념이라는 점을 상기시킨다. 그러나 왜 전체가 몽타주의 대상이어야만 하는가? … 이 변화하는 전체, 이 시간 또는 지속은 그것을 표현하는 운동-이미지들과의 관계 속에서 간접적으로만 이해될 수 있는 것처럼 보인다. 몽타주는 그들로부터 전체를 풀어주도록 운동-이미지들에 영향을 가하는 작용, 즉 시간의 이미지이다. 그것은 운동-이미지들과 그것들의 관계들로부터 연역되기 때문에 필연적으로 간접적인 이미지이다.[224]

이렇게 쇼트의 운동-이미지를 통해 몽타주는 영화가 나아가는 전체 방향, 그 이념을 결정한다. 이러한 몽타주를 들뢰즈는 『시네마 Ⅰ』 3장에서 네 가지 유형으로 구분하는데, 다음과 같다. "1. 그리피스에서 시작하여 할리우드로 이어져 온 미국영화의 경험론적이고 유기적-행동적인 몽타주. 2. 에이젠슈타인으로 대표되고 푸도프킨과 도브첸코를 포함한 구 소련 영화의 유기적인 변증법적 몽타주. 3. 아벨 강스나 장 엡스탱으로 대표되는 전쟁 전 프랑스파의 운동량적-심리적인 몽타주. 4. 프리츠 랑이나 무르나우로 대표되는 독일 표현주의 영화의 운동강도적-정신적인 몽타주."[225] 그러고 나서 들뢰즈는 이렇게 평한다. 즉 몽타주는 영화작가들의 위대한 비전이고, 영화의 기법 못지않게 영화의 사유 혹은 영화의 철학이며, 이러한 고찰

224 G. 들뢰즈, 『영화 1』, 주은우·정원 역, 74쪽 참조.

225 진기행, 「들뢰즈의 영화철학에서의 이미지론」, 360-361쪽 참조.

들을 통해 그가 보여주려 한 것은 유기적이냐 변증법적이냐 등의 운동-이미지 구성에 따른 몽타주 유형의 다양함이라는 것이다.[226]

그런데 들뢰즈는 베르그송을 수용하면서 이미지는 운동이고, 운동-이미지는 물질이라는 결론을 내리고,[227] 쇼트로서의 운동-이미지는 이미지 변이(變異)를 갖는다고 말한다. 즉 운동-이미지는 유기체, 즉 인간의 신체와 관련되는 까닭에 신체가 그것을 받아들이느냐 혹은 내부에 붙잡아 두거나 외부로 내보내는가에 따라 지각, 감정, 행동으로 불리는데, 이로부터 운동-이미지는 유기체와 관계된 질(質)의 이미지, 예컨대 지각-이미지, 감정-이미지, 행위-이미지 등의 이미지 변이를 갖게 된다.[228] 그리고 한 편의 영화는 결코 한 종류의 이미지만으로 구성되지 않는 까닭에 내재성의 평면으로서 몽타주는 이러한 세 종류의 이미지 변이의 조합이라고 들뢰즈는 말한다.[229] 그럼에도 불구하고 한 편의 영화는 한 유형의 지배적인 이미지를 갖게 되는데, 그 주된 유형에 따라 행동적 몽타주, 지각적 몽타주, 감정적 몽타주를 말할 수 있다.[230] 가령 들뢰즈가 리얼리즘이라고 부르는 할리우드 미국영화 전반은 행동-이미지로 이루어진 영화라고 할 수 있

226 G. 들뢰즈, 『영화 1』, 주은우·정원 역, 114-115쪽 참조.

227 G. 들뢰즈, 『영화 1』, 주은우·정원 역, 119-124쪽 참조.

228 진기행, 「들뢰즈의 영화철학에서의 이미지론」, 359쪽 참조; .G. 들뢰즈, 『영화 1』, 주은우·정원 역, 125쪽, 128-136쪽 참조.

229 G. 들뢰즈, 『영화 1』, 주은우·정원 역, 142쪽 참조.

230 G. 들뢰즈, 『영화 1』, 주은우·정원 역, 143쪽 참조.

데, 이는 행동-이미지가 행위와 연관되어서 주어진 상황과 그 안에서의 행위라는 도식으로 규정되기 때문이다.[231] 즉 그것은 상황-행위-변형된 상황이라는 SAS'의 공식을 취하든지 아니면 행위-상황의 발생-새로운 행위라는 ASA'의 공식을 취한다는 것이다.[232]

그와 동시에 운동-이미지의 변이에 따라 지각-몽타주, 감정-몽타주, 행동-몽타주가 있는 것처럼 쇼트에 있어서도 롱쇼트는 지각-이미지를, 미디엄 쇼트는 행동-이미지를, 클로즈업은 감정-이미지를 대응시킬 수 있다고 들뢰즈는 말한다.[233] 그리고 이에 대해서 안토니오니(Michelangelo Antonioni) 감독의 영화에서 강박적인 프레임화를,[234] 클로즈업의 두 가지 유형으로서 에이젠슈타인(Сергей Эйзенштейн) 표식과 그리피스(D. W. Griffith) 클로즈업에서 어떤 정감을 포착할 수 있고 그것이 어떻게 탈영토화되는지를,[235] 채플린(C. S. Chaplin) 영화에서 행동-이미지가 어떻게 구성되는지 그리고 그것이 전하는 담론과 휴머니즘을 설명한다.[236] 또한 구로자와 아키라(黑澤明: Kurosawa Akira) 감독의 영화가 끝까지 질문을 찾아간다는 점

---

231 박성수, 『들뢰즈와 영화』, 91쪽; G. 들뢰즈, 『영화1』, 주은우·정원 역, 제9장, 제10장 참조.

232 박성수, 『들뢰즈와 영화』, 91쪽; G. 들뢰즈, 『영화1』, 주은우·정원 역, 제9장, 제10장 참조.

233 G. 들뢰즈, 『영화 1』, 주은우·정원 역, 143쪽 참조.

234 G. 들뢰즈, 『영화 1』, 주은우·정원 역, 153쪽 참조.

235 G. 들뢰즈, 『영화 1』, 주은우·정원 역, 제6장 참조.

236 G. 들뢰즈, 『영화 1』, 주은우·정원 역, 제10장 참조.

에서 도스토엡스키와 같다는 것을 설명하고,[237] 끝으로 들뢰즈가 가장 위대한 영화작가라고 했던 히치콕 영화에 대해 설명한다. 히치콕의 〈다이얼 M을 돌려라〉에서 오로지 추론으로 출발하는 이러한 영화가 행동-이미지를 어떻게 해체하는지, 그리고 영화 속에 '공중'(the public)을 도입함으로써 어떻게 서스펜스를 창조하는지 보여주면서 히치콕은 결국 영화 속에 어떤 정신적 이미지, 즉 사유를 보여준다고 극찬한다.[238]

이렇게 해서 들뢰즈의 『시네마』는 영화는 이미지의 운동으로 성립한다는 테제를 가지고, 운동-이미지로 이루어진 고전적 영화와 시간-이미지로 이루어진 현대적 영화를 다루어 나간다.[239] 이러한 그의 탐구는 고전적 영화와 현대적 영화라는 구체적인 작품들을 영화적인 장치 언어들로 분석하면서 정신의 지평을 발견하고자 하는 시도이다. 이는 결국 영화를 이미지를 통한 사유의 장으로서 바라보았다는 점에서 깊이에의 탐구라 하겠다.

---

237 G. 들뢰즈, 『영화 1』, 주은우·정원 역, 347쪽, 350-351쪽 참조.

238 G. 들뢰즈, 『영화 1』, 주은우·정원 역, 제12장 참조.

239 진기행, 「들뢰즈의 영화철학에서의 이미지론」, 355-356쪽 참조; 우리의 논의는 『시네마 2』에서 이루어지는 시간-이미지의 분석은 다루지 못했고, 이는 다음 기회로 미루기로 한다.

– 문학 속의 음악

동서고금을 통하여 음악만 한 것, 음악만 한 위로자는 없다고들 말한다. 샹송의 전설 에디트 피아프도, 한국 트로트의 엘레지의 여왕 이미자도 자신의 노랫말로 그렇게 말했다. '악마의 눈물'이라고 하는 통풍의 고통을 견디면서도 시스티나 천장화를 완성했던 미켈란젤로가 가수였다면 미술이 아니라 음악이 그 고통을 잊게 했다고 술회했으리라. 청력을 거의 잃은 고통 속에서도 환희의 송가를 완성했던 베토벤의 힘도 바로 그 음악의 위로에 있었던 게 아닐까. 문학에서 음악은 어떨까? 문학 속의 음악을 이야기할 때 떠오르는 것이 백거이의 〈비파행〉(琵琶行)이다.

백거이(白居易, 772-846)는 중국 당대(唐代)의 유명한 시인으로 이백이 죽은 지 10년, 두보가 죽은 지 2년 후에 태어나서 당시의 명문장가 한유(韓愈)와 함께 '李杜韓白'으로 불렸다. 백낙천(白樂天)으로 더 알려진 그는[240] 5세에 시를 배워 모차르트처럼 15세에 놀라운 재능을 보였는데, 특히 32세에 황제의 친시(親試)에 합격할 무렵에 쓴 시 〈장한가〉(長恨歌, Everlasting Remorse)는 그의 대표작이라고 할 만큼 너무도 유명하다.[241] 당 현종과 양귀비의 사랑을 노래한 이 시는, 그 제목이 보여주듯이 양귀비가 죽고 나서도 그녀의 혼령이라도 만

240 낙천(樂天)은 백거이의 자(字)이다.

241 네이버 두산백과 참조(검색어: 백거이).

나고자 방술까지 동원했던 현종의 애틋한 사랑을 노래하고 있는데, 梨花一枝春帶雨, 즉 "마치 배꽃 한 가지가 봄비를 맞고 있는 듯했다"라는 한 구절로 양귀비의 모습에 대한 아름다운 여운을 남긴다. 물론 뛰어난 미인을 두고 '설부화모'(雪膚花貌)라고 하는 말도 "눈처럼 흰 살결과 꽃 같은 얼굴이 양귀비와 비슷하다"(雪膚花貌參差是)라는 〈장한가〉의 한 구절이다.

〈비파행〉(琵琶行)은 43세쯤 그가 일찍이 썼던 사회비판적인 시가 문제 되어 구강(九江) 사마(司馬)로 좌천되었을 당시에 쓴 시다. 이 시는 'Lute Song'이라고 할 수 있는데, 비파(琵琶)라는 악기는 연주법이 기타와 비슷한 초기 현악기 류트(Lute)와 닮았다. 대표적인 화성 악기로 피아노를 이야기하는데, 피아노는 기계문명의 발달과 함께 태어난 악기이고, 과거에는 기타가 대표적인 화성 악기였다. 피아노의 전신으로 하프시코드(Harpsicord)로 불리는 쳄발로(Cembalo) 혹은 클라브생(Clavecin)이 있었듯이 류트는 기타의 전신이라고 할 수 있다. 그리고 비파에는 우리 고유 악기인 향비파와 중국 악기인 당비파가 있는데, 비파는 고려와 조선에서 궁중은 물론 일반인들 사이에서도 널리 연주되어 조선 후기까지 악공(악사) 시험에 필수과목이었다고 한다. 황진이(黃眞伊)와 함께 조선의 명기(名妓)였던 매창(梅窓)이 "남들은 가야금을 좋아하지만 나는 비파를 아낀다"라고 했는데, 지금은 비파 연주법이 소멸되어 연주되지 않으니 우리 문화의 비극이라고 하겠다.

시의 내용은 시인이 좌천되어 구강군 사마에 있을 때 경험한 일

류트

비파

화를 소재로 한다. 원화 10년 다음 해 가을날 길 떠나는 손님을 분강 나루에 전송했을 때 밤중에 어느 배 안에서 비파를 타는 소리가 들려 그것을 우연히 감상하게 된 체험을 담고 있다고 시집의 초입부에서 안내해 준다.[242] 이 시는 음악 감상의 특별한 체험을 감동적으로 서술하는 것을 위주로 하면서도 동시에 음악 연주 주법의 특수한 기법도 느끼게 한다. 즉 미적 체험이 갖는 매혹의 세계를 전하면서도 말로 표현하기 쉽지 않은 음악 연주의 특수성도 전해지도록 묘사된 것이 이 시의 특징이다.

단풍 물들고 물억새 희게 핀 어느 쓸쓸한 가을날 저녁 양자강 언저리에서 손님을 배웅하러 나갔다. 이별 아쉬워 술잔을 마시려 했으나 음악이 없었다. 아쉬운 마음으로 이별하려 하는데 문득 물 위로 들려오는 비파 소리에, 주인은 돌아가기를 잊고 객은 길 떠나기를 잊었다. 비파 소리 나는 곳을 향해 타는 사람 누구냐고 은근히 묻고 가까이 모셔 들이기로 하고서 다시 한번 술 잔치를 베풀었다. 여러 차례 소리 지르고 나서야 겨우 모습을 나타냈는데 소매로 얼굴을 가리

242 김희보 편저, 『중국의 명시』, 종로서적, 1993, 124쪽 참조.

고 있었다. 이윽고 비파 줄을 두서너 번 소리를 내니 벌써 감정이 들어 있었고, 켜기 시작하자 줄마다 생각이 스며 있어 마음속 한없는 사정을 모두 말해 버리는 듯했다.

"경농만연말복조(輕攏慢撚抹復挑)", "비파줄 가볍게 눌러 천천히 비비고 쓰다듬고는 다시 타니"에서 "攏"(농), "撚"(연), "抹"(말), "挑"(조)는 모두 현을 다루는 기법을 나타낸다. 농은 현을 누르는 것이고, 연은 현을 비트는 것이며, 말은 현을 쓰다듬고, 조는 현을 손톱으로 퉁기는 것이다. 기타 연주법으로 세코, 인디체, 푸르갈, 아포얀도, 알아이레, 탐보라, 아르모니코스, 아르모니코스 옥타바도스, 라스가도, 트레몰로, 아르페지오, 슬라, 글리산도(글리스), 세하 등이 있고, 바이올린 연주법에도 피치카토, 플라지올렛트 등이 있듯이 말이다. 굵은 현은 소나기가 내리는 듯하고 가는 현은 속삭이는 듯하며, 때로는 꽃 아래 한가로이 우는 꾀꼬리 소리 같고 때로는 얼음 밑을 흐르는 샘물의 여울 소리 같았다. 그러다 어느덧 소리가 엉켜 멎고 말았는데, 마음에 엉킨 슬픔과 남모르는 한스러움을 말하는 듯 "차시무성승유성(此時無聲勝有聲)", "그때 소리가 없는 것은 소리가 있음보다 더 한스럽다"는 것이다.

이윽고 연주가 끝나자 채를 거두며 비파 중심에서 크게 현을 긁자 모여든 사람들이 모두 감탄하여 말이 없고, 강 가운데 희게 비친 달의 모습만 눈에 뜨일 뿐이었다. 여인은 생각에 잠겨 옷매무시 바로 하고 자신의 신세 이야기를 했다. 원래 경성 사람으로 열세 살에 비파를 배워 교방에서 일급으로 꼽히는 명수가 되었는데, 스승을 감탄시키기도 하고 추랑 같은 미인의 시샘도 받기도 하며, 오릉의 귀공자들이 앞다투어 선물을 주어 그 붉은 비단이 헤아릴 수조차 없었으며, 나전 은빗도 장단을 치다가 부러뜨리며 명주 치마가 술 자국으로 얼룩져도 아까워하지 않을 정도였다고 한다. 그러다 동생은 집을 나가고 어머니는 돌아가시고, 세월이 흐름에 따라 용모가 시들어 어느덧 상인의 아내가 되었다는 것이다. 당시 사회에서 상인의 지위가 아주 낮았는데, 그는 돈벌이만 중히 여겨 지난달 부량으로 차를 구입하러 떠나곤 소식이 없다고 한다.

그 뒤로 강어구에 홀로 배를 지키고 있으면 문득 꿈에 자신의 젊은 시절을 보게 되어 눈물이 하염없이 흐른다고 하니 이미 비파소리에 감동하였지만 이 이야기를 듣고 나 또한 거듭 한숨을 짓게 되었다. 내 신세도 여인과 마찬가지로 세계 가를 도는 신세이니, "상봉하필증상식(相逢何必曾相識)", "이렇게 만나고 보니 안면은 없어도 동정이 가게 된다." 나도 지난해에 서울에서 하직하고 귀양 와 병으로 누워 있으니 일 년 내내 음악다운 음악도 없는데, 원하건대 다시 한 곡만 타주면 그 사연을 비파의 노래로 쓰겠노라고 말한다. 이 말에 여인은 잠시 그대로 서 있다가 다시 자리에 앉아 가락을 빠르게 연주하였는데, 그 소리가 비교할 수 없게 쓸쓸하고 처절하여 사람들이 거듭 얼굴을 가리고 울었다. 그 가운데 가장 많이 운 것은 누구인가? "강주사마청삼습(江州司馬青衫濕)", "강주 사마인 나의 푸른 옷깃은 눈물로 흠뻑 젖었다." 즉 "청삼(青衫)"은 하급관리의 푸른 저고리라는 뜻으로 내가 옷이 흠뻑 젖을 정도로 눈물을 흘렸다는 것이다.

상봉하필증상식(相逢何必曾相識), 경농만연말복조(輕攏慢撚抹復挑), 차시무성승유성(此時無聲勝有聲), 강주사마청삼습(江州司馬青杉濕)이라는 시구는 미적 체험의 세계를 전달해 주면서 음악 연주의 특수성도 보여준다. 만남이 하필이면 이미 아는 만남인가, 라는 말은 음악을 통해 서로 동정이 가니 이 만남이 서로 이미 알고 있는 사람끼리의 만남이라는 의미이다. 그리고 강주 사마의 푸른 저고리가 울어서 흠뻑 젖었다는 것은 음악적 감동을 보여준다. 이렇게 음악은 단순한 경험이 아니라 나의 내면이 거기에 참여하는 체험의 세계이고, 그것은 바로 그렇게 우리를 매혹시킨다. 〈비파행〉은 체험과 매혹의 세계를 이렇게 노래한다.

문학 속의 음악을 이야기할 때 빼놓을 수 없는 작품이 바로 로맹 롤랑의 『장 크리스토프』(Jean Christophe)이다. 로맹 롤랑(Romain Rolland, 1866-1944)은 유명한 정치가나 외교관 혹은 철학자를 많이 배출했던, 인문계 수재의 산실인 파리고등사범학교(Grands Écoles)에서 역사학을 전공했고, 파리고등사범학교 예술사 교수와 파리 대학 음악사 교수를 역임하며 극작가로도 활동하였다. 유럽적 차별주의 혹은 반유대주의가 정치적으로 비화되었던 드레퓌스 사건에 대해 규탄하는 작품을 발표하였고, 전기와 소설이 결합된 형태의 작품인 『베토벤의 생애』, 『미켈란젤로의 생애』, 『톨스토이의 생애』를 발표함으로써[243] 『장 크리스토프』의 길을 준비했다고 할 수 있다.

---

243 이 세 작품은 『위대한 예술가의 생애』라는 제목으로 한국에 번역·출판되었다.

그는 파리고등사범학교 시절 인생과 작품에 대해 방황하였을 때 당시 최고의 지성인으로서 존경받았던 톨스토이에게 편지했다고 한다. 그때 톨스토이는 "참다운 예술가의 조건은 인류에 대한 참다운 사랑"이라고 답변했다는데, 이는 그의 미래와 작품활동에 큰 영향을 미쳤다. 로맹 롤랑은 『장 크리스토프』를 통해 세계적인 명성을 얻고 "문장으로 묘사된 훌륭한 음악 소설"이라는 찬사를 들으며 노벨 문학상을 수상하였다. 그러나 8년에 걸친 집필 기간 동안 그는 이혼을 겪으며 생애의 가장 가혹한 시간을 보냈는데, 오직 이 작품을 쓰는 것 이외에는 기쁨이 없었다고 한다.[244]

장장 10권에 달하는 이 대작은, 베토벤의 생애를 패러디한 장 크리스토프의 성장소설(Bildungsroman; 교양소설)이다. 한마디로 독일 라인 강변의 작은 도시에서 태어나 프랑스 파리에서 성장하는 천재 음악가의 영혼의 생성사이다. 즉 장 크리스토프가 인생의 오욕과 허위를 경험하면서 그에 절망하지만 새로운 행동을 통해 그것을 극복하는 적극성, 인간성에 대한 깊은 신뢰를 보여주지만, 결국 극복보다는 절망의 반복으로 점철된 이야기이다. 그리고 크리스토프, 올리비에, 앙트완을 통해 독일과 프랑스의 문예비평과 유럽의 정신 문화를 집대성하려는 야망도 작품 저변에 깔려 있다. 그러나 결국 로맹 롤랑이 말년에 쓴 『매혹된 영혼』이라는 작품 제목이 시사하는 바와 같

---

244 네이버 두산백과 참조(검색어: 로맹 롤랑).

이[245] 이 작품은 한 양심적인 영혼의 악전고투의 기록을 통해 음악에 매혹된 영혼의 이야기이다. 즉 음악이라는 예술에 매혹된 영혼의 이야기인 것이다.

매혹이란 무엇인가? 매혹은 유혹과 어떻게 다른가?

일단 매혹과 유혹은 둘 다 '사로잡힘'이다. 무언가에 사로잡힌다는 점에서 매혹과 유혹은 같다. 그런데 사로잡히는 그 무엇, 즉 사로잡히는 대상이 각기 다르다. 매혹은 예상 밖의 대상, 예측불허의 대상에 사로잡히는 것이고, 유혹은 어렴풋이 아는 대상에 사로잡히는 것이다. 즉 매혹은 전혀 예상하지 못한 것, 즉 '신비의 세계'에 사로잡히는 것이라면 유혹은 어렴풋이 아는 것, 즉 '속세의 세계'에 사로잡히는 것이다. 그래서 보통 사람들은 매혹되지 않으며, 사람에게도 매혹되지 않으며, 심지어 죽도록 사랑한다는 것도 가짜, 즉 유혹된 상황일 뿐이다. 왜냐하면 그들은 속세의 세계, 일상적 이외의 세계는 알지 못하기 때문이다. 그들은 그저 낚시미늘에 고기가 걸리듯이, 우리가 "(누군가에게) 코꼈다"고 말하는 것처럼 유혹될 뿐이다.

그런데 매혹은 신비의 세계 앞에 사로잡히는 것이다. 유혹은 어렴풋이 알고 있는 속세의 세계에 사로잡히는 것이기 때문에 그 결과 남는 것은 파멸 혹은 타락이다. 매혹은 전혀 예상하지 못했던 신비 앞에 사로잡혀 그 결과 남는 것은 mirum, 즉 경이 혹은 기적이다.

---

245 로맹 롤랑은 말년에 7권의 『매혹된 영혼』이라는 그의 제2의 대작으로 평가되는 작품을 발표하였다.

mirum은 경이나 놀람 혹은 기적을 뜻하는 라틴어이다. 따라서 매혹은 일상적이고 세속적인 세계를 초월하여 전혀 예상하지 못했던 세계, 즉 신비라고밖에 말할 수 없는 세계를 만났을 때 놀람과 경탄에 사로잡히는 것을 말한다. 이는 마치 루돌프 오토(Rudolf Otto)가 종교체험을 누멘적 체험이라고 할 때 자연물의 정령이라고 할 수 있는 numen을 만나는 종교체험의 감정을 "numen + noirose"라고 하여 '누미노제', 즉 나와는 전혀 다른 절대자 혹은 타자 앞에 "고개 숙여 용서를 구한다"라고 한 것과 같은 것이다.[246]

이렇게 매혹은 누멘과 같은 신비에 사로잡히는 것이므로 사람들은 매혹되고 싶어도 유혹만 될 뿐이다. 매혹은 일상성 혹은 세속성을 초월한 만남이다. 『장 크리스토프』는 이러한 매혹된 영혼, 즉 음악의 신비에 사로잡힌 영혼이 세상의 온갖 풍파를 거치면서도 인간성을 신뢰하며 성장하는 이야기를 담고 있다. 비록 결과는 실패로 끝나지만 매혹된 영혼에게 실패는 세속적 의미의 실패와는 전혀 다르다는 것을 이 작품은 보여준다.

---

246 루돌프 옷토, 『성스러움의 의미』, 길희성 역, 분도출판사, 2009 참조.

바슐라르는 『물과 꿈』이나 『촛불의 미학』, 『몽상의 시학』이나 『공간의 시학』 등에서 단지 문학비평도 아니고 철학이론도 아닌, 이른바 '문학철학'을 선보였다. 바슐라르의 이러한 문학철학은 문학 텍스트에 드러난 몽상(Rêverie)을 분석하여 작품 자체가 드러내고자 한 정신의 깊이, 즉 무의식의 세계를 보여준다. 이때 그가 사용하는 도구는, 고대의 4원소와 같은 물, 불, 흙, 공기라는 물질에 대한 작가의 상상력, 즉 물질적 상상력(l'imagination matérielle)이다. 예를 들어 카뮈의 작품에 드러난 물의 이미지를 분석해 보면 그 물질적 상상력 속에 투영된 "어머니"를 발견할 수 있는데, 카뮈의 생애를 통해 드러난 그의 어머니에서 카뮈 문학의 주제 의식인 '부조리성'이 탄생했음을 알 수 있다.[1] 마찬가지로 에드거 앨런 포도 물의 작가이지만, 그의 물의 이미지는 검고 무거운 물이고, 거기서 "죽음"의 이미지가 열어

1 채숙희, 「알베르 까뮈와 언어의 어려움」, 241-263쪽 참조.

밝혀짐으로써 포 문학의 작품세계가 발견된다.[2] 이렇게 작품의 몽상 속에 담긴 물질적 이미지를 통해 작품의 내적 진실을 발견하는 이러한 문학철학은, '몽상의 시학'(La Poétique de la rêverie) 혹은 몽상의 형이상학이라고 불린다.

이러한 바슐라르의 문학철학은 문학의 깊이를 탐구하는 이 책의 논의에서 하나의 중요한 전형이 되었다. 이는 프루스트(M. Proust)에서 연원하여 현대의 조르쥬 풀레(Gorges Poulet), 리샤르(J. P. Richard) 등으로 이어지는 비평의 전통과 맥을 같이 하는데, 이러한 신비평의 전통과 더불어 우리는 문학이 제시하는 보편적 지평으로서 실존적 체험을 해석학적으로 연계시키고자 했다. 이리하여 문학과 철학은 영혼의 깊이에서 관계한다는 첫 번째 결론과 문학의 깊이는 실존적 체험과 관계한다는 두 번째 결론을 얻을 수 있었다. 즉 문학이 깊어져 철학적이고 종교적인 지평을 드러낼 때 그것은 인간 정신의 깊이로서 영혼의 깊이를 드러내는 것이고, 문학이 드러내는 이러한 깊이는 인간의 보편적인 지평으로서 실존과 그 체험의 지평이라는 것이다. 따라서 문학은 그 깊이를 통해서 철학과 관계한다는 해석학적인 결론을 내릴 수 있었다.

이러한 문학의 깊이와 철학의 해석학적 관계라는 우리의 논의에 앞서서 양자의 관계에 대해 박이문 교수와 조동일 교수가 선구적인

---

2 G. Bachelard, *L'Eau et les Rêves*, pp. 63-96 참조; 가스통 바슐라르, 『물과 꿈』, 이가림 역, 69-102쪽 참조.

연구를 진행하였다. 박이문 교수는 문학과 철학은 언어, 즉 명제의 양상에 의해 구분된다고 한다. 즉 문학은 언어의 정감적 기능을 위주로 하여 사실의 전달보다는 감정과 관계하며 개연적인 명제를 사용하는 데 반해, 철학은 사실의 전달을 위주로 하는 언어의 정보적 기능을 위주로 하며 참·거짓을 명확하게 알 수 있는 정언적 명제를 사용한다. 그러나 문학이 정서적 언어나 개연적 명제를 위주로 하고 사실이 아닌 픽션을 통해서이긴 하지만 인간과 삶의 비가시적 세계를 대상으로 한다는 점에서 이미 진리 탐구로 나아간다고 할 수 있고, 그런 점에서 철학적이라는 것이다. 그리고 조동일 교수는 문학은 형상화된 체험이고 철학은 개념화된 논리이며, 문학 없는 철학은 경색되고 철학 없는 문학은 공허하다고 규정한다. 이러한 문학과 철학은 역사적으로 합쳐졌다가 분리되기를 반복하는 '合分論'으로서 살펴봐야 하지만 이는 외양일 뿐 내면적으로는 '合' 속에서도 서로를 '克'하려 하고 '分' 속에서는 서로를 '生'하려 하는 '生克論'으로서 바라봐야 한다고 말한다.

여기서 우리는 문학과 철학이 언어-명제적으로 혹은 역사적으로 관계하지만, 그보다 앞서 텍스트 이해의 해석학적 순환 속에서 드러나는 지평, 즉 영혼의 깊이에서 존재론적으로 관계한다고 생각한다. 즉 텍스트 이해의 과정은 텍스트의 지평과 독자의 지평이 해석학적으로 순환하는 가운데 이루어지는데, 이해를 위한 양자의 순환 속에서 드러나는 지평이 곧 영혼의 깊이인 것이다. 영혼의 깊이는 존재의 문제이므로 언어나 역사와 같은 존재자의 문제보다 존재론적으로 앞선다. 그리고 이러한 깊이는 오직 체험을 통해서만 인식될 수 있는 존재의 신비라고 생각된다. 즉 문학의 깊이는 텍스트 이해의 체험 속에서 텍스트와 독자의 지평이 지평융합이 되는 데서 발견되는 진실이기에 신비라고밖에 말할 수 없을 것이다.

더 나아가 비니(A. de Vigny)가 '침묵만이 위대하다. 다른 것은 부질없다'라고 한 것을 "깊이만이 위대하다. 다른 것은 부질없다"라고 말해 보고 싶다. 또한 키츠(John Keats)의 시구를 빌어 이 세상에서 알아야 하는 건 오직 이것뿐이지 않을까 싶다.

참고문헌

고익성, 『릴케 시선』, 을유문화사, 1974.

공자, 『논어 한글 역주 1』, 김용옥 역, 통나무, 2010.

나관중, 『대 삼국지1』, 방기환 역, 도서출판 청화, 1994.

나관중, 『대 삼국지3』, 방기환 역, 도서출판 청화, 1994.

김창남, 『대중문화의 이해』, 한울 아카데미, 2002.

김천혜, 「신비로운 부정의 문학」, 『카프카』, 김광규 편, 문학과 지성사, 1996.

김천혜, 『영원히 여성적인 것이 우리를 이끈다』, 문학과 지성사 1996.

김치수·이동렬·이형식·안느 끌랑시에, 『현대문학비평의 방법론』, 서울대학교 출판부, 1990.

김현, 『책읽기의 괴로움』, 문학과 지성사, 1992.

김형효, 『베르그송의 철학』, 민음사, 1995.

김희보 편저, 『중국의 명시』, 종로서적, 1993.

박성수, 『들뢰즈와 영화』, 문화과학사, 1998.

박유정, 「존재의 인식과 깊이」, 『목요철학』 10호, 계명대학교 목요철학원, 2012.

송면, 『상징주의 시』, 탐구당, 1982.

이양하, 『신록예찬』, 범우사, 2010.

이지영, 「들뢰즈의 영화 철학: 이미지를 통한 사유」, 『미학예술학 연구』 52권, 한국미학예술학 연구, 2017.

진기행, 「들뢰즈의 영화철학에서의 이미지론」, 『철학연구』117권, 대한철학회, 2011.
채숙희, 「알베르 까뮈와 언어의 어려움」, 『프랑스 현대소설 연구』, 하서출판사, 1987.
피천득, 『수필』, 범우사, 1992.

니코스 카잔차키스, 『희랍인 조르바』, 김종철 역, 청목, 1994.
F. M. 도스토옙스키, 『지하생활자의 수기』, 이동현 역, 문예출판사, 1997.
W. 듀란트, 『문명 이야기. 그리스 문명 2-1』, 김운한·권영교 역, 민음사, 2011.
G. 들뢰즈, 『영화 1』, 주은우·정원 역, 새길, 1996.
W. 딜타이, 『체험·표현·이해』, 이한우 역, 책세상, 2002.
G. 랑송, 『랑송 불문학사 下』, 정기수 역, 을유문화사, 1997.
K. 로렌츠, 『솔로몬 왕의 반지』, 김천혜 역, 문장, 1998.
로맹 가리, 「벽」, 『새들은 페루에 가서 죽다』, 김화영 역, 현대문학, 1997.
J. P. 리샤르, 『시와 깊이』, 윤영애 역, 민음사, 1991.
R. M. 릴케, 『젊은 시인에게 보내는 편지』, 홍경호 역, 범우사, 2006.
쟈끄 마리땡, 『시와 미와 창조적 직관』, 김태관 역, 성바오로 출판사, 1985.
H. 마르쿠제, 『일차원적 인간』, 박병진 역, 한마음사, 1993.
모르모토 데츠로, 『살아가는 방법 연구』, 허영은 역, 현암사, 1994.
가스통 바슐라르, 『공간의 시학』, 곽광수 역, 민음사, 1995.
가스통 바슐라르, 『공기와 꿈』, 정영란 역, 이학사, 2003.
G. 바슐라르, 『꿈꿀 권리』, 이가림 역, 열화당, 1995, 72쪽 참조.
가스통 바슐라르, 『물과 꿈』, 이가림 역, 문예출판사, 1996.
가스통 바슐라르, 『촛불의 미학』, 이가림 역, 문예출판사, 1997.
H. 베르그송, 『도덕과 종교의 두 원천』, 이희영 역, 동서문화사, 2020.

H. 베르그송, 『물질과 기억』, 박종원 역, 아카넷, 2005.
H. 베르그송, 『의식에 직접 주어진 것들에 관한 시론』, 최화 역, 아카넷, 2003.
피에르 베르토, 『횔덜린1. 천재와 광기의 시인』, 김선형 역, 책세상, 1997.
A. 보나르, 『우정론』, 이정림 역, 범우사, 2006.
마르틴 부버, 『나와 너』, 황문수 역, 문예출판사, 1994.
L. 비트겐슈타인, 『논리철학 논고』, 이영철 역, 천지, 1998.
A. 쇼펜하우어, 『의지와 표상으로서의 세계』, 곽복록 역, 을유문화사, 1992.
월터 T. 스테이스, 『신비사상』, 강건기·정륜 역, 동쪽나라, 1995.
아리스토텔레스, 『니코마코스 윤리학』, 강상진·김재홍·이창우 역, 도서출판 길, 2012.
H. F. 아미엘, 『아미엘 일기』, 민희식 역, 범우사, 2003.
알랭, 『행복론』, 정봉구 역, 을유문화사, 1983.
루돌프 옷토, 『성스러움의 의미』, 길희성 역, 분도출판사, 2009.
호세 오르테가 이 가세트, 『돈키호테 성찰』, 신정환 역, 을유문화사, 2017.
이다 신 · 나카이 히사오, 『천재의 정신병리』, 이현수 역, 전파과학사, 1993.
윌리엄 제임스, 『종교 체험의 다양한 모습들』, 김성민·정지련 역, 대한기독교서회, 1997.
파트리크 쥐스킨트, 『깊이에의 강요』, 김인순 역, 열린책들, 1996.
앙드레 지드, 『전원 교향악』, 김중현 역, 펭귄클래식 코리아, 2017.
슈테판 츠바이크, 『도스토예프스키를 쓰다』, 원당희 역, 세창미디어, 2016.
A. 카뮈, 『반항인』, 유기환 역, 청하, 1992.
A. 카뮈, 『시지프 신화』, 김화영 역, 책세상, 1997.
A. 카뮈, 『안과 겉』, 김화영 역, 책세상, 1995.
A. 카뮈, 「카프가 문학에서의 희망과 부조리」, 『카프카』, 김광규 편, 문학과 지성사, 1996.

A. 카뮈, 『칼리굴라 · 오해』, 김화영 역, 책세상, 1999.
안드레이 타르코프스키, 『봉인된 시간—영화 예술의 미학과 시학』, 김창우 역, 분도출판사, 1995.
E. A. 포, 『우울과 몽상』, 홍성영 역, 하늘연못, 2002.
M. 푸코, 『광기의 역사』, 김부용 역, 인간사랑, 1999.
M. 하이데거, 『기술과 전향』, 이기상 역, 서광사, 1993.
M. 호르크하이머/Th. W. 아도르노, 『계몽의 변증법』, 김유동·주경식·이상훈 역, 문예출판사, 1996.
N. 호손, 『주홍글씨』, 양병 역, 동화출판공사 1977.
데이빗 호이, 『해석학과 문학비평』, 이경순 역, 문학과 지성사, 1994.
레지날드 J. 홀링데일, 『니체, 그의 삶과 철학』, 김기복·이원진 역, 이제이북스, 2004.
E. 후설, 『시간 의식』, 이종훈 역, 한길사, 1996.
E. 후설, 『순수현상학과 현상학적 철학의 이념들1』, 이종훈 역, 한길사, 2012.
존 홀 휠록, 『시란 무엇인가』, 박병희 역, 울산대학교 출판부, 1996.
Arnold P. Hinchliffe, 『부조리문학』, 황동규 역, 서울대학교 출판부, 1986.

G. Bachelard, *Le droit de rêver*, Presses Universitaires de France, 1983.
G. Bachelard, *L'Eau et les Rêves*, Librairie José Corti, 1942.
G. Bachelard, L*a poétique et l'espace*, Presses Universitaires de France, 1992.
G. Bachelard, *L'Air et Les Songes*, Librairie José Corti, 1943.
H. Bergson, *Les Deux sources de la morale*, Presses Universitaires de France, 1984.

A. Camus, *Caligula suivì de Le Malentendu*, Éditions Gallimard, 1958.

Cho Kyu-Chul, *Poésies Choisies Du X IXe Siècle*, Shinasa, 1995.

M. Heidegger, "Der Ursprung des Kunstwerkes", *Holzwege*, Frankfurt (M), 1977.

M. Heidegger, "Was ist Metaphysik?", *Wegmarken*, Frankfurt (M), 1976.

M. Heidegger, *Sein und Zeit*, Frankfurt (M), 1977.

M. Proust, "Le Temps Retrové", in *À la Recherche du Temps perdu*, Éditions Gallimard, 1954.

R. M. Rilke, *Ausgewählte Gedichte*, Suhrkamp Verlag, 1966.

Philip Van Doren Stern ed., *Edgar Allen Poe*, Penguin Books, 1973.

A. Tennyson, *Enoch Arden*. 시사영어사, 1999.

L. Wittgenstein, Tractatus *Logico-Philosophicus*, Routledge & Kegan Paul LTD, London, 1981.

찾 아 보 기

ㄷ

ㄹ

ㅅ

ㅇ

ㅈ

ㅊ

ㅋ

ㅌ

ㅍ

ㅎ

문학의 깊이와 철학

문학과 철학의 해석학적 만남

발행일 1쇄 2023년 2월 20일

지은이 박유정
펴낸이 여국동

펴낸곳 도서출판 인간사랑
출판등록 1983. 1. 26. 제일-3호
주소 경기도 고양시 일산동구 백석로 108번길 60-5 2층
물류센타 경기도 고양시 일산동구 문원길 13-34(문봉동)
전화 031)901-8144(대표) | 031)907-2003(영업부)
팩스 031)905-5815
전자우편 igsr@naver.com
페이스북 http://www.facebook.com/igsrpub
블로그 http://blog.naver.com/igsr
인쇄 하정인쇄 출력 현대미디어 종이 세원지업사

ISBN 978-89-7418-870-2 03800

* 책값은 뒤표지에 있습니다. * 잘못된 책은 바꿔드립니다.
* 이 책의 내용을 사용하려면 저작권자와 도서출판 인간사랑의 동의를 받아야 합니다.